Linguagem

para formação em Letras, Educação e Fonoaudiologia

Conselho Acadêmico
Ataliba Teixeira de Castilho
Carlos Eduardo Lins da Silva
Carlos Fico
Jaime Cordeiro
José Luiz Fiorin
Magda Soares
Tania Regina de Luca

Proibida a reprodução total ou parcial em qualquer mídia
sem a autorização escrita da editora.
Os infratores estão sujeitos às penas da lei.

A Editora não é responsável pelo conteúdo os capítulos deste livro.
A Organizadora e os Autorem conhecem os fatos narrados,
pelos quais são responsáveis, assim como se responsabilizam pelos juízos emitidos.

Consulte nosso catálogo completo e últimos lançamentos em **www.editoracontexto.com.br**.

Maria Cecilia Mollica
(org.)

Linguagem
para formação em Letras,
Educação e Fonoaudiologia

Copyright © 2009 da Organizadora

Todos os direitos desta edição reservados à
Editora Contexto (Editora Pinsky Ltda.)

Montagem de capa
Gustavo S. Vilas Boas

Diagramação
Kenosis Design

Preparação de textos
Flávia Portellada

Revisão
Dayane Pal

Dados Internacionais de Catalogação na Publicação (CIP)
(Câmara Brasileira do Livro, SP, Brasil)

Linguagem para formação em Letras, Educação
e Fonoaudiologia / Maria Cecilia Mollica, (org.). – São Paulo :
Contexto, 2021.

Vários autores
ISBN 978-85-7244-442-2

1. Educação 2. Fonoaudiologia 3. Linguagem e línguas –
Estudo e ensino 4. Linguística 5. Pedagogia 6. Sociolinguística
I. Mollica, Maria Cecilia.

09-05889   CDD-410.7

Índice para catálogo sistemático:
1. Linguagem : Estudos transdisciplinares : Linguística 410.7

2021

EDITORA CONTEXTO
Diretor editorial: *Jaime Pinsky*

Rua Dr. José Elias, 520 – Alto da Lapa
05083-030 – São Paulo – SP
PABX: (11) 3832 5838
contexto@editoracontexto.com.br
www.editoracontexto.com.br

Sumário

APRESENTAÇÃO 7
Maria Cecilia Mollica

INTRODUÇÃO 9
Luiz Antônio Marcuschi

PROBLEMAS E PERSPECTIVAS NA FORMAÇÃO DE PROFESSORES 19
Stella Maris Bortoni-Ricardo

A FORMAÇÃO EM LINGUAGEM 25
Maria Cecilia Mollica

O TRATAMENTO DA JUSTAPOSIÇÃO E DA COORDENAÇÃO 35
Maria da Conceição de Paiva
Maria Luiza Braga

O FUNCIONALISMO 53
Lana Rodrigues Rego

A CONSTRUÇÃO DO SIGNIFICADO 63
Lílian Ferrari

VERBOS LEVES 75
Nataniel dos Santos Gomes

A SOCIOLINGUÍSTICA 83
Ernani Garrão Neto

APLICAÇÃO DA SOCIOINTERACIONAL 93
Ana Lúcia Villaça

GÊNEROS DO DISCURSO 105
Celina Frade

A ANÁLISE DO DISCURSO 117
Marcia Dias Lima

As LÍNGUAS ESTRANGEIRAS 125
Simone Correia Tostes

QUESTÕES DISCURSIVAS 133
Cristina Góes Monteiro

MARCAS DE ORALIDADE.. 141
Cristina Góes Monteiro

TENDÊNCIAS PEDAGÓGICAS TRADICIONAIS 151
Iara Madeira da Silva
Mariana Martins
Viviane dos Ramos Soares

As LÍNGUAS INDÍGENAS... 163
Mariana Martins
Viviane dos Ramos Soares

LIMITES ENTRE NORMAL E PATOLÓGICO 177
Sylvia Vianna

DISTÚRBIOS FONOARTICULATÓRIOS NA SÍNDROME DE DOWN....................... 193
Cynthia Gomes da Silva

A EDUCAÇÃO DE JOVENS E ADULTOS 213
Maria Cecilia Mollica
Marisa Leal
Fernando Loureiro

Os AUTORES 221

Apresentação

Este livro reúne textos voltados para a reflexão sobre a formação dos graduandos em Letras, Educação e Fonoaudiologia, escritos por doutores e pós-graduandos. Todos os autores são profissionais que atuam nas áreas especializadas em diferentes instituições do país.

A necessidade de estreitar fronteiras entre a pesquisa, formação de graduandos e prática profissional constitui a principal motivação para a organização deste livro. É comum a queixa de que os cursos se encontram em defasagem com a pesquisa, desvinculados do que os graduandos aprendem e do que deve ser ensinado, como devem atuar fora da universidade. Lentamente, a pesquisa em linguagem, desenvolvida nas pós-graduações, atinge os bancos das graduações para se fazer conhecer e esclarecer sua relevância na pedagogia de línguas materna e estrangeira, nos níveis de educação no Ensino Fundamental e Médio, nos diagnósticos fonoaudiológicos. A falta de diálogo entre os distintos graus de ensino, bem como entre os espaços profissionais, tem contribuído para a constituição de distorções na formação de pessoal, para uma prática diferenciada do ponto de vista qualitativo e quantitativo.

Ao levantar problemas e apresentar descobertas de diferentes correntes da Linguística, de forma acessível, os textos que compõem este livro buscam não só pensar o perfil do licenciado em Letras, do bacharel em Educação e em Fonoaudiologia, como esclarecer alguns postulados basilares de linhas de pesquisa coexistentes hoje, nas interfaces entre as áreas, que concorrem para melhorar a qualidade da nossa graduação. Desse modo, instigam as considerações de ordem político-acadêmica postergadas nas últimas quatro décadas.

Maria Cecilia Mollica

Introdução

A formação intelectual do estudante de Letras

Luiz Antônio Marcuschi

O xxv Encontro Nacional dos Estudantes de Letras (ENEL), evento para o qual este texto[1] foi originalmente elaborado – e que aqui aparece com muitas modificações –, tinha como tema central "O profissional de Letras: o educador e sua intervenção na sociedade". A mesa-redonda em que estas reflexões foram realizadas tratava da formação intelectual do estudante de Letras. Confesso que, quando recebi o tema, me pus a pensar sobre o que seria "formação profissional" e, depois, o que seria "formação intelectual". Logo me dei conta de que refletia no vazio porque a formação se acha relacionada com expectativas e atores sociais concretos diante de tarefas muito específicas e demandas reais. Diante disso, formulei um questionário, repassando-o a colegas para que fosse entregue a seus alunos de Letras. Isso foi feito em mais de uma Universidade no Recife.[2] Eu desejava saber o que os alunos de Letras pensavam a respeito do que poderia ser sua *formação intelectual*.

Note-se que a questão não dizia respeito à formação profissional e sim intelectual, que imagino serem distintas. Recebi muitas respostas, inclusive de alunos de pós-graduação (mestrandos e doutorandos) e fiquei bastante desnorteado. O que eu pensava sobre *formação intelectual* pouco tinha a ver com o que os alunos de graduação pensavam. Já no caso dos pós-graduandos havia preocupações mais amplas e não apenas de conteúdo disciplinar. Eram vários mundos sociocognitivos sem muita relação. De duas uma: ou eu estava fora da realidade ou os atuais graduandos tornaram-se pouco exigentes. Talvez eu seja de uma época em que as pessoas possuíam muitas utopias na cabeça, com um mundo político diferente do atual.

A maioria dos alunos de Letras, com exceção dos pós-graduandos, acha que a formação intelectual é uma *questão de conteúdo* que possa dar conta das exigências práticas do profissional. As respostas mais comuns foram: a formação intelectual do aluno de Letras deve consistir em dominar bem a sua língua e saber ensiná-la; dominar a literatura nacional e saber ensiná-la. Muitos alunos ainda admitem que a formação intelectual inclui conhecimentos de outras línguas e outras culturas. Esta resposta de uma aluna de Letras expressa a média dos colegas a esse respeito:

> A formação intelectual do aluno de Letras deveria fundamentar-se nas concepções que norteiam sua língua, nas teorias atuais de ensino, além de estabelecer relações com outras culturas.

Não há nada a reclamar dessa posição, mas ela é estreita e não chega ao núcleo do problema, se a questão for a *formação intelectual*. Talvez ela dê conta da *formação profissional*. E aqui começa minha preocupação: estamos mais atentos aos conteúdos e menos voltados para a reflexão crítica. Não penso que os conteúdos sejam secundários, creio que sejam até primordiais, mas não exclusivos.

Em interessante análise do assunto, Edgar Morin (2002: 205) indaga-se, na abertura do sétimo capítulo de sua autobiografia intelectual, *Meus Demônios*: "O que é um intelectual? Quando nos tornamos intelectuais?" E responde dizendo que somos intelectuais no momento em que "tratamos dos problemas humanos, morais, filosóficos e políticos" e não porque temos um grande conhecimento científico ou humanístico. Para Morin (2002: 205), "o termo intelectual tem uma significação missionária, divulgadora, eventualmente militante". No final de suas ponderações, ao apresentar os dez itens que comporiam o perfil dessa "missão", Morin (2002: 216-19) inicia a série com esta declaração:

> A consciência de que o intelectual é ator que ultrapassa a alternativa entre o engajamento e a torre de marfim, no jogo da verdade e do erro, está no centro do jogo da história humana.

Essa é a clássica visão humanista e antropológica do intelectual combativo, que hoje está lamentavelmente quase fora de moda. Há aqui a recusa do sujeito encastelado na *torre de marfim,* mas há igualmente a recusa do sujeito somente *engajado.* O equilíbrio entre essas duas pontas é a sabedoria que nos falta. Nesta exposição, procuro ver em que se constitui a formação intelectual que poderia caracterizar o estudante de Letras atualmente. Pretendo operar um deslocamento de foco da **missão** para a **formação** do intelectual.

Um breve roteiro

Minha intenção é oferecer uma análise do que ainda poderia hoje dizer a expressão **"formação intelectual"**, pois parece haver controvérsias até mesmo quanto ao seu uso. Além disso, especulo sobre o que se deveria entender com **"intelectual de Letras"**, já que o aluno de Letras congrega uma fauna de perspectivas, desde as diversas literaturas, passando pela língua portuguesa, as línguas estrangeiras, a linguística e uma multidão de ramificações, sem esquecer a formação política, social e cultural. Também direi algumas palavras sobre disciplinas centrais que poderiam compor o quadro geral dessa formação no caso de uma revisão curricular.

Visto assim, o estudante de Letras afigura-se um forte candidato a generalista, o que não é verdade se observarmos a realidade atual com a exigência de especialização. Além do mais, é óbvio que não se pode mais ser um humanista clássico, formado nos cânones do século XVIII e XIX. Assim, precisamos identificar o que se pode entender com uma **"formação intelectual do profissional de Letras"**, tendo o cuidado de evitar a sugestão de um catálogo de obras clássicas ou saberes tradicionais acumulados que deveriam ser dominados, pois acredito que o intelectual não é aquele que domina muitos saberes, mas aquele que **lida bem** com os saberes que domina. O mundo atual está cada vez mais interdisciplinar, multidisciplinar.

De forma explícita, afirmo que o intelectual não se caracteriza pela posse de um grande cabedal de conhecimentos, sejam eles quais forem, ou pelo domínio de muito conteúdo cultural, histórico e temático em sua área, mas por sua *capacidade de ação autônoma, crítica e ética* com o saber de que dispõe a partir da vivência que construiu em sociedade. A formação intelectual do aluno de Letras não é a edição de uma enciclopédia monumental que começa a envelhecer no dia seguinte à sua colação de grau, e sim a formação de um cidadão capaz de agir na construção do conhecimento para atuar junto à sociedade. *A formação intelectual é a formação para a competência e não para a simples competição no mercado.* Ser competente significa tanto estar apto do ponto de vista dos conhecimentos necessários como estar maduro do ponto de vista da ação sociopolítica.

Acredito que é precisamente este aspecto que nos permite afirmar que Chomsky é um intelectual, e não o fato de ele ser um dos nossos mais competentes, influentes e criativos linguistas vivos. Tanto assim, que muitos o conhecem como intelectual combativo e não como linguista.

O que é ser um intelectual?

Vimos como Morin (2002) responde à questão "o que é ser um intelectual?" e, para o autor, independentemente da definição, pode-se dizer que o intelectual nem sempre teve ou tem uma representação positiva. Aliás, o próprio Morin (2002: 210-14) nos dá uma imagem profundamente sarcástica do intelectual determinista e reducionista, muitas vezes sem a menor sensibilidade para a política, a cultura, a sociedade e a história. O autor se diz chocado e estarrecido "como um dia, nas ciências humanas, pôde deixar de existir acontecimento, vida, amor e morte, mas apenas estruturas", por obra de intelectuais.

Alguns intelectuais são obcecados pela criação e pela genialidade, egocêntricos e megalomaníacos, e outros, medíocres e grotescos, procurando por admiração (Morin, 2002: 209). Mas não é nesse sentido que vamos responder à questão posta, pois esses tipos de intelectuais são aqueles que desejam marcar presença na mídia e viver em exposição. Nosso problema é a *formação* intelectual e não a *natureza mesquinha* de um intelectual. Isso torna difícil a própria discussão conceitual da questão. Assim, falar em "**intelectuais**" e "**intelectuais de Letras**" é referir-se a questões diversas.

No contexto do que atualmente se convencionou chamar de pós-modernidade, não se pode mais falar como há 50 anos. Nossa civilização ocidental sempre foi dominada pelo ideal de racionalidade e, em função disso, desde os gregos, geramos uma série de dicotomias e nos movemos nelas sempre com o peso do valor pendendo para um dos lados. *Nosso dualismo ocidental distingue entre mente e corpo; espírito e matéria; indivíduo e sociedade; história e natureza; razão e emoção; subjetivo e objetivo; teoria e prática, e assim por diante. Não precisamos especular muito para saber de que lado está o ideal do homem ocidental.* E esse ideal sempre forneceu a fôrma para o que seria a formação intelectual, com a primazia no intelecto. Mas ainda acredito no que diz Morin (2002: 62-3):

A relação entre o indivíduo humano, a espécie e a sociedade é igualmente dialógica: possuímos genes que nos possuem; possuímos ideias e mitos que nos possuem; somos gerados pela sociedade que geramos.

A contradição entre possuir e ser possuído, entre determinar e ser determinado, bem como a falta de harmonização, é uma derrota apenas na lógica, mas não no restante de nossas ações diárias, pois o ser humano é uma promessa de suas contradições e de seus paradoxos e não um construto acabado, regrado e perfeitamente previsível e controlável. Essa é a posição de Norbert Whitehead, citado por Morin (1989: 63):

> Na lógica formal, uma contradição é o indício de uma derrota, mas na evolução do saber, ela marca o primeiro passo do progresso em direção à vitória.

Intelectual não é mais aquele que apenas **domina** um conhecimento, mas aquele que também **constrói e até subverte** o conhecimento. O que está em jogo é o desafio ao **domínio** da razão e não seu exorcismo ou exílio. Não os estou convidando a se despedirem da razão, mas acredito que está na hora de uma integração um pouco mais intensa do racional com o emocional, do teórico com o ético. Talvez Aristóteles, em vez de definir o homem como "animal racional" ou "animal político" deveria tê-lo definido somente como um "animal ético", assim, a formação intelectual andaria no caminho de uma formação eticamente situada. Imitando Heidegger, eu diria que a **ética é a casa do homem, e não a razão.** Com isso, a formação intelectual recebe um enfoque menos racional e mais dialógico.

A formação intelectual do estudante de Letras

Antes de mais nada, gostaria de frisar que somos sujeitos linguísticos e lidamos com sujeitos linguísticos, seja como educadores, pesquisadores e cidadãos. E como profissionais de Letras, fazemos isso de uma forma muito especial. Lidamos com a linguagem – que é o maior empreendimento coletivo de socialização e produção de conhecimento da humanidade –, e nossa formação intelectual deveria ser dotada de sensibilidade para as manifestações linguísticas em todas as suas extensões – artística, estética, científica, filosófica etc. –, pois a linguagem, no entender de Norman Fairclough (2001), é um dos mais poderosos instrumentos da prática social e ação política. Entender essa força da linguagem na construção da vida e do mundo social e cultural é vital para a formação intelectual do profissional de Letras. Só assim ele poderá operar criticamente com esse poderoso instrumento cognitivo e sociopolítico da maior importância chamado *linguagem*.

Isso adquire ainda mais força quando consideramos que nossos artefatos culturais são tanto nossas amarras como nossas liberdades. Embora possamos concordar com Chomsky quando este diz que a linguagem é uma faculdade mental geneticamente instalada e transmitida, isso tem um grande limite e seria um tipo de reducionismo atroz imaginar que tudo acaba na Biologia, pois, como ensinou o antropólogo Clifford Geertz (1989: 4) em sua obra, *A Interpretação das Culturas*: "O homem é um animal amarrado a teias de significados que ele mesmo teceu". Assim, nossa condição não é a de submissão à natureza, mas a de intérpretes corresponsáveis pelo que acontece. Diante disso, acredito que a formação intelectual do estudante de Letras é tanto uma apropriação de saberes como uma expropriação de certezas, isto é, uma construção crítica. A melhor formação intelectual que podemos ter é a formação heurística, capaz de gerar os modelos de análise e interpretação crítica, e não a simples apropriação de conteúdos.

Essa posição parece coadunar-se melhor à atual tendência à superação dos dualismos que visa repensar nosso papel na sociedade e nosso destino como seres humanos. Creio que a formação intelectual do profissional de Letras tem a ver com o fato de como esse tipo de profissional pode conceber e realizar sua parcela de contribuição em um novo projeto civilizatório que é o maior desafio do século XXI. Nossa formação intelectual deve ter por objetivo muito mais a função e a imaginação do que a forma e o conteúdo, pois o legado do século XX, neste sentido, foi relativamente catastrófico.

Assim, quando os alunos de graduação em Letras responderam de forma objetiva e conteudística ao que seria a formação intelectual do profissional de Letras, imagino que pensavam no imediatismo e na sobrevivência no mercado. Aquela visão mercantilista da profissão já foi condenada por Maturana (1999) como a que se volta para a simples *competição* e não para a *competência*. Não estou insinuando que não se deve competir, mas a competição deve ser vista como decorrência de uma situação de mercado e não um princípio da formação.

Seria interessante consultar os dicionários para saber como definem o termo "intelectual". O Houaiss, por exemplo, diz o seguinte em uma das acepções para esse termo:

> que ou aquele que domina um campo de conhecimento intelectual ou que tem muita cultura geral; erudito, pensador, sábio.

E ainda esta outra:

> que ou aquele que demonstra gosto e interesse pronunciados pelas coisas da cultura, da literatura, das artes etc.

Não será precisamente em uma ou outra dessas direções que desejo argumentar, mas sim em uma terceira, ligada à sugestão de um colega de departamento, prof. Francisco Gomes de Matos, que me lembrou a relação entre "intelectual, intelecto e faculdade cognitiva", que levaria ao núcleo daquilo que concebemos como linguagem, pois, como profissionais de Letras, nos dividimos entre as investigações sobre a origem e aquisição da língua, sua constituição e uso, suas variedades sociais e dialetais, seu funcionamento textual-discursivo, sua vitalidade na literatura, seus estilos, suas manifestações culturais e seus processos cognitivos; atividades de produção e compreensão, tradução, ensino e muitas outras questões importantes, sem esquecer o início de tudo com os processos de alfabetização e estudos dos letramentos sociais. É certo que ninguém pode dominar todos esses caminhos e todas essas linhas de investigação e os conhecimentos acumulados em cada campo. Assim, a formação intelectual está cada vez menos no acúmulo de saberes e cada vez mais na capacitação crítica, na autonomia para a busca de caminhos e na percepção do que é relevante. E o que é relevante deve ser apreendido com imensa clareza e profundidade.

Trata-se de se conceber como um *intelectual orgânico* e não como um *intelectual canônico*. O intelectual canônico é aquele que desfila todas as obras clássicas e conteúdos disciplinares que domina, assim como você também deve dominar; o intelectual orgânico é aquele que busca, em conjunto, construir algo relevante, sem descartar o domínio de conteúdos. Esse tipo de formação intelectual é a **formação para um letramento intelectual**. Essa formação deveria ramificar-se também no diálogo com outras áreas, como a Filosofia, Sociologia, Antropologia e História, para citar as mais óbvias e pouco contempladas em nossos cursos de Letras. Assim, creio que deveriam existir algumas disciplinas básicas de orientação epistemológica, como *Introdução à Filosofia* e *Introdução à Lógica*. E, seguramente, a formação em Sociologia e Antropologia também deveria ser estimulada.

A par disso, não ignoro nem nego que deve haver uma formação técnica, como bem mostra Maria Cecilia Mollica em suas oportunas considerações sobre os *"conhecimentos indispensáveis para a formação em linguagem"*. Inclua-se aqui a necessidade de uma segunda língua para o profissional de Letras, tal como apontado por todos os alunos, até mesmo a capacitação para o magistério, mas com menos horas do que a oficialidade do MEC deseja, dada a especificidade de nossas áreas, como lembraram vários estudantes de pós-graduação em suas respostas. Sei que, atualmente, nossas áreas são extremamente especializadas e é muito difícil para qualquer profissional de Letras dominar tudo. Assim, é necessário que se verticalize o currículo e, ao mesmo tempo, se flexibilizem as especializações, entretanto, que a base crítica seja para todos igual.

Devemos estar atentos para o fato de que há divisões e distinções claras de competências profissionais em grande escala, como os linguistas e os teóricos da Literatura, ambos na área de Letras. No caso dos primeiros, temos os linguistas puros e os aplicados. Em cada um dos ramos há uma pluralidade de caminhos, sem entrarmos no mérito das teorias que subdividem ainda mais o campo. Já na Literatura, há também uma série de linhas de trabalho que se ignoram mutuamente. Mas há a perspectiva interna de pessoas que se dedicam ao magistério e das que se dedicam à pesquisa. Há, ainda, os que se dedicam ao mercado de traduções, assessorias, revisões e assim por diante; pois não convém ignorar que o mercado regula muitos dos caminhos da formação. O que tentei evitar foi exatamente essa variedade de percursos que só respondem a divisões ditadas por ênfases imediatas ou de escolas.

Neste quadro geral, parece que a formação intelectual é muito menos uma questão de conteúdo e muito mais uma questão de ênfase na formação crítica, com grande sensibilidade para a autonomia na reflexão. Assim, não me detive aqui em documentos oficiais, tais como as famosas "Diretrizes Curriculares do Curso de Letras*",* que se ocupam em mostrar que "habilidades e competências" devem os alunos de Letras desenvolver. Por exemplo: "o domínio do uso da Língua Portuguesa, reflexão analítica e crítica sobre a linguagem, e o exercício profissional atualizado de acordo com a dinâmica do mercado". (Pepato, Jr.) A crítica que se poderia fazer a esses documentos "oficiais" é que possuem uma visão sempre asséptica da sociedade, sem consideração para com as desigualdades, as necessidades reais e as diferenças que constituem o tecido social e cultural. Por isso, não me atrevo a identificar um rol de competências, e sim uma série de exigências para o cidadão profissional de Letras em sua formação intelectual.

Observações finais

Para concluir estas reflexões, gostaria de defender, de modo até simplório, que intelectual é o *sujeito que sabe usar o intelecto criativamente* na sua relação sócio-histórica como agente de transformação, e *não aquele que entupiu o intelecto* com numerosos conhecimentos facilmente ultrapassáveis com o tempo e as novas descobertas. Intelectual é aquele que, como diz Edgar Morin, sabe manter o bom combate em sua área e tem como fazê-lo, inclusive pelo domínio de conteúdos. Por isso, a formação intelectual ideal do aluno de Letras seria aquela que permitisse esse bom combate em seu terreno de modo criativo e crítico, seja lá o domínio específico que for.

A questão central à qual nos dedicamos aqui – *que tipo de intelectual deveria ser um intelectual de Letras?* – mostra que não há algum tipo de indicador único e indiscutível para se identificar um intelectual de Letras. Também não há um cabedal canônico de conhecimentos que um profissional de Letras deveria dominar incondicionalmente. Mas há uma série de aspectos que devem ser considerados e todos eles giram em torno da linguagem, seus problemas e sua circulação social. Minha sugestão básica é: *voltemos a aprender a pensar.* E para isso, será útil a introdução de disciplinas filosóficas nos currículos de Letras.

Não acredito que os documentos oficiais lançados pelos sucessivos planos governamentais federais, estaduais e municipais tenham a melhor solução. Se dermos atenção ao que preceituam os *Parâmetros Curriculares Nacionais* como normativos para a formação intelectual do aluno de Letras, transformaremos todos os nossos alunos de Letras em bons profissionais do ensino com um conjunto muito interessante de habilidades práticas e teóricas, mas deixaremos de lado inúmeras outras. O mal está em imaginarmos a possibilidade de fórmulas, quando a melhor saída está na discussão permanente e na continuada revisão em perfeita sintonia com as necessidades de seu tempo. A melhor formação intelectual, seja em que área for, continua sendo a formação crítica para uma ação ética responsável na vida social.

Notas

[1] Originalmente apresentado no XXV ENEL – Encontro Nacional dos Estudantes de Letras, realizado na Universidade Federal do Rio de Janeiro, de 18 a 24 de julho de 2004, esse texto aparece aqui com muitas mudanças. Agradeço à amiga e colega Maria Cecilia Mollica o convite para publicar essas ideias.

18 Linguagem para formação em Letras, Educação e Fonoaudiologia

[2] Agradeço aqui a todos os colegas que aplicaram o questionário em suas turmas; agradeço a todos os alunos de graduação e pós-graduação que me enviaram e-mails com sugestões valiosas que, na medida do possível, foram aproveitadas nesta exposição. Seria difícil mencionar todos sem deixar de omitir nomes. As interpretações são, no entanto, de minha responsabilidade.

Bibliografia

GEERTZ, Clifford. *A interpretação das culturas*. Rio de Janeiro: Zahar, 1989.

FAIRCLOUGH, Norman. *Discurso e mudança social*. Trad. Maria Izabel Magalhães. Brasília: Ed. da Universidade de Brasília, 2001.

MATURANA, Humberto. *Emoções e linguagem na educação e na política*. Belo Horizonte: Ed. da UFMG, 1999.

MORIN, Edgar. *Meus demônios*. 3. ed. Rio de Janeiro: Bertrand Brasil, 2002.

_____. *As estrelas*: mito e sedução no cinema. Trad. Luciano Trigo, Rio de Janeiro: José Olympio, 1989.

PEPATO Jr. "Formação do professor: entre a realidade e a utopia". Disponível em: <http://www.dtp.uem.br>.

Problemas e perspectivas na formação de professores

Stella Maris Bortoni-Ricardo

A professora e o aluno de sétimo ano, de 15 anos de idade, estão lendo uma crônica de Fernando Sabino em que o autor narra suas experiências como locutor de rádio:

— "Todo mundo sabe que a BBC de Londres é uma das mais poderosas e bem organizadas estações radiofônicas do mundo", lê o aluno.

— Onde fica Londres? – ela pergunta.

— Nos Estados Unidos.

Ela esclarece e ele continua a leitura, até encontrar uma referência ao Big Ben.

— O que você acha que é o Big Ben?

— Que eu saiba é uma explosão que deu.

A professora começa, então, a explicar a diferença entre "Big Bang" e "Big Ben".

O episódio é bem ilustrativo das dificuldades de compreensão leitora dos estudantes no Brasil.

Se estamos longe de ser um país com um sistema modelar de educação, ao menos já possuímos uma forma séria e sistemática de avaliar o resultado da aprendizagem nos diversos níveis de ensino, desde o final da década de 1990, quando se instituiu o Sistema de Avaliação do Ensino Básico (SAEB), hoje aperfeiçoado e substituído pela Prova Brasil.

Desde as primeiras aplicações do SAEB, tem sido identificada no desempenho de nossos estudantes uma grande deficiência na compreensão leitora e no uso de operações básicas de cálculo. Os resultados mais recentes da Prova Brasil não indicam uma mudança substantiva nessa situação. Em outubro de 2008, o IBGE/PNAD – Pesquisa Nacional de Amostra por Domicílio – causou

20 Linguagem para formação em Letras, Educação e Fonoaudiologia

espanto ao divulgar que 1,3 milhão de crianças, entre 8 e 14 anos de idade, são analfabetas. Destas, 1,1 milhão frequentam a escola.

A compreensão leitora está diretamente relacionada ao conhecimento de mundo que o leitor detém. Estudantes que têm pouco contato com textos escritos em livros, revistas, internet ou qualquer outro suporte, dependem muito da mediação do professor para compreender os textos que leem, inclusive nos livros didáticos (Bortoni-Ricardo, 2007, 2008a; 2008b).

Vejamos mais um exemplo de dificuldade de compreensão leitora relacionado às características do conhecimento de mundo que o leitor traz consigo para promover o seu diálogo com o texto. Trata-se da leitura de um conto de Luís Fernando Veríssimo feita por uma senhora de classe média, que foi alfabetizada em um programa de Educação de Jovens e Adultos (EJA). O tema são as agruras de um marido pego em flagrante de mentira. Durante o carnaval, ele envia mulher e filhos para descansar na praia e fica em Porto Alegre, alegando muito trabalho no escritório. Para seu desespero, porém, um importante jornal local estampa a sua foto vestido de havaiana, durante um baile, na companhia de outros colegas também devidamente caracterizados para o evento. O texto é a transcrição de uma ligação telefônica do marido para a esposa. Quando a narrativa se inicia, antes que a mulher esboçasse qualquer reação, ele se apressa a dizer que a personagem da foto não é ele. É alguém muito parecido. "Qual foto?", pergunta a mulher, que não havia visto o jornal. A partir desse primeiro ato falho segue-se uma sucessão de desculpas esfarrapadas que deixam bem evidente a má-fé do marido carnavalesco. A obra é uma tessitura da mais fina ironia – marca registrada de Veríssimo.

Nossa colaboradora leu com interesse e razoável fluência o texto, mas ao tecer seus comentários finais expôs com convicção a pena que sentia do pobre marido que estava sendo tão mal interpretado pela esposa. Os pesquisadores responsáveis pelo registro da leitura e interpretação insistiram com ela que talvez o marido estivesse mentindo. Ela não admitiu essa hipótese. Na sua leitura o marido era a vítima.

Por que teria a leitora falhado na compreensão da força ilocutória do texto? Por que não captou as múltiplas pistas da ironia do contista? Aparentemente não foi desconhecimento de algum item do vocabulário. É mais provável que sua compreensão esconsa da intenção do autor resulte da falta de familiaridade com o gênero textual e também com outros trabalhos de Luís Fernando Veríssimo.

Desenvolver a competência leitora de seus alunos, com toda a complexidade que isso implica, bem como sua capacidade de trabalhar com as operações lógicas de matemática básica é, provavelmente, o maior desafio que se apresenta aos professores no Brasil. E esse desafio torna-se mais grave quando os professores têm alunos provenientes de famílias com cultura predominantemente oral.

Pesquisas do Instituto Paulo Montenegro/IBOPE[1] mostram que cerca de dois terços dos adultos brasileiros são analfabetos funcionais. Portanto, entre os 53.028.928 milhões de estudantes matriculados no Ensino Básico, conforme o Censo Escolar 2008, um alto percentual tem famílias que não podem ajudá-los a ler e escrever melhor. A tarefa fica, então, para os professores.

No exemplo citado no início deste capítulo, o aluno leitor foi capaz de construir sentidos da crônica que leu porque a professora realizou uma mediação oportuna e precisa. Mas essas estratégias de mediação dependem de duas circunstâncias: o docente tem de estar disposto a promover as intervenções e ser detentor do conhecimento necessário. A primeira está associada à própria filosofia didática que assimilou em seu curso de formação. A segunda, como já mencionamos, decorre de seu conhecimento enciclopédico, ou conhecimento de mundo, que se vai constituindo à medida que cresce sua familiaridade com a cultura letrada.

Parece inverossímil que um professor não esteja disposto a mediar o processo de compreensão leitora, já que a atividade estaria na própria essência do seu mister profissional. No entanto, há pesquisas que mostram certa inação dos professores diante de textos complexos que seus alunos têm de ler (Pereira, 2007). Muitas vezes o professor recomenda que a leitura seja feita em casa e o ônus da compreensão fica com o aluno.

Quanto à segunda circunstância – a formação do acervo de conhecimento enciclopédico letrado do professor –, está diretamente relacionada à qualidade do currículo e do funcionamento de seu curso de formação.

O problema torna-se mais crítico, e o desafio mais contundente, se considerarmos que a formação dos professores, em nossa tradição escolar, privilegia muito mais os conhecimentos teóricos do que as metodologias que os habilitem efetivamente a desenvolver seu trabalho pedagógico em sala de aula.

Vejamos o que diz a esse respeito a pesquisadora Eunice Durham, em entrevista à revista *Veja* (23 nov. 2008):

> As faculdades de pedagogia formam professores incapazes de fazer o básico, entrar na sala de aula e ensinar a matéria. Mais grave ainda, muitos desses profissionais revelam limitações elementares: não conseguem escrever sem cometer erros de ortografia simples nem expor conceitos científicos de média complexidade. Chegam aos cursos de pedagogia com deficiências pedestres e

saem de lá sem ter se livrado delas. Minha pesquisa aponta as causas. A primeira, sem dúvida, é a mentalidade da universidade, que supervaloriza a teoria e menospreza a prática. Segundo essa corrente acadêmica em vigor, o trabalho concreto em sala de aula é inferior a reflexões supostamente mais nobres. Os cursos de pedagogia desprezam a prática da sala de aula e supervalorizam teorias supostamente mais nobres. Os alunos saem de lá sem saber ensinar.

Tomemos o caso da compreensão leitora, por exemplo. Para ensinar os alunos a ler com compreensão e a escrever com razoável coesão textual, é preciso que os professores que estejam em formação inicial ou continuada desenvolvam sua própria competência leitora, ampliando seu conhecimento de mundo. É preciso também que o currículo dos cursos de formação de professores reserve carga horária e investimento adequados a uma atualizada pedagogia da leitura.

O problema não está restrito à formação de professores para o início de escolarização. Também as licenciaturas em Letras, que formam os professores de quinta a nona série e de Ensino Médio, precisam ser reavaliados tanto na sua estrutura curricular quanto nas suas prioridades.

Em novembro de 2008, foi realizada a Prova do Enade – Exame Nacional de Desempenho dos Estudantes (antigo Provão) – em todos os cursos de Letras no Brasil, constituída de um componente de formação geral e de um componente específico da área. Este último tomou como referência o seguinte perfil do profissional:[2]

I. Competência intercultural evidenciada na capacidade de lidar, de forma crítica, com as linguagens, especialmente a verbal, tendo em vista a inserção do profissional na sociedade e suas relações com os outros.

II. Domínio do uso da língua portuguesa, nos registros oral e escrito, em termos de estrutura, funcionamento, variedades linguísticas, literárias e culturais.

III. Capacidade de refletir teoricamente sobre a linguagem, de pensar criticamente sobre os temas e questões relativos aos conhecimentos linguísticos e literários, bem como de compreender a formação profissional como processo contínuo, autônomo e permanente.

IV. Domínio das teorias de aquisição de línguas e de metodologias de ensino de línguas e literaturas.

V. Conhecimento das tecnologias da informação e da comunicação.

No componente de Formação Geral, a prova teve por objetivo verificar as capacidades de:

I. Ler e interpretar textos.

II. Analisar e criticar informações.

III. Extrair conclusões por indução e/ou dedução.

IV. Estabelecer relações, comparações e contrastes em diferentes situações.

V. Detectar contradições.

VI. Fazer escolhas valorativas avaliando consequências.

VII. Questionar a realidade.

VIII. Argumentar coerentemente.

Um curso de formação que prepare profissionais com esse perfil e capacidades certamente estará habilitando-os a trabalhar a compreensão leitora e a produção de textos com eficiência. Não dispomos dos resultados do referido Enade, mas a correção de uma amostra composta por 1.995 provas de todas as regiões brasileiras, representando 3,5% do universo de estudantes de Letras, mostrou que a média foi de 42,90 numa escala de 0 a 100 pontos. O resultado mais eloquente obtido nessa amostra, porém, diz respeito à diferença entre a média dos ingressantes (44,40) e a média dos concluintes (42,10) na parte discursiva da prova. No grupo dos concluintes, o desvio padrão foi um pouco maior, revelando a maior heterogeneidade desse grupo. É possível que os resultados totais do Enade tragam mais informações. Por enquanto, os resultados da correção amostral são desoladores. Nossos cursos de Letras foram reprovados no Enade 2008. Não disponho dos resultados do Enade para Pedagogia também realizado em 2008. Esses resultados são importantes porque nos permitirão uma análise da qualidade da formação de professores para séries iniciais com critérios científicos.

Fica, à guisa de conclusão, o registro de nossa inquietude com a qualidade da formação de nossos professores, que advém principalmente dos dados revelados em nossas pesquisas conduzidas na Universidade de Brasília sobre a compreensão leitora de estudantes de diversos níveis de ensino, em escolas no Distrito Federal.

Notas

[1] Disponível em: <http: //www.ipg.org.br>.

[2] Portaria Inep nº 131 de 07 de agosto de 2008, publicada no Diário Oficial de 11 de agosto de 2008, Seção 1, pág. 12. Disponível em: <http://www.ibope.com.br>.

Bibliografia

BORTONI-RICARDO, S. M. , Compreensão de leitura: da palavra ao texto. In: GUIMARÃES, E.; MOLLICA, M. C. (org.). *A palavra*: forma e sentido. Campinas: Pontes, 2007, pp. 99-107.

_____. *Revista Linguagem em (Dis)curso*, v. 8, n. 3, set./dez. 2008a.

_____. Mediando a compreensão de um livro didático de História do Brasil. In: Endipe: *Trajetórias e processos de ensinar e aprender – práticas e didáticas*, XIV. C. Traversini et al. (org.). Porto Alegre: EDIPUCRS, 2008b, v. 2, pp. 646-61.

PEREIRA, P. V. *O ato de ler*: uma análise de prática da leitura em disciplinas do ensino médio. Brasília, 2007. Dissertação (Mestrado em Linguística) – Universidade de Brasília.

A formação em linguagem

Maria Cecilia Mollica

A Linguística mantém hoje diferentes áreas de interface, travando diálogo profícuo com modelos e princípios de outras ciências e assim descortinando espaços interdisciplinares muito importantes para a formação em linguagem de todos os profissionais que direta ou indiretamente vinculam-se à Educação. A implementação da fusão de saberes vem tendo resultado positivo no que se refere à maior possibilidade de oferecer-se completa fundamentação teórico-prática ao professor de língua materna e de línguas estrangeiras, seja no nível da qualificação profissional, seja no nível da práxis docente.

Vale assinalar que, em qualquer área em que atue, é imprescindível que o professor possua bases sólidas no que diz respeito à linguagem, devendo então instrumentalizar-se atual e adequadamente com relação às questões afetas à produção e percepção linguísticas, à aquisição da linguagem e à aprendizagem da leitura e da escrita. Alguns conceitos linguísticos são, pois, de suma importância e constituem a base para qualquer trabalho de um professor com relação à linguagem oral e escrita.

Explicito sinteticamente, neste texto, fundamentos indispensáveis à formação do graduando em Letras, que devem estar presentes nos conteúdos das disciplinas obrigatórias e complementares para a obtenção da Licenciatura em línguas. Resumo os conceitos que são mais amplamente explorados por outros autores nesta coletânea, com a finalidade de defender a ideia de que é urgente concretizar-se a implantação de uma reforma no currículo de Letras que atenda realmente à capacitação do graduando, oferecendo-lhe alicerces firmes, tanto na formação básica quanto na específica, preparando-o qualitativa e objetivamente para a sua atuação futura nos níveis fundamental e médio do sistema educacional brasileiro.

Competência gramatical e competência pragmática

Para melhor conhecer o fenômeno da linguagem, é preciso compreender que os seres humanos possuem uma competência gramatical, através da qual são capazes de adquirir línguas e processar apropriadamente estruturas em uma língua particular, e uma competência comunicativa, por meio da qual fazem bom uso de tais estruturas nos inúmeros eventos de fala. Tais competências operam no nível da produção e da percepção da fala. Qualquer que seja o problema a enfrentar, o professor não pode prescindir desses conceitos, pois vários são os meios de expressar comunicação, mas comunicar-se em linguagem humana pressupõe saberes específicos dos falantes.

O professor deve aprender que esse saber, que parte é inato e parte é adquirido pela experiência, implica conhecimento altamente complexo, estruturado a partir de um número finito de unidades mínimas e um número finito de regras combinatórias. Deve compreender, então, que as línguas não são listas de palavras e se estruturam em sistemas cujas regras e estratégias de processamento possuem propriedades recursivas que possibilitam a reaplicação tantas vezes forem as necessidades comunicativas dos falantes.

É fato inconteste que todo indivíduo, desde que não apresente nenhum comprometimento físico e/ou neurológico, adquire pelo menos um sistema linguístico (língua nativa) de forma involuntária, inconsciente e inexorável. É preciso distinguir a aquisição de aprendizagem, já que o aprendizado de uma outra língua e a apropriação da leitura e da escrita é de outra ordem e pressupõe treinamento específico. Assim, aprender a respeito de língua (e suas diversas dimensões) e ser capaz de discernir cadeias de língua de cadeias que não são de língua constitui pré-condição indispensável para a formação e prática profissional em linguagem, incluindo-se aí o professor de L1 (língua materna) e de LE (língua estrangeira). O conhecimento sobre os princípios linguísticos constitui instrumento que capacita o professor a identificar os problemas propriamente linguísticos e avaliá-los adequadamente.

Devemos eleger alguns conhecimentos como indispensáveis à formação do educador. É imprescindível saber que os sistemas linguísticos podem ser orais-auditivos (línguas dos ouvintes) e gestuais-visuais (línguas dos surdos). No entanto, nem todo som e gesto pertencem às línguas naturais humanas, embora até possam emitir mensagens. É igualmente importante saber que todo o falante tem a faculdade de produzir e distinguir "a casa" *versus* "casa a", identificando-as como de sua língua (no primeiro caso) e estranha à sua língua (no segundo caso).

É necessário saber também que os animais possuem formas de se comunicar, alguns através de sons, outros por meio de movimentos. Mas eles não se expressam em língua. Às suas formas de comunicação falta a propriedade de articulação, própria às línguas humanas; por isso as línguas são sistemas econômicos, porém altamente criativos, com infinitas possibilidades.

Mais importante ainda é conceber que o falante conhece o conjunto de sons funcionais e de sons não funcionais (os fonemas e os alofones) de pelo menos um sistema (o nativo), suas unidades significativas (os morfemas), as regras combinatórias e seus paradigmas léxico-categoriais. O falante conhece também as conexões possíveis entre as unidades de qualquer nível ou subsistema da língua, de forma que é capaz de construir, desde os padrões silábicos permitidos até as unidades sentenciais. Além disso, o falante conhece as categorias discursivas, que lhe permitem realizar conexões entre as sentenças, afora as regras estilístico-pragmáticas, que lhe facultam a utilização conveniente de cadeias de fala em situações linguísticas concretas.

Com tais fundamentos, o professor deve lançar mão dos saberes linguísticos inatos dos educandos, tirando partido da oralidade, para então estimular nos alunos o desenvolvimento de sua potencialidade como falante. O trabalho com a leitura e a escrita partirá de conhecimentos do próprio falante no esforço de, ao apropriar-se do código ortográfico, atingir níveis de maior complexidade nos processos de ler e escrever.

Aplicabilidade dos conceitos

Assinalem-se alguns exemplos concretos de como desenvolver um trabalho de letramento levando em conta as competências linguísticas dos alunos. Nesse processo, há que se considerar as potencialidades e previsibilidades dos sistemas de língua que são de pleno conhecimento dos educandos.

Se o aprendiz conhece sua língua (no caso de L1), sabe discriminar os traços distintivos dos fonemas da língua, de tal modo que opõe /mohtu/ "morto" *versus* /pohtu/ "porto", em português, por exemplo, identificando o traço de nasalidade como funcional, mas não registrando o traço de aspiração como pertinente, como em /portu/ "porto" e /pohtu/ "porto", o /r/ produzido como apical e aspirado, respectivamente. Em espanhol, a oposição puerto/

muerto é semelhante, assim como em francês port/mort, e em inglês pen/ten. No caso do falante nativo, deixar de ter a capacidade de identificar, tanto do ponto de vista fono-articulatório quanto do ponto de vista da percepção, da natureza e da função de traços fonéticos e fonêmicos nessas relações constitui perda de um saber linguístico em comparação ao falante em plena potencialidade. No aprendizado de uma língua estrangeira, em contrapartida, pode constituir tão somente desconhecimento do sistema fonológico da língua que está sendo aprendida.

Se o falante/educando conhece uma língua, conhece também as possibilidades e previsibilidades do sistema no nível fono-morfossintático, uma vez que conhece as regras de combinação entre os seus elementos, qualquer que seja a modalidade, variedade ou subsistema linguístico. Em relação ao português, o falante normal conhece os padrões possíveis e rejeita os que não são próprios ao sistema: aceita então /leh/ "ler" mas rejeita */hle/ "rle"(este padrão também não é admissível em francês, inglês e espanhol). Tais fundamentos serão preciosos no processo da leitura e escrita, uma vez que o reconhecimento da relação fonema/grafema e de padrões silábicos na escrita terá como ponto de partida o conhecimento inato do aluno enquanto nativo do português.

A capacidade em língua materna é tal que o aprendiz em formação é capaz de conhecer os processos de constituição de novas formas possíveis e previsíveis pelo sistema e as não possíveis e não previsíveis. Em LE, esses mecanismos têm que ser aprendidos. Assim, o falante nativo reduz formas de "cinema" para "cine", mas não para "*cinem". Aceita a derivação da forma "micro" para "micreiro", como aceitaria para "micror", embora ainda não esteja dicionarizado. Mas o falante do português teria mais dificuldade em assimilar a formação "micreneiro", pois é menos previsível: não existe o sufixo -eneiro como formador de adjetivos na língua portuguesa, mas existe -or, -eiro, -ante e outros. Em LE, os aprendizes têm que ser treinados quanto aos princípios imanentes ao sistema, conhecendo-lhes suas propriedades.

No nível sintático, por exemplo, o nativo do português é capaz de modificar a ordem da sentença "a gramática das línguas possui regras" para "tem regras a gramática das línguas", mas não para "*tem das línguas a gramática regras", e é capaz de identificar também como agramatical "*as regras têm gramáticas das línguas" que, embora construída segundo a estrutura sintática do português, não faz sentido do ponto de vista semântico. Esse exemplo se aplicaria também ao francês, inglês e espanhol. Ao educador, graduando em

Letras e futuro profissional, esses princípios são importantíssimos, já que os alunos dificilmente vão construir, na escrita, sentenças que infrinjam as propriedades da língua, ainda que possam processar unidades sentenciais incompletas, com desvios ortográficos e gramaticais do ponto de vista da norma padrão.

Portanto, é muito relevante que o professor/educador aprenda que as línguas são extremamente eficientes e produtivas e que sua eficiência e produtividade apensa-se ao "recorte" que suas gramáticas realizam ao estruturar diferentemente os diversos subsistemas. O aprendizado da leitura e escrita submete-se a tais princípios com as devidas adaptações.

Relevante também é saber que as línguas são totalmente satisfatórias às necessidades comunicativas de seus falantes e respectivas culturas e que transmitem qualquer ideia, bem como todos os pensamentos e sentimentos humanos, podendo expressar o passado, o presente, o futuro, o imaginário, o hipotético. Para tanto, os sistemas possuem sua própria imanência, que deve ser respeitada, uma vez que, distanciando-se dos parâmetros e padrões inerentes aos sistemas de língua, o processamento linguístico torna-se agramatical: "(Yo) hablo español", "(eu) falo português", "Je parle français", "I speak english". Não é possível então: "*parle français" e "*speak english". Portanto, há cadeias possíveis e previsíveis linguisticamente e outras não possíveis nem previsíveis, considerando-se os princípios de organização de cada sistema linguístico, os parâmetros particulares a cada língua.

Na fundamentação linguística indispensável ao educador, é dado a conhecer que os falantes competentes possuem naturalmente o conhecimento desse divisor de águas, sabem o que é produtivo e pertinente em sua língua, sabem o que pertence à estrutura da língua e o que não lhe pertence. O aprendiz de escrita infringe momentaneamente os princípios da gramática, em estágios provisórios de construção da operação de ler e escrever pelos quais passa, para apropriar-se plenamente do código escrito gradualmente, mas sempre deve ser respeitada sua competência intuitiva de falante nativo.

Na fundamentação linguística do educador, é importante que ele esteja certo de que os falantes nascem no seio de comunidades de fala, de modo que se acham inseridos em culturas diversas. Tal fato tem relevância na medida em que os traços das estruturas socioantropológicas imprimem diferenças culturais, em geral, e linguísticas, em particular.

Torna-se importante saber que os indivíduos apresentam também perfis sociolinguísticos diferenciados em sociedades complexas e são obrigados a desempenhar inúmeros papéis num grande elenco de eventos de fala de que participam. É nessa medida que o trabalho do professor de línguas tem que considerar inúmeros contextos de fala, tirar partido das distintas experiências comunicativas dos alunos, de seus papéis sociais, de forma a desenvolver práticas variadas de letramento.

Isso só é possível na prática, porque sabemos, através da Linguística, que os falantes possuem naturalmente a competência comunicativa necessária para permitir que os atores linguísticos atuem adequadamente nas diferentes situações de uso de língua. Estratégias de polidez são exemplos fáceis para se compreender o nível pragmático de uma língua: "eu gostaria que"; "je voudrais que"; "me gustaria"; "I'd like". Por isso, dependendo do estrato social em que os falantes se situam, do seu nível de escolarização, do seu grau de letramento e de outras variáveis similares, os falantes apresentam variação nos empregos linguísticos.

Sujeitas muitas vezes a estigmas sociais, as variantes estruturais são sempre legítimas e motivadas, pois há fatores sistêmicos, estilístico-sociais, lexicais e psicolinguísticos que as controlam. Os processos comuns aos vernáculos das línguas, paralelos às mudanças históricas dos idiomas e normalmente característicos dos mecanismos de simplificação estrutural nos níveis fonético-fonológico, morfofonológico, morfossintático, sintático e semântico-discursivo não se verificam aleatoriamente: a variação problema~probrema~poblema, por exemplo, não é por acaso. O educador precisa desses conhecimentos para aceitar as variedades que seus alunos dominam e oferecer a variedade *standard* como opção, tanto na fala quanto na escrita. Essa orientação se aplica também às estratégias linguístico-conversacionais, que se modificam a mercê dos inúmeros enquadres interacionais: as formas de tratamento servem de ilustração aqui. Portanto, traços caracterizadores de padrões vernaculares, de padrões vinculados à tradição gramatical, bem como de mecanismos conversacionais próprios aos eventos de fala e aos diferentes gêneros discursivos constituem dimensão importante das línguas.

Configuram objeto de análise da Linguística de cujos resultados não se pode abrir mão, uma vez que os indicadores de pesquisa permitem conhecer a regularidade e previsibilidade dos sistemas linguísticos. Os estudos revelam que fenômenos de fala migram para a escrita. O educador deve conhecer tais fenômenos, saber que não são aleatórios ou meros deslizes, mas se introduzem na escrita nos mesmos contextos em que são empregados na fala. Servem de exemplos os processos sistêmicos naturais, como o cancelamento de segmentos átonos em final de palavra, a colocação de marcas gramaticais seguindo o princípio da funcionalidade, a utilização adequada de estilos conversacionais.

A formação em linguagem **31**

É imprescindível na formação do educador saber que nem todas as línguas do mundo possuem escrita e que a escrita é um recurso que algumas línguas encontram para registrar a fala. É preciso saber então que, para tanto, a escrita utiliza-se de mecanismos gráfico-visuais, letras e símbolos (pontuação, acentuação), na tentativa de captar as características orais das línguas. No entanto, não se pode conceber a ideia de que a escrita é mera reprodução da fala; na verdade, são processos linguístico-cognitivos distintos. Sob tal perspectiva, entende-se então que há traços exclusivos à fala, jamais codificados por meio da escrita, do mesmo modo que a escrita contém propriedades particulares e que há um *continuum* entre fala e escrita.

A Linguística pesquisa os aspectos próprios à fala e à escrita que oferecem interesse especial a áreas distintas voltadas para a linguagem. Os referentes à fala dizem respeito ao processamento oral espontâneo das línguas; por tratar-se de discurso não planejado, em geral, apresenta a existência de pausas, hesitações, gaguejos, repetições, estruturas interrompidas etc. Tais fenômenos são via de regra imperceptíveis aos não especialistas. No entanto, a Linguística considera esses fenômenos não só naturais e exclusivos à modalidade falada das línguas, como também motivados por razões vinculadas ao grau de funcionalidade que possam imprimir na comunicação. Suas causas podem ligar-se desde a questões de facilitação e ênfase no processamento de enunciados até as que abordam razões estilístico-interacionais referentes às relações face a face. Assim, nem sempre hesitação e gaguejo revelam distúrbios linguísticos ou simplesmente pouca fluência. Com propósitos definidos, os falantes repetem e interrompem estruturas, emprestando maior comunicabilidade ao discurso. O conhecimento desses fatos apresenta-se cada vez mais crucial para os profissionais em linguagem, de modo que sejam evitadas confusões entre os problemas de aprendizagem e os realmente patológicos, tal como a verdadeira gagueira ou a incapacidade real de estruturação de sentenças, e os fenômenos naturais da fala espontânea, seja em língua materna, seja em LE. Para o professor, é notável a importância desses saberes.

Os linguistas também oferecem subsídios a várias áreas ao estudar o processo de escrita. Ressalte-se o fato de que o desenvolvimento da produção e compreensão de textos escritos exibe igualmente possibilidades e previsibilidades, uma vez que o processo de letramento dos indivíduos sujeita-se a fatores de natureza diversa. Construir e compreender sentenças escritas não significa necessariamente a apropriação plena de ler e escrever uma dada língua. O processo de leitura e escrita é gradual e contínuo e implica o aprendizado de inúmeras estratégias cognitivas numa língua particular. O "escritor" e leitor competentes têm que se apropriar, por exemplo, das estratégias de coesão e coerência textuais para ultrapassar o nível da compreensão estrita de sentenças e atingir o das relações mais complexas de significado e de intencionalidade do texto. Meras trocas de letras, segmentação inadequada de unidades vocabulares e/ou fonológicas podem tão somente revelar contato insuficiente ou nulo com a escrita, ou refletir um estágio determinado de construção da escrita em que o aprendiz se encontra.

A Sociolinguística, em particular, oferece contribuições relevantes para a formação do professor. Os estudos desenvolvidos na área revelam que há traços sociolinguísticos na leitura e na escrita do aprendiz que são motivados pelas necessidades e dificuldades observadas no processo de apropriação de escrita, de gêneros e estilos formais. Nesse sentido, a área oferece subsídios, quer no nível da formação do professor, quer na prática do profissional em educação, quer no processo de apropriação de estruturas *standard* seja na fala seja na escrita.

Questões de ordem psicolinguística imbricam-se normalmente no processo de letramento. A formação do professor deve contemplar esses aspectos assim como os de natureza neurolinguística. Não se pode descartar também todo o arsenal de conhecimentos de que se dispõe hoje nas áreas de interface Linguagem e Surdez e Linguística e Fonoaudiologia em geral. É extremamente útil que o educador possua ao menos uma noção dos distúrbios que os alunos podem apresentar, para ser capaz de tomar iniciativas consequentes quanto ao encaminhamento de casos, na hipótese de não haver especialistas disponíveis. O estreitamento entre Linguística e Saúde não pode mais ser desprezado nos programas de graduação na área.

Conclusão

Entendemos, portanto, ser indispensável a qualificação específica em Linguística, fundamentada nos pilares da ciência e nos saberes de ponta desenvolvidos pela pesquisa na área. Por isso, o conhecimento acumulado sobre a linguagem tem que estar presente nos conteúdos das disciplinas de graduação.

Em todo o processo de formação básica e continuada do professor de línguas, do educador e do fonoaudiólogo, não se concebe mais a dissociação entre pesquisa e ensino. Há que se pensar em cursos dinâmicos, durante os quais seja estimulada a curiosidade permanente de buscar conhecimentos novos, modos pedagógicos inovadores, e de se prestar atenção a novas tecnologias. Cabe alertar, porém, que os alicerces da formação básica são imprescindíveis e a inovação não pode substituir o conhecimento consolidado, deve apresentar-se e estabelecer-se como parceira.

Bibliografia

LYONS, John. *Language and Linguistics.* Cambrigde: Cambrigde University Press, 1981.

FROMKIN, Victoria; RODMAN, Robert. *Introdução à linguagem.* Coimbra: Almedina, 1993.

O tratamento da justaposição e da coordenação

Maria da Conceição de Paiva
Maria Luiza Braga

Em diferentes modelos linguísticos, tanto formais como funcionalistas, o conceito de parataxe é básico. Seu estatuto teórico continua, no entanto, problemático e levanta diversas questões. Qualquer tentativa de definição desse processo de articulação de orações se defronta inevitavelmente com as relações que ele mantém, por um lado, com a hipotaxe e, por outro, com a dicotomia coordenação/subordinação, como tem sido a tônica do tratamento tradicional dessa questão.

A abordagem gramatical tradicional distribui os processos de combinação de orações em dois grandes grupos – subordinação e coordenação – processos identificados pelo critério dependência: aqueles se caracterizariam pelo traço [+ dependência] e esses, ao contrário, pelo traço [– dependência]. A menção a esse traço, que é empregado com referência ora aos elos sintáticos ora aos elos semântico-pragmáticos contraídos pelas orações constitutivas de uma oração complexa, recorre em todas as caracterizações das orações coordenadas, como se observa em Rocha Lima (1994: 260), aqui apresentado a título de exemplo:

> A comunicação de um pensamento em sua integridade, pela sucessão de orações gramaticalmente independentes – eis o que constitui o período composto por coordenação.

Essa posição é endossada por Bechara (1999), para quem "as orações coordenadas são orações sintaticamente independentes entre si", e por Cunha (1970), para quem, num período composto por coordenação, cada uma das orações possui sentido próprio.

Para outros autores, a diferença entre parataxe e hipotaxe se situa na simetria entre as orações relacionadas, no caso da parataxe, e na assimetria, no caso da parataxe. É o que se observa em Cunha (1970: 399) para quem as orações coordenadas são da mesma natureza: "não funcionam como termos de outra oração, nem a eles se referem: apenas uma pode enriquecer com o seu sentido a totalidade de outra".

Distinguir hipotaxe de parataxe a partir de oposições como autonomia/ dependência ou simetria/assimetria está longe de resolver todos os problemas envolvidos nessas formas de combinação de orações, dada a existência de inúmeros casos intermediários. Acrescente-se ainda que a simples identificação de parataxe à coordenação, por sua vez, se restringe a deslocar o problema de um nível retórico para um nível sintático. A dificuldade de tratamento é ainda aumentada pelo fato de que o termo coordenação pode fazer referência tanto à ligação de frases/orações como de constituintes interoracionais.

Podemos acrescentar aos problemas mencionados a falta de consenso sobre o escopo da noção de parataxe. Para muitos autores, como Rocha Lima e Cunha, esse termo recobre igualmente a coordenação e a justaposição, distinguindo-se coordenação sindética ou coordenação assindética pela presença ou ausência de uma conjunção coordenativa explícita. (cf. também Arrivé et al., 1986). Ainda dentro dessa perspectiva, autores como Wilmet (2003), Le Goffic (1994), Riegel et al. (1994), defendem que justaposição e coordenação compartilham muitas propriedades: tanto no caso da coordenação quanto da justaposição, são relacionadas duas unidades do mesmo estatuto sintático, simétricas, teoricamente autônomas, para as quais a sequencialidade desempenha um papel fundamental.

Para outros autores, a simples contiguidade de duas orações constitui um processo distinto do de coordenação. Para Bechara (1999), por exemplo, [...] as orações podem encadear-se [...] sem que venham entrelaçadas por unidades especiais; basta-lhes apenas a sequência, em geral proferidas com contorno melódico descendente e com pausa demarcadora, assinalada quase sempre na escrita por vírgulas, ponto e vírgula e, ainda, por dois pontos [...] Este procedimento de enlace chama-se justaposição. Do ponto de vista sintático e semântico, tais justaposições se aproximam, pela independência sintática e estreito relacionamento semântico, da parataxe ou coordenação. (Bechara, 1999: 479)

As posições anteriormente delineadas não permitem definir com clareza o estatuto desses procedimentos sintáticos de combinação de orações, dada a imprecisão do próprio termo autonomia que ora é tomado num sentido sintático, ora num sentido semântico, a indefinição dos parâmetros envolvidos na simetria entre as orações e a falta de explicitude quanto ao papel desempenhado pelo conector (Deléchelle, 1994; Neves, 2000; Koch, 1995; Fávero, 1987; Braga, 1995; Carone, 1991).

Temos de reconhecer que não é simples precisar as propriedades formais da justaposição em relação à coordenação. Parece claro, no entanto, que reduzir as diferenças entre os dois processos à presença ou ausência de um elo explícito de conexão impede a identificação das peculiaridades de cada um desses procedimentos e as diferenças enunciativas e discursivas a eles subjacentes. Na ausência do conector, o contorno entonacional, associado a outros índices, presumidamente indica a existência de uma oração complexa. Assim, a entonação ascendente ao final do primeiro segmento oracional, representável por uma vírgula na língua escrita, sinaliza para o interlocutor que outras informações relacionadas à primeira ainda serão acrescentadas (Chafe, 1988). O que não impede que a relação semântica entre os dois segmentos oracionais fique implícita e só possa ser reconstituída seja através de procedimentos inferenciais seja através de pistas fornecidas pelo próprio discurso. De certa forma, essa posição contraria a posição tradicional, segundo a qual a presença de um elemento de ligação (o conector) é suficiente para indicar as relações entre duas orações ligadas entre si. O fato de que a maioria dos conectores é sintática e semanticamente polissêmica refuta facilmente esse pressuposto.

Distinguir a justaposição em termos de traços prosódicos particulares também é problemático, principalmente se considerarmos que a constituição de períodos complexos envolve aspectos que ultrapassam, e em muito, a microssintaxe. Considerando a forma como as unidades discursivas contribuem para a tessitura informacional do texto, as relações semânticas só podem ser compreendidas num nível que ultrapassa o período. Como é de se esperar, no discurso as frases se relacionam entre si de tal forma que a introdução de um outro segmento vem contribuir para definir o alcance significativo de todo o conjunto e introduz valores pragmáticos específicos. (cf. Koch, 1997; Mathiessen e Thompson, 1988).

Uma grande parte dos problemas aqui colocados decorre naturalmente de uma concepção binária, herdada da tradição gramatical. Uma abordagem que permite ultrapassar as contradições inerentes à dicotomia parataxe/hipotaxe é avançada nos estudos funcionalistas através da proposta de conceitos como "clause combining" (Mathiessen e Thompson, 1988) "co-subordination" (Van

Valin, 1984). Segundo essas abordagens, parataxe e hipotaxe não podem ser concebidos como primitivos teóricos, pois constituem diferentes feixes de parâmetros independentes, tais como: ordem das orações, presença do conector, simetria morfossintática entre as orações, entre outros. De acordo com essas formulações, os processos de conexão de orações constituem um *continuum* de ligação/estreitamento que vai do grau mais baixo de ligação, parataxe, a um grau de maior ligação/estreitamento, subordinação, passando por um grau intermediário (hipotaxe) (Thompson, 1984; Hopper e Traugott, 1993; Gryner, 1995; Braga, 1995). Nessa perspectiva, podemos nos perguntar: justaposição e coordenação se situam no mesmo ponto de um *continuum* de conexão de orações?

Neste capítulo, o nosso objetivo é duplo: pretendemos primeiro trazer alguns elementos de reflexão sobre as questões já colocadas, através da análise de coordenadas ligadas por *e* e de orações justapostas, todas elas susceptíveis de serem interpretadas como expressão de uma relação causal. Procuramos através dessa reflexão responder às seguintes questões: a coordenação é apenas uma forma variante da justaposição ou os dois procedimentos possuem propriedades morfológicas, sintáticas e semânticas específicas? Que papel desempenha cada um desses procedimentos de junção de orações na organização do discurso falado? Se o conector não garante a relação semântica entre duas orações, que outros aspectos intervêm na interpretação das coordenadas?

Como essas questões se revestem tanto de importância teórica como pedagógica, o nosso segundo objetivo é mostrar que, para explicar de forma convincente fatos empíricos, principalmente da fala espontânea e semiespontânea, faz-se necessário inserir a análise dessas formas de combinação de orações em seu contexto discursivo e pragmático mais amplo. Na nossa experiência do dia a dia não é difícil nos depararmos com uma diversidade de exemplos que dificilmente se encaixam nas formas impostas pelas classificações baseadas em dicotomias como as que destacamos até aqui.

Definindo a noção de causalidade

Antes de iniciar a análise das sequências causais coordenadas e justapostas, é necessário tecer algumas considerações sobre a própria relação de causalidade, dado que também essa noção tem sido objeto de ampla discussão na literatura. A dificuldade em delimitar a noção de relação causal é decorrente das fronteiras fluidas entre essa relação e outras como tempo, condição, finalidade, concessão (Rudolph, 1989; Sweetser, 1990; Paiva, 1992, 1996; Neves, 2000; Nazarenko, 2000; Meyer, 2000).

É indiscutível, no entanto, que a relação de causalidade constitui um princípio de organização fundamental da percepção e da compreensão humana. Além disso, essa relação possui um papel fundamental na tessitura textual, não apenas como recurso de coesão e coerência, mas também como veículo de expressão da subjetividade.

Antes de mais nada, é necessário precisar aqui a nossa concepção de relação causal. Em um sentido mais amplo, essa expressão recobre tanto as relações que se estabelecem num nível referencial (causa estrita) como no nível enunciativo (explicação ou justificativa). (Sweetser, 1990; Paiva, 1996; Neves, 2000; Anscombre, 1984; Deléchelle, 1994 ; Moeschler, 2003.) Por uma necessidade de delimitar o escopo deste capítulo, vamos nos limitar à análise de exemplos em que se pode falar de causa real (sentido estrito), ou seja, casos em que um evento, um processo ou um estado pode ser considerado como o ponto de origem de um outro estado de coisas.

De forma semelhante ao que ocorre com outras relações semânticas, tanto no português oral como no português escrito, o laço de causalidade entre dois segmentos pode ser expresso por diversos processos sintáticos (justaposição, coordenação, hipotaxe e subordinação) e por diversos conectores (*porque, pois, já que, visto que, como* etc.) e mesmo por locuções preposicionais como *por causa de* ou *devido a*. Mais frequentemente, os estudos se interessam pelas construções hipotáticas, procurando identificar as especificidades ligadas aos diferentes conectores.

Uma análise de dados da modalidade falada semi-informal revela que a expressão de causalidade através de *porque* predomina sobre todas as demais. Entretanto, o recurso a estruturas paratáticas como (1) e (2) é expressivo: em um total de 827 construções causais analisadas em um *corpus* de entrevistas sociolinguísticas,[1] 305 ocorrências (36,88%) correspondem a estruturas paratáticas, sejam de justaposição, (146 = 47,87%), sejam coordenadas com o conector *e* (159 = 52,13%). Nos dois tipos de sequência, a paráfrase pelo conector *porque* torna explícita a relação de causalidade entre os dois segmentos oracionais.

(1) Um cara que foi mergulhar da pedra, Ø bateu com a cabeça na pedra,

Ø morreu.

(2) Ela começou a adoecer e ela não pode continuar no emprego.

No exemplo (1), a relação de causalidade fica autorizada por um processo inferencial possibilitado pelo contexto em que se situa a sequência. A sequência causal justaposta integra uma narrativa sobre um jovem que mergulhou numa parte rochosa do mar. A interpretação de um elo de causalidade entre os dois segmentos fica assegurada também pela sua sustentação em esquemas de representação do mundo, em experiências sobre a implicação entre os estados de coisas descritos: bater com a cabeça pode causar a morte de alguém.

No que se refere ao elo de causalidade, a sequência (2) possui algumas similaridades com a sequência (1). Visto que o conector *e* que relaciona os dois segmentos oracionais não garante por si mesmo a relação de causalidade, o interlocutor é conduzido a operar com procedimentos inferenciais semelhantes aos que são utilizados para a interpretação da sequência justaposta. De uma certa forma, poderíamos dizer, retomando aqui os termos de Nazarenko (2000: 110), que "lorsque et sert à exprimer la cause, c'est indirectement, en vertu de notre propension à l'interprétation causale qui conduit à interpréter causalement toute relation".[2]

Um aspecto inerente ao conceito de relação causal transparece nos exemplos (1) e (2): a possibilidade de interpretação causal entre os dois segmentos da sequência repousa, em grande parte, na sucessão temporal entre os estados de coisas descritos: se um estado de coisas X precede um estado de coisas Y, X pode ser a causa de Y. (Paiva, 1992; Anscombre, 1984; Nazarenko, 2000). No plano linguístico, essa sucessão temporal se traduz na ordem das orações: a oração causal precede a oração efeito e uma inversão dessa ordem pode obscurecer o elo de causalidade. Essa correspondência entre o nível de representação cognitiva e a disposição linear das unidades ligadas entre si vai ao encontro de uma representação icônica (Haiman, 1985). Retomando aqui os termos de Noordman e Blijzer (2000: 36), poderíamos dizer que "given the fact that causal relations derive from our experience of the world, where causes temporally precede effects, we assume that causal relations in our representations of the world reflect this experience and they are represented as causes-effect pairs with the cause preceding the effect".[3]

Evidentemente, no plano linguístico essa tendência precisa não é absoluta. Ainda que mais raramente, é possível constatar tanto no discurso oral quanto no discurso escrito sequências justapostas em que o efeito precede a causa, sem que se obscureça o elo de causalidade.

(3) Mas Ø surpreendeu, Ø ganhou do Flamengo.

No exemplo (3), a oração causal (*ganhou do Flamengo*) segue o efeito produzido, instaurando em aparência uma contradição entre a representação cognitiva do elo de causalidade e a ordem das orações. Essa violação de um princípio de iconicidade se limita, no entanto, às justapostas. Como as causais com *e* se submetem a restrições que se impõem sobre o processo de coordenação, elas não admitem a inversão da ordem das orações (Deulofeu, 1994), o que sugere um primeiro parâmetro de distinção entre enunciados causais coordenados e justapostos.

É necessário destacar, no entanto, que, mesmo se a existência de uma relação temporal torna algumas sequências mais disponíveis para uma interpretação causal, ela não constitui uma condição suficiente para essa interpretação. São inúmeros os casos em que a existência de uma relação temporal não "progride" para uma interpretação causal, como em (4):

(4) Eu cheguei em casa, Ø encontrei a patroa chorando.

A sequencialidade temporal entre os estados de coisas descritos em (4) é transparente, ainda que o intervalo temporal entre eles fique um pouco obscurecido pela presença do progressivo no segundo segmento da sequência. O elo de causalidade fica, no entanto, bloqueado pela falta de esquemas que possam relacionar, de acordo com nossa experiência do mundo, inferências do tipo si p (chegar em casa), então q (encontrar a mulher chorando).

Podemos constatar ainda que, em muitas situações discursivas, se superpõem nuances temporais e causais, como ilustra a sequência (5):

(5) Ø Foi pegar uma pipa, Ø caiu lá em cima do muro, tinha um caco de vidro no muro, o muro tinha vidro, nos fundo da minha casa, Ø cortou e Ø teve que levar sete ponto, certo?

A natureza da relação entre as duas primeiras frases do trecho (5) não é transparente, situando-se numa fronteira pouco nítida entre relação temporal e relação causal. Seria possível interpretar a sequência apenas como uma série de eventos sucessivos que criam um enquadramento temporal, um pano de fundo, para o que se segue: o personagem se cortou e foi obrigado a fazer sete pontos de sutura. Por outro lado, o enunciado permite também uma leitura causal no sentido de que o fato de ir procurar a pipa tenha provocado a queda do menino. Essa interpretação é, no entanto, menos óbvia, visto que o fato de ir procurar a pipa não pode ser considerado nem mesmo uma condição necessária para que alguém caia. Como é difícil identificar com certeza as intenções do locutor, o interlocutor tem que se satisfazer com uma certa imprecisão.

Podemos dizer, portanto, que a relação causal ultrapassa a sequencialidade temporal. O elo de causalidade é garantido sob condições mais específicas, ou seja, se, e somente se, o interlocutor consegue relacionar a sequência de eventos a esquemas que a tornam plausível. No entanto, essa plausibilidade pode ser determinada em grande parte pela avaliação que o falante/escritor faz das relações possíveis entre os fatos, ou seja, da subjetividade, das suas intenções discursivas e das relações que ele vai estabelecendo ao longo do discurso. É o que se pode observar em (6), em que a interpretação de uma relação causal entre os dois segmentos da sequência torna-se possível em função das pistas fornecidas pelo contexto em que ela se insere:

(6) O indivíduo não gostou, Ø mandou a professora ir para aquele lugar.

A sequência (6) compõe uma narrativa em que o locutor conta um problema acontecido durante uma aula. A professora repreende um aluno de forma indevida, ou seja, por um problema pelo qual ele não era responsável. O aluno se irrita com o que considera uma injustiça e agride verbalmente a professora. Fora do contexto discursivo, é discutível que uma repreensão injustificada provoque uma reação mais violenta em relação ao professor. Podemos dizer, portanto, que as causas linguísticas ultrapassam o nível lógico para operarem em um nível argumentativo. Em outros termos, o elo de causalidade envolve aspectos cognitivos e sociais (Meyer, 2000), o que se aplica tanto a causais coordenadas por *e* como a justapostas. Desse ponto de vista, há argumentos favoráveis à inclusão dos dois tipos de sequência na mesma categoria de frase complexa. Nas seções seguintes, mostraremos, no entanto, argumentos favoráveis a uma distinção entre os dois processos.

Simetria morfossintática nas sequências causais coordenadas e justapostas

Uma dicotomia frequentemente invocada para distinguir a parataxe da hipotaxe envolve a simetria/assimetria entre os segmentos relacionados. De forma geral, as sequências coordenadas, em oposição à subordinação, são consideradas simétricas. Podemos nos perguntar, no entanto, se essa simetria se aplica de forma semelhante tanto às sequências causais coordenadas por *e* como às sequências justapostas. Vista a ambiguidade do termo, é necessário precisar os traços responsáveis por essa simetria, a fim de esclarecer as superposições e as possíveis peculiaridades morfossintáticas de cada um desses tipos de enunciado. Neste ponto, nos detemos nas propriedades de tempo e modo verbais das orações e na forma de realização do sujeito.

No que diz respeito ao modo verbal das orações, tudo indica que os dois tipos de sequência se submetem a uma restrição mais geral: eles colocam em relação duas formas verbais de modo verbal idêntico. Em outros termos, tanto nas sequências coordenadas por *e* como nas sequências justapostas se associam duas formas do indicativo, como nos exemplos (7) e (8):

(7) Ele não quis deixar eu ir, eu dei uma bolsada nele.

(8) Ele viu ela deixando a maleta no chão ainda dentro do táxi e Ø pensou que ela tinha esquecido a maleta.

Quanto ao tempo verbal, parece, no entanto, que algumas restrições operam de forma diferente sobre os enunciados assindéticos e aqueles ligados pelo conector *e*. Por um lado, elas se aproximam pela marcada tendência à combinação de duas formas do pretérito perfeito, como nos exemplos (9) e (10):

(9) Ø Acabei encostando lá no vidro, Ø me machuquei todo.

(10) professora levou à diretoria e ele foi expulso.

Evidentemente, a identidade temporal não constitui traço obrigatório nem das sequências coordenadas nem das sequências justapostas. Em princípio, diversas combinações temporais são possíveis, como mostra o exemplo seguinte:

(11) Foi muito engraçado, os amigos dele riam. A gente ria muito, ele ficou todo sem graça. Era engraçado esse dia.

Na sequência (11), enquanto a oração que exprime a consequência descreve um evento terminado, sinalizado pelo perfeito, a oração que codifica a causa situa o estado de coisas na sua duração, sinalizada pela forma de imperfeito do verbo. Um fato iniciado no passado se prolonga no presente, provocando uma mudança num estado de coisas.

Na amostra analisada, podemos constatar a predominância de formas de pretérito perfeito nas sequências justapostas (28/146 = 87,67%), o que sugere a importância do aspecto perfectivo e do traço pontual nesse tipo de conexão de orações. Ao contrário, as sequências coordenadas por *e* parecem ser mais abertas a diferentes formas de combinação temporal, como se observa nos exemplos (12), (13) e (14):

(12) Eu não tinha uma matéria no caderno e ela me deixou em recuperação.

(13) O Mateo não tinha arrumado emprego ainda e a Juliana o consolava, falando para ele não ficar preocupado.

(14) Aí ele viu uma moça muito bonita e o queixo dele cai sobre a mesa e a língua rola até o final da mesa.

Embora se observe um paralelismo entre a sequência coordenada em (12) e a sequência justaposta em (11), no sentido de que em ambas a oração consequência expressa um estado de coisas pontual e perfectivo, em (13), observa-se uma correlação muito mais frequente nas sequencias causais coordenadas por *e*: a associação entre dois estados de coisas imperfectivos. O enunciado (14) apresenta maior interesse, visto que exemplifica um caso de presente histórico, indicando uma divergência entre o plano morfológico e o semântico.

Essa breve comparação permite concluir que nas sequências de orações justapostas, o falante enfatiza o traço [+ realizado] através da predominância de verbos do tipo pontual, principalmente na oração que codifica o efeito. Isso explica um certo enfraquecimento do elo de causalidade nos enunciados em que o verbo das duas predicações se encontra no presente.

(15) Aumenta a gasolina, aumenta tudo.

Mesmo se (15) admite uma interpretação causal, ela é menos transparente. A relação entre as duas formas associadas ao aspecto habitual instaura no enunciado uma generalização que favorece uma interpretação de condicionalidade.

Uma outra propriedade que permite esclarecer certas particularidades das justapostas diz respeito ao referente do sujeito das orações interligadas. Duas situações são possíveis: o sujeito das duas orações remete ao mesmo referente, como em (16) e (17), ou a referentes distintos, como em (18) e (19):

(16) O clube vendeu ele para o Palmeiras e eu voltei a jogar novamente.

(17) Por última vez Ø levaram uns aneizinhos que ela tinha, um em cada dedo (…) Aí Ø pediram, ela deu.

(18) O muro tinha vidro nos fundos da minha casa. Ø Cortou e Ø teve que levar sete pontos, certo?

(19) Meu pai e minha mãe, né? Viajaram de navio. Minha mãe enjoou tudo, Ø perdeu doze quilos.

Na amostra examinada, podemos constatar que as sequências justapostas se caracterizam por uma marcada tendência à correferencialidade dos sujeitos (107/146 = 73,28%). Essa tendência pode estar de acordo com o fato de que um dos procedimentos de coesão discursiva é exatamente a persistência do referente, isto é, um compartilhamento de participantes ligados a um mesmo evento ou processo. Admitindo a posição de Raible (2001) e de Moeschler (2003), poderíamos dizer que essa continuidade referencial é colocada ela mesma a serviço da conexão de orações, desempenhando um papel similar ao do conector. Em outros termos, a interpretação causal é facilitada no contexto em que os predicados encadeados se relacionam ao mesmo referente.

Essa tendência de continuidade referencial nas sequências justapostas se realiza de forma mais evidente na tendência à anáfora zero na oração que codifica o efeito, como se vê no exemplo (19). Como se pode esperar, essa tendência tem consequências no nível das relações semânticas. Ao apagar o sujeito do segundo segmento da sequência, outras relações, como a de enumeração, podem se superpor à de causalidade, como mostra o exemplo (20):

(20) O balanço veio, Ø abriu a cabeça do garoto.

Se, sob muitos aspectos, essa tendência está relacionada a uma propriedade tipológica do português, uma língua em que o sujeito pode ser variavelmente realizado, ela não deixa de reforçar o que poderíamos denominar de uma certa "unidade de evento" codificada pela justaposição. Aliás, a continuidade referencial nas sequências justapostas pode ir além da correferencialidade de sujeitos. Na maioria das vezes, nas sequências justapostas, se observam retomadas anafóricas que asseguram uma maior simetria semântica entre as orações interligadas.

46 Linguagem para formação em Letras, Educação e Fonoaudiologia

(21) Aí Ø ajeitei com um cunhado meu, ele arranjou uma vaga pra mim.

Em (21), apesar da referência distinta do sujeito das duas orações, a continuidade referencial fica assegurada por outras retomadas anafóricas. Por um lado, o pronome sujeito da oração efeito retoma o referente do sintagma preposicional complemento da frase causal (*um cunhado meu*); por outro lado, o referente sujeito da frase causal persiste na oração efeito no papel de complemento do verbo (*pra mim; para mim*).

A análise desenvolvida até este ponto permite destacar algumas superposições entre sequências coordenadas por *e* e sequências justapostas. Essa superposição nos levaria a concluir que parâmetros como identidade/diferença modo-temporal ou correferencialidade do sujeito podem não ser decisivos para uma separação entre os dois procedimentos de conexão de orações. Entretanto, pudemos observar uma diferença de grau compatível com a proposição de uma gradação no que se refere ao grau de integração de orações coordenadas e orações justapostas. Ao contrário das orações coordenadas, as sequências justapostas manifestam maior simetria de traços morfossintáticos. Poderíamos então avançar a hipótese de que o maior paralelismo das sequências justapostas lhes confere um estatuto de unidade em que cada um dos estados de coisas deve ser interpretado com um componente de um único evento. Na seção seguinte, tentamos aprofundar essa interpretação.

Simetrias/assimetrias semânticas e discursivas

Algumas especificidades das sequências justapostas dizem respeito principalmente à forma como a relação de anterioridade, pressuposta pela noção de causalidade, se realiza nesse processo sintático de ligação de orações. Embora o pressuposto de anterioridade da causa em relação ao seu efeito pareça inquestionável, o intervalo que separa o estado de coisas causa e o estado de coisas efeito pode ser mais ou menos longo. Não está excluída também a possibilidade de que os dois eventos se superponham num ponto do tempo. Para tornar esse aspecto mais claro, examinemos os exemplos a seguir:

(22) Aí o cara foi, Ø buzinou, Ø quase morri do coração. Aí eu fui atravessei. Naquele dia Deus me guardou.

(23) Todo mundo estava comprando o disco, eles também compraram.

No exemplo (22), estão relacionados dois estados de coisas que não se superpõem inteiramente num momento temporal: o acionamento da buzina do carro tem que, necessariamente, preceder o medo gerado pelo susto. Entretanto, os dois eventos se sucedem de uma forma imediata, o que causa um obscurecimento do intervalo temporal entre eles, gerando uma certa superposição entre os dois estados de coisas. Essa possibilidade de superposição entre evento causa e evento consequência fica mais nítida no exemplo (23), em que o aspecto imperfectivo da forma verbal da oração causal contribui para um alargamento da moldura temporal na qual se inscreve o estado de coisas expresso pela outra oração.

Nas sequências causais coordenadas por *e* observa-se uma situação um pouco diferente: são colocados em relação fatos cuja fronteira temporal é mais nítida, como no exemplo (24):

(24) A sorte minha foi que o clube vendeu ele pra o Palmeiras e eu voltei a jogar novamente.

Na amostra examinada, verifica-se que, na grande maioria das sequências justapostas, se relacionam estados de coisas quase simultâneos (87,5%). Essa propriedade, associada à simetria morfossintática vista na seção anterior, contribui fortemente para tornar as sequências causais justapostas um contexto de continuidade máxima (continuidade temporal, continuidade referencial, continuidade de ação). Em resumo, podemos dizer que as sequências causais justapostas constituem uma "unidade de ação" (Givón, 1984), ou seja, o evento descrito é focalizado na sua integridade e não nas suas partes componentes. O último termo da sequência, normalmente o efeito, funciona como uma forma de fechamento, como mostra o exemplo (25):

(25) Ø Cortou, Ø teve que levar sete pontos.

Na sequência justaposta em (25), o acidente ocorrido com o filho do falante é concebido na sua totalidade: os dois eventos se inscrevem nas mesmas coordenadas temporais (quando a criança subiu no muro onde havia cacos de vidro), afetam o mesmo participante (o menino) e progridem em direção a um fechamento.

A natureza integrativa dos enunciados causais justapostos é ainda mais transparente no exemplo (26):

(26) Pisei de lado, torci o pé, fratura.

48 Linguagem para formação em Letras, Educação e Fonoaudiologia

No exemplo (26), os fatos descritos se encadeiam de uma forma complexa, compondo várias cadeias causais progressivas. Uma série de fatos ligados por causalidade (pisei de lado → torci o pé, torci o pé → fratura) vão culminar em uma situação fechada.

A situação é um pouco distinta nas sequências coordenadas por *e*. Como mostram os exemplos a seguir, nas orações complexas em que se coordenam três segmentos oracionais se instaura, mais frequentemente, ou uma relação entre uma causa e diversos efeitos (exemplo 27), ou entre várias causas e um efeito (exemplo 28).

(27) Aí ele viu uma moça muito bonita e o queixo dele cai sobre a mesa e a língua rola até o final da mesa.

(28) Ela já tinha feito o caixa e tinha o troco a mais e ela me devolveu.

Neste ponto, podemos retomar uma das questões colocadas no início deste capítulo: qual o papel do conector nas sequências coordenadas? Uma explicação possível é a de que o conector torna explícita a sucessão temporal entre os fatos descritos.

As particularidades das sequências justapostas possuem consequências discursivas claras, como é sugerido no trecho (29):

(29) Ah! elas ajudam muito. Elas, quando eu tô doente, elas começam a me ligá, igual ontem: eu tava doente, com febre, ela me ligou, aí eu... Elas me ajudam muito. Elas são tão legais comigo quando eu tô com algum problema assim.

No trecho (29), a falante responde a uma questão referente à sua relação com os colegas de escola. Seu objetivo é o de mostrar que suas amigas são gentis e sua posição é reforçada pelo acréscimo de um exemplo específico, sob a forma de um inciso: *eu tava doente, com febre, ela me ligou*. A mudança de um discurso genérico para um caso particular é assinalada pela expressão *igual ontem* através da qual a falante introduz um enquadramento temporal para o que poderíamos denominar uma micronarrativa.

Essas particularidades das sequências justapostas nos conduziriam portanto à conclusão de que esse procedimento sintático de articulação de orações desempenha um papel importante em duas dimensões discursivas: no nível da conexão interoracional e no nível da coesão discursiva. No nível da conexão, as sequências justapostas atualizam relações semânticas entre dois segmentos oracionais; no nível da coesão, asseguram uma solidariedade/continuidade referencial, temporal e de ação.

Conclusão

Retomemos, neste ponto, a hipótese colocada no início deste capítulo. Não há dúvida de que os enunciados causais justapostos e os coordenados por *e* compartilham muitos traços morfossintáticos e semântico-discursivos. Através da análise empírica de exemplos extraídos do uso da língua pudemos destacar, no entanto, indícios de que as sequências causais justapostas se caracterizam por maior simetria de traços em diferentes níveis. No nível morfossintático, é necessário considerar principalmente a importância dos traços perfectividade e pontualidade assim como a identidade referencial dos sujeitos das orações relacionadas. No nível semântico, a análise permite destacar que as sequências justapostas codificam de uma forma particular a anterioridade temporal pressuposta na noção de causalidade. Conjugadas, essas propriedades fornecem indicações de que a justaposição constituiria uma forma de predicação complexa, através da qual um evento é codificado na sua totalidade.

Esses fatos vêm mostrar que a determinação do grau de integração entre duas orações de um período complexo requer a consideração de parâmetros independentes e de diferentes níveis. A conjugação de traços que distinguem as sequências justapostas, ou coordenadas assindéticas, das coordenadas, ou sindéticas, sugere que esses dois processos de articulação de orações se situam em pontos distintos de um *continuum* de articulação de orações. As sequências justapostas apresentam uma combinação de traços compatível com uma maior integração sintática. Evidentemente, uma verificação mais segura desta conclusão requer considerar, igualmente, sequências justapostas compatíveis com outras interpretações semânticas.

Notas

[1] Estas entrevistas integram a Amostra-80, parte do acervo do PEUL – Projeto de Estudos do Uso da Língua, sediado na UFRJ, e representam a variedade carioca semiespontânea.

[2] "Dado o fato de que as relações casuais derivam de nossa experiência do mundo, no qual causas precedem efeitos, assumimos que as relações casuais, nas nosas representações do mundo, refletem essa experiência e são representadas como pares causa-efeito com a causa precedendo seu efeito." (tradução da autora)

[3] "Quando serve para exprimir a causa, ele o faz indiretamente, em virtude da nossa propensão à interpretação causal que nos leva a interpretar casualmente qualquer relação." (tradução da autora)

50 Linguagem para formação em Letras, Educação e Fonoaudiologia

Bibliografia

ANSCOMBRE, C. La représentation de la notion de cause dans la langue. In: *Cahiers de grammaire*, 1984, pp. 3-53.

ARRIVE, M. et al. *La grammaire d'aujourd'hui, guide alphabétique de linguistique.* Paris: Flammarion, 1986.

BALLY, C. *Linguistique générale et linguistique française.* 4. ed. Berne: Francke, 1965.

BECHARA, Evanildo. *Moderna Gramática Brasileira.* Rio de Janeiro: Editora Lucerna, 1999.

BLANCHE-BENVENISTE, C. et al. *Le Français parlé. Etudes grammaticales.* Editions du CNRS, Paris: Blinckenberg, 1990.

BRAGA, M. L. As orações de tempo no discurso oral. In: *Cadernos de estudos linguísticos*, 1995, 28, pp. 85-97.

CARONE, F. de B. *Coordenação e subordinação*: confrontos e contrastes. 2. ed. São Paulo: Ática, 1991.

CHAFE, W. Linking intonational units in discourse. In: HAIMAN, John; THOMPSON, Sandra (ed.). *Clause combining in grammar and discourse.* Philadelphia: John Benjamins, 1988, pp. 1-27.

CHAROLLES, M. Coherence as principle in the regulation of discursive production. In: HEYDRICH, W. et al. (ed.). *Connexity and coherence.* Berlim: Mouton de Gruyter, 1989, pp. 3-16.

CHOI-JON, I. Delais-Roussairie. *L'association de propositions sans marques segmentale en français parlé:* étude syntactico-sémantique et prosodique. Faits de Langues, 2006.

CUNHA, C , Cintra. L. *Gramática do português contemporâneo.* Belo Horizonte: Editora Bernardo Álvares, 1970.

DANCYGIER B.; SWEETSER, Eve. Constructions with if, since, and because: Causality, epistemic stance and clause order. In: COUPER-KUHLEN, E; KORTMANN, Bernd (ed.). *Cause, condition, concession, contrast:* cognitive and discourse perspectives. Berlin/New York: Mouton de Gruyter, 2000, pp.11-142.

DELÉCHELLE, G. Relation inter-énoncés: de la subordination à la coordination, ou il y a coordination et coordination. Travail présenté au RANAN XXVII, Strasbourg, 1994.

DEULOFEU, J. Les couplages de constructions verbales en français parlé: effet de cohésion discursive ou syntaxe de l'énoncé. *Recherches sur le français parlé*, 1988, 9, pp. 111-41.

FÁVERO, L. L. O processo de coordenação e subordinação: uma proposta de revisão. In: KIRST, Marta; CLEMENT, Elvo (org.). *Linguística aplicada ao ensino do português.* Porto Alegre: Mercado Aberto, 1987, pp. 51-61.

FOLLEY, W.; VAN VALIN, R. *Functional syntax and universal grammar.* Cambridge: Cambridge University Press, 1984.

GIVÓN, T. Topic continuity in discourse: an introduction. In: GIVÓN, T. (org.). *Topic continuity in discourse:* quantitative Cross-Language Study. Amsterdan: John Benjamins, 1984, pp. 1-43.

GRYNER, H. "Graus de vinculação nas cláusulas condicionais". *Cadernos de Estudos linguísticos*, 28, 1995, pp. 69-83.

HAIMAN, J. *Natural syntax*: iconicity and erosion. Cambridge: Cambridge University Press, 1985.

HALIDAY, M. A. K.; HASAN, R. *Cohesion in English.* Londres: Longman, 1976.

HAMON, S. *La phrase double causal:* propriétés syntaxiques et interprétations sémantiques. (Thèse de doctorat), Université Paris X, 2005.

HOPPER, P; TRAUGOTT, E. *Grammaticalization.* Cambridge: Cambridge University Press, 1993.

KOCH, I. G. V. A articulação entre orações no texto. *Cadernos de Estudos Linguísticos*, 28, 1995, pp. 9-18.

_____. *O texto e a construção dos sentidos.* São Paulo: Contexto, 1997.

LE GOFFIC, P. *Grammaire de la phrase française.* Paris: Hachette, 1994, Collection Université Langue Française.

MATHIESSEN, C.; THOMPSON, S. . The structure of discourse and subordination. In: HAIMAN, John;THOMPSON, S. (ed.). *Clause combining in grammar and discourse.* Philadelphia: John Benjamins, 1988, pp. 275-329.

MEYER, P. G. The relevance of causality. In: COUPER-KUHLEN E.; KORTMAN B. (ed.). *Cause, condition, concession, contrast:* cognitive and discourse perspectives. Berlin/New York: Mouton de Gruyter, 2000, pp. 9-34.

MOESCHLER, J. L'expression de la causalité en français. *Cahiers de Linguistique Française*, 2003, 23, pp. 23-42.

NAZARENKO, A. *La cause et son expression en français*. Paris: Orphis, 2000.

NEVES, M. H. M. *Gramática de usos do português*. São Paulo: UNESP, 2000.

NOORDMAN, L. G. M.; DE BLIJZER, F. On the processing of causal relations. In: COUPER-KUHLEN E.; KORTMAN B. (ed.). *Cause, condition, concession, contrast:* cognitive and discourse perspectives. Berlin/New York: Mouton de Gruyter, 2000, pp. 57-82.

PAIVA, Maria da Conceição de. *Ordenação de cláusulas causais:* forma e função. Rio de Janeiro, 1992. Tese (Doutorado em Linguística). Universidade Federal do Rio de Janeiro.

_____. Aspectos semânticos e discursivos da relação de causalidade. In: MACEDO, Alzira et al. (org.). *Variação e discurso*. Rio de Janeiro: Tempo Brasileiro, 1996, pp. 51-62.

RAIBLE, Wolfgang. Linking clauses. In: HASPELMATH, Martin et al. (ed.). *Language Typology and Language Universals*. An International Handbook. Berlin/New York: Mouton de Gruyter, 2001, pp. 590-617.

RIEGEL, M.; PELLAT, J. C.; RIOUL, R. *Grammaire méthodique du français*. Paris: Presses Universitaires de France, 1994. Collection Linguistique Nouvelle.

ROCHA LIMA, C. H. *Gramática Normativa*. Rio de Janeiro: José Olympio, 1994.

RUDOLPH, Elizabeth. The role of conjunctions and particles for text connexity. In: CONTE, Maria-Elizabeth et al. (ed.). *Text and discourse connectedness*. Amsterdam/Philadelphia: John Benjamins, 1989.

SWEETSER, E. *From etymology to pragmatics*. Cambridge: Cambridge University Press, 1990.

THOMPSON, S. Subordination in formal and informal discourse. In: SCHIFFRIN, D. (ed.). *Meaning, form and use in context*: Linguistic Applications. Washington D. C.: Georgetown University Press, 1984, pp. 85-94.

WILMET, M. *Grammaire critique du français*. Bruxelles: Duculot, 2003.

VAN VALIN, R. D. A typology of syntactic relations in clause linkage. *Proceedings of Berkeley Linguistics Society* 10, 1984, pp. 542-78.

O funcionalismo

Lana Rodrigues Rego

O aluno de Letras, no decorrer de sua formação, depara-se com uma disciplina intitulada "Linguística", cujo embasamento teórico é imprescindível como guia para o futuro professor de línguas em sua prática pedagógica. Nas palavras de Luft (2002: 96):

> O lugar da Linguística, antes de mais nada, é nos cursos de graduação e pós-graduação, onde é ministrada a futuros técnicos, pesquisadores, especialistas do ramo, professores, autores de livros didáticos.

Nos períodos em que estuda, o aluno demonstra basicamente duas reações: apaixona-se por essa disciplina ou, definitivamente, a odeia. No entanto, apesar de a paixão acontecer para alguns alunos, nem sempre esse apaixonado consegue perceber as contribuições dessa disciplina para sua formação no que se refere à aplicabilidade dos pressupostos teóricos apresentados pelas diversas teorias linguísticas.

Outra questão que deve ser levada em consideração diz respeito à relação entre as variadas perspectivas teóricas de análise linguística. Todas as teorias têm a língua como seu objeto de estudo, entretanto, sob diferentes perspectivas. Com o diversificado tratamento dado a esse objeto de estudo, o aluno acaba se sentindo incapaz de estabelecer uma relação entre os diferentes aparatos teóricos com os quais se depara, o que contribui, ainda mais, para o pouco reconhecimento da importância da Linguística na sua formação acadêmica.

Dentre as diversas perspectivas de análise linguística, destaca-se o funcionalismo, cujo aparato teórico fornece subsídios para o trato de algumas questões interessantes nos domínios fonético, morfológico, sintático, semântico e textual. Este capítulo tem como objetivo estabelecer, resumidamente, uma relação entre os pressupostos teóricos do funcionalismo e alguns pressupostos estabelecidos pela proposta formalista. Aborda-se a contribuição da teoria funcionalista, de base norte-americana, na formação linguística do aluno de Letras, a partir da retomada da concepção de Ferdinand de Saussure (1995) em relação ao signo linguístico, em especial, à questão da arbitrariedade, que será revista a partir do princípio da iconicidade.

O funcionalismo

A abordagem funcionalista e a formalista diferem pelo modo como definem "língua" e pelo valor atribuído à forma linguística em suas análises. Para o formalismo, a língua deve ser descrita como um sistema autônomo e é interpretada como uma lista de estruturas entre as quais, num segundo momento, podem ser estabelecidas relações regulares.

O funcionalismo, ao contrário da proposta formalista, privilegia a função comunicativa como papel predominante das línguas. Segundo Dik (1978), citado em Neves (1997: 19), o funcionalismo, ao contrário da proposta formalista, concebe a língua "como um instrumento de interação social entre os seres humanos, usado com o objetivo principal de estabelecer relações comunicativas entre os usuários". Para o funcionalismo, "a intenção do falante e a interpretação do destinatário é *mediada*, mas não *estabelecida*, pela expressão linguística" (Neves, 1997).

O foco do funcionalismo é o uso da língua, visando verificar as regularidades observadas nesse uso a partir da análise do contexto discursivo. Para os funcionalistas, a análise da estrutura gramatical dentro de toda situação comunicativa merece destaque, uma vez que a situação comunicativa explica ou mesmo determina a estrutura gramatical. Assim, é possível estabelecer uma relação entre sintaxe, semântica e pragmática. De acordo com Cunha et al. (2003: 29):

> Ao lado da descrição sintática, cabe investigar as circunstâncias discursivas que envolvem as estruturas linguísticas e seus contextos específicos de uso.
>
> Segundo a hipótese funcionalista, a estrutura gramatical depende do uso que se faz da língua, ou seja, a estrutura é motivada pela situação comunicativa.
>
> Nesse sentido, a estrutura é variável dependente, pois os usos da língua, ao longo do tempo, é que dão forma ao sistema. A necessidade de investigar a sintaxe nos termos da semântica e da pragmática é comum a todas as abordagens funcionalistas atuais.

O funcionalismo diferencia-se, assim, por entender que, a partir da função, se torna possível compreender a linguagem, buscando suas manifestações estruturais e formais. Os funcionalistas concebem a língua como uma estrutura maleável, adaptativa, e a função como as tarefas que a estrutura e a forma da língua desempenham na comunicação humana. Nas palavras de Bolinger (1977): "a condição de uma língua é preservar uma forma para um significado, e um significado para uma forma".[1] De acordo com o autor, cada expressão é única e não há exatamente dois modos distintos de dizer a mesma coisa. Assim, faz sentido estudar a expressão linguística tendo como ponto de partida a função, sem, contudo, negar a existência da gramática.

O conceito de Bolinger (1977) servirá como base para um dos princípios centrais da linguística funcional: o princípio da iconicidade.[2] Este princípio destaca o caráter icônico da linguagem, ou seja, há uma motivação na relação que se estabelece entre forma e função. Neste caso, "a estrutura linguística revela as propriedades da conceitualização humana do mundo ou as propriedades da mente humana" (Cunha et al., 2003: 30).

O princípio da iconicidade tem sido fundamental na investigação do modo como as línguas são organizadas, em especial, na investigação dos fenômenos de *gramaticalização* e *discursivização*. Antes da apresentação desses dois processos de mudança linguística, faz-se necessário definir os termos *discurso* e *gramática*, vistos sob a óptica da teoria funcionalista.

O *discurso* e a *gramática* desempenham um importante papel na teoria funcionalista. Martelotta et al. (1996: 48) definem discurso como "o uso potencial da língua, ou seja, como as estratégias criativas utilizadas pelo falante para organizar funcionalmente seu texto para um determinado ouvinte e em uma determinada situação de comunicação", e gramática como "um conjunto de regularidades decorrentes de pressões cognitivas e, sobretudo, de pressões de uso". Para os autores, gramática e discurso não devem ser analisados isoladamente, uma vez que há uma relação de interdependência entre esses conceitos.

Os funcionalistas partem do pressuposto de que a verdadeira gramática da língua opera no uso, motivo pelo qual a gramática não é considerada um elemento estático, fruto de fatores cognitivos inatos, mas resultado de padrões que se estabelecem no uso. A gramática funcional inclui, portanto, toda a situação comunicativa na sua análise.

O dinamismo da gramática é comprovado a partir do fenômeno da *gramaticalização*. Segundo Cunha et al. (2003), há dois sentidos para o termo. A *gramaticalização stricto sensu* refere-se à trajetória unidirecional de mudança que os elementos linguísticos apresentam, partindo do léxico para a gramática (como, por exemplo, a passagem do verbo *ir* de *verbo pleno* a *verbo auxiliar*). Já a *lato sensu* diz respeito às mudanças que ocorrem no interior da própria gramática. Neste caso, os elementos apresentam uma trajetória de mudança na qual migram de categorias menos gramaticais para categorias mais gramaticais (ex.: *menos* – categoria invariável > *menas* – categoria flexional).

Vale ressaltar que, em alguns casos, os elementos linguísticos podem sofrer um processo de *discursivização*, ou seja, o que foi uma vez sistematizado pode passar por um processo de desgaste em que apresenta um esvaziamento semântico, saindo da gramática e retornando ao discurso. Cunha et al. (2003) exemplificam com o trabalho de Martelotta e Alcântara (1996), o qual apresenta a trajetória de mudança que caracteriza os usos da forma *né? (não é verdade? > não é? > né?)*. Segundo os autores, esse elemento, após perder seus traços semânticos básicos e perder massa fônica, deixa de ser uma pergunta referencial e passa a desempenhar a função de preenchedor de pausa causada pela perda da linearidade do discurso.

De acordo com o que foi apresentado nesta seção, a abordagem funcionalista procura fornecer uma visão intermediária entre as abordagens linguísticas, uma vez que busca sistematizar a estrutura das línguas, apresentando suas regularidades, sem, contudo, se esquecer de tomar como base para a análise o modo como a língua de fato opera.

Na seção seguinte, retoma-se o princípio da iconicidade, relacionando a arbitrariedade do signo linguístico postulada por Saussure e o papel da motivação icônica no processo de denominação das línguas.

O signo linguístico sob a perspectiva do funcionalismo: a questão da arbitrariedade

Nisto dobraram uma curva do caminho e avistaram ao longe o casario de uma cidade. Na mesma direção, mais para além, viam-se outras cidades do mesmo tipo.

— Que tantas cidades são aquelas, Quindim? – perguntou Emília.

Todos olharam para a boneca, franzindo a testa. Quindim? Não havia ali ninguém com semelhante nome.

— Quindim – explicou Emília – é o nome que resolvi botar no rinoceronte.

— Mas que relação há entre o nome Quindim, tão mimoso, e um paquiderme cascudo destes? — perguntou o menino, ainda surpreso.

— A mesma que há entre a sua pessoa, Pedrinho, e a palavra Pedro, isto é, nenhuma. Nome é nome; não precisa ter relação com o "nomado". Eu sou Emília, como podia ser Teodora, Inácia, Hilda ou Cunegundes. Quindim! Como sempre fui a botadeira de nomes lá do sítio, resolvo batizar o rinoceronte assim e pronto!

Monteiro Lobato

A fala de Emília, personagem de Monteiro Lobato, famosa pela sua irreverência, remete a uma questão polêmica desde a Antiguidade, revigorada pelas ideias do mestre genebrino Ferdinand de Saussure: a arbitrariedade do signo. Para Saussure, o signo linguístico não une um nome a uma coisa, mas um conceito a uma imagem acústica. Essa união é feita de forma arbitrária, ou seja, não há nenhum fator que a motive.

Saussure considera "arbitrário" o contrário de "motivado", ou seja, não há qualquer necessidade natural que determine a união de um significante e de um significado, o que é comprovado pela diversidade das línguas.

Ao mencionar o princípio da arbitrariedade como característica do signo linguístico, Saussure sofreu inúmeras críticas. A partir disso, ele próprio irá atenuar esse princípio, distinguindo o que é absolutamente arbitrário do que é relativamente motivado.

O princípio da arbitrariedade, tomado em sua formulação mais radical, reflete claramente o pensamento estruturalista em relação à visão de língua como um sistema autônomo. A análise dos elementos linguísticos isoladamente, fora de seu contexto de uso, conforme propõe a abordagem formalista, mostra que, de fato, há uma relação arbitrária entre significado e significante. De acordo com Neves (1997: 108):

> Dentro do estruturalismo clássico, a iconicidade, como qualquer tipo de motivação, não é admitida, já que ela contradiz a visão da língua como um sistema autônomo, visão que se apoia exatamente na arbitrariedade do signo linguístico e na concepção de que o valor dos signos não depende absolutamente do mundo exterior, mas, pelo contrário, se estabelece exclusivamente no interior do sistema, em relações de oposição no paradigma.

Na verdade, há uma discussão acerca da questão da motivação icônica que rege as línguas, tendo em vista que a noção de significação é muito complexa. Neves (1997: 109) aponta para a dificuldade em captar a relação entre "a estrutura da realidade física e a estrutura da conceptualização dessa realidade

58 Linguagem para formação em Letras, Educação e Fonoaudiologia

pelo homem". No entanto, Neves (1997: 110) menciona a posição de Croft (1990) a favor da iconicidade da linguagem humana:

> Para ele, esse é realmente um modo razoável de proceder, porque a língua oferece a faceta mais explícita e mais facilmente observável do comportamento cognitivo, e, portanto, pode ser vista mais facilmente como produtor do que como verificador de hipóteses, com respeito à estrutura cognitiva.

Segundo Votre (1996), a transferência metafórica é o principal responsável pelo processo de denominação. Segundo o autor, a base metafórica deste processo consiste no fato de o falante criar novos significados para formas já disponíveis na língua, ou seja, quase nunca novas formas são criadas. O processo de transferência metafórica ocorre a partir das semelhanças estabelecidas entre o significado, que já está associado a uma forma, e um novo significado.

A transferência metafórica é responsável pela criação de novas palavras a partir da extensão de sentido. No entanto, além dessa motivação de base semântica, Ullmann (1977), citado em Martelotta e Areas (2003: 25), refere-se também à motivação morfológica (devido aos processos de derivação e de composição) e à motivação fonética (existência de onomatopeias, por exemplo).

Fiorin (2002: 63) menciona a motivação fonética na língua, exemplificando-a com a chamada *etimologia popular*. O falante, "com base em certas semelhanças fônicas, liga uma dada forma a outra, com que ela não tem nenhum parentesco genético". Como exemplos, é possível citar "mandado de segurança" por "mandato de segurança", "aviso breve" por "aviso prévio", "terraplanagem" por "terraplenagem" etc.

O mesmo autor exemplifica a motivação morfológica mencionando a questão do grau de comparação dos adjetivos e da formação do plural. Os graus de comparação apresentam um aumento gradual no número de fonemas e o crescimento do significante corresponde à gradação do significado (ex.: *belo*; *belíssimo*). Já o plural, na língua portuguesa, é feito pelo acréscimo de um morfema e não pela subtração, ou seja, o aumento do significante reflete o significado de um aumento numérico (ex.: *casa, casas*).

Abreu (2000: 148) chama atenção para o fato de existir uma aplicação icônica de uma característica humana. Segundo o autor, algumas palavras são sempre usadas no plural (como *costas, óculos e calças*) devido à *simetria birradical*, ou seja, todos os animais (exceto os protozoários) "são formados, embriologicamente, por duas metades iguais e opostas ligadas a um tubo digestivo central". Com o uso, algumas dessas palavras perderam a sua marca de plural devido ao fenômeno da *gramaticalização*, como é o caso de *calça*, por exemplo, atualmente usado no singular pelos falantes.

A motivação icônica dos elementos linguísticos pode ser perdida com o fenômeno da *gramaticalização*. Essa perda pode levar o elemento linguístico a estabelecer um novo sentido, sem perder seu sentido original. Há casos em que o elemento linguístico perde totalmente sua vinculação icônica original, sem ser utilizado em outro sentido.

Abreu (2000) destaca que a perda da iconicidade pode ter repercussões gramaticais. O autor cita, como exemplo, a palavra *lilás*. Atualmente, os falantes já não pensam em *lilás* como nome de flor. Por ser um substantivo, de acordo com a regra de formação do plural dos substantivos que nomeiam cor, em português, sua forma deveria ser invariável, assim como *cinza*, *rosa* etc. Contudo, os falantes criaram uma exceção à regra de concordância nominal e produzem "carros cinza", porém, "blusas lilases".

O autor ainda menciona que, às vezes, algumas mudanças de denominação ocorrem para manter a ligação icônica entre a palavra e seu *designatum*. Com o uso cada vez mais frequente de computadores e a extinção de máquinas de escrever, os falantes dizem "digitar" em vez de "bater à máquina".

O princípio da iconicidade aqui foi utilizado tendo como foco a questão da arbitrariedade da relação entre significante e significado do signo linguístico. No entanto, vale ressaltar que é possível verificar a presença desse princípio no domínio da sintaxe (ordem dos enunciados na sentença, por exemplo) e no trato de questões relativas à análise e produção de textos.

Conclusão

Como foi apresentado neste capítulo, a abordagem funcional visa a explicar as regularidades dentro das línguas, a partir da análise dos aspectos recorrentes na situação comunicativa. Essa visão opõe-se ao pensamento de Saussure por conceber a língua como instrumento de comunicação, no qual é possível perceber como as pressões do uso ajudam a determinar sua estrutura gramatical. Para o linguista genebrino, a língua é considerada um sistema autônomo, um fenômeno isolado, concebida como um conjunto organizado em que um elemento se define em relação aos demais elementos.

Os elementos que formam esse sistema são definidos como signos linguísticos. Um signo linguístico é uma relação entre um conceito (significado) e uma imagem acústica (significante). Segundo Saussure, uma das características do signo linguístico é a relação de arbitrariedade entre o significante e seu significado, ou seja, não há uma relação de causa e efeito que motive a relação que une um significado a um significante.

Por outro lado, a visão funcionalista discute a questão da arbitrariedade do signo a partir do princípio da iconicidade. Em sua versão mais atenuada, esse princípio permite analisar as formas linguísticas a partir das motivações icônicas entre expressão e conteúdo, sejam essas motivações fonéticas, morfológicas ou semânticas. Perceber a motivação icônica das línguas contribui para desconstruir a imagem estruturalista do signo linguístico como uma entidade essencialmente de caráter abstrato.

O conhecimento dos pressupostos funcionalistas pelo aluno de Letras permite uma compreensão mais ampla acerca das possibilidades de estudo linguístico. Martelotta e Areas (2003), por exemplo, ilustram como esses pressupostos podem ser úteis na retomada de alguns dogmas centrais do estruturalismo. Os autores apresentam a proposta de Givón (1995) a qual discute não só a questão da arbitrariedade do signo linguístico, mas também a definição do objeto de estudo da Linguística e o conceito de *língua* estabelecido por Saussure na dicotomia *langue* e *parole* e a rigidez na divisão entre *diacronia* e *sincronia*.

Notas

[1] Este conceito representa a face mais radical do isomorfismo linguístico e será revisto posteriormente pelos funcionalistas, que apresentam sua versão atenuada, tendo em vista que é possível que exista uma correlação entre uma forma e várias funções, ou entre uma função e várias formas.

[2] O princípio da iconicidade será mais bem detalhado a seguir.

Bibliografia

ABREU, Antônio Suárez. Motivação icônica no léxico e na gramática. In: AZEREDO, José Carlos (org.). *Língua portuguesa em debate*: conhecimento e ensino. Petrópolis: Vozes, 2000.

BOLINGER, Dwight. *The Form of Languague*. Londres: Longman, 1977.

CUNHA, Maria Angélica Furtado da, et al. Pressupostos teóricos fundamentais. In: CUNHA, M. A. F.; OLIVEIRA, M.; MARTELOTTA, M. E. (org.). *Linguística funcional*: teoria e prática. Rio de Janeiro: DP&A, 2003.

FIORIN, José Luiz. Teoria dos signos. In: FIORIN, José Luiz (org.). *Introdução à linguística*. São Paulo: Contexto, 2002.

O funcionalismo 61

Lobato, Monteiro. *Emília no país da gramática*. 39. ed. São Paulo: Brasiliense, 1994.

Luft, Celso Pedro. *Língua e liberdade:* por uma nova concepção da língua materna e seu ensino. 8. ed. São Paulo: Ática, 2002.

Macedo, Alzira V. T. de. *Funcionalismo*. Versão revista de palestra na reunião da ABRALIN, sbpc, Recife, 12 set. 1993.

Martelotta, Mário E.; Votre, Sebastião J.; Cezario, Maria Maura. *Gramaticalização no português do Brasil*. Rio de Janeiro: Tempo Brasileiro, 1996.

Martelotta, Mário E.; Areas, Eduardo K. A visão funcionalista da linguagem no século xx. In: Cunha, Maria Angélica Furtado da; Oliveira, Mariângela Rios; Martelotta, Mário E. (org.). *Linguística funcional:* teoria e prática. Rio de Janeiro: dp&a, 2003.

Neves, Maria Helena de Moura. *A gramática funcional*. São Paulo: Martins Fontes, 1997.

Saussure, Ferdinand de. *Curso de linguística geral*. 20. ed. São Paulo: Cultrix, 1995.

Votre, Sebastião J. Um paradigma para a linguística funcional. In: Martelotta, Mário E.; Votre, Sebastião J.; Cezario, Maria Maura. *Gramaticalização no português do Brasil*. Rio de Janeiro: Tempo Brasileiro, 1996.

A construção do significado

Lílian Ferrari

Os estudos em Pragmática ao longo do século XX desafiaram a ideia vigente, até então, de que palavras e expressões possuem significados que lhes são associados de modo mais ou menos automático por falantes e ouvintes. Várias pesquisas demonstraram que a atribuição de um significado invariável às palavras independentemente do contexto em que ocorrem tornou-se cada vez mais problemática (Ducrot, 1977; Fillmore, 1982; Jackendoff, 1983). Essas pesquisas apontaram para o fato de que os significados associados espontaneamente a formas isoladas não são significados essenciais, mas *defaults* possibilitados por modelos cognitivos e fatores tais como normas e valores culturais.

Nessa mesma linha, os estudos em Linguística Cognitiva têm reunido evidências de que a linguagem não "representa" o significado, mas aciona a construção do significado em contextos particulares, a partir de modelos culturais e recursos cognitivos específicos (Fauconnier, 1994, 1997; Lakoff, 1987; Langacker, 1987; Sweetser, 1990; Marmaridou, 2000).

O que se verifica, portanto, é que no âmbito da abordagem cognitiva da construção do significado, muitos temas tradicionalmente abordados pela pragmática permanecem em foco, como é o caso dos fenômenos escalares, atos de fala, pressuposições, fenômenos de opacidade referencial, as chamadas "figuras de linguagem", funções pragmáticas e implicaturas conversacionais. A novidade é que essas questões são formuladas agora sob um novo enquadre teórico, em que os processos cognitivos de construção do significado tornam-se objeto privilegiado de pesquisa. Vários estudos vêm sendo realizados para detalhar os mecanismos pelos quais construções linguísticas específicas acionam significado, com base nas noções de espaços mentais, projeções entre domínios conceptuais, modelos cognitivos idealizados e processos cognitivos de mesclagem, entre outros.

Além disso, as pesquisas em Linguística Cognitiva têm demonstrado que a interação entre gramática e contexto pode ser apreendida a partir de dados bem mais ricos e complexos do que aqueles apontados pelas tradições linguística e filosófica sobre indexicais (pronomes, tempos verbais e outros elementos dêiticos). Mais especificamente, abordagens construcionais argumentam que as construções gramaticais atuam como instruções para que o interlocutor examine o contexto compartilhado da conversação e construa a interpretação pretendida a partir de esquemas sintáticos parcialmente especificados.

Alinhando-se a essas abordagens, o presente trabalho pretende traçar um perfil das pesquisas que buscam relacionar estruturas linguísticas, processos cognitivos e aspectos pragmáticos da construção do significado. Na próxima seção, serão apresentados os fundamentos teóricos da semântica cognitiva e suas inter-relações com processos projetivos de construção do significado. Na seção **Construções gramaticais e pragmáticas**, alguns estudos que se destacam na literatura sobre gramática de construções serão abordados, enfocando-se as relações entre estrutura linguística e pragmática em construções específicas do inglês. Por fim, a seção **Construções gramaticais no português brasileiro** enfocará pesquisas recentes que, adotando o viés teórico supracitado, lançam luz sobre construções gramaticais específicas do português brasileiro.

Questões de significado

No livro *Semantic Leaps*, Seana Coulson (2001: 14) argumenta que o uso linguístico relaciona-se apenas de forma oblíqua às coisas no mundo. Para fundamentar seu argumento, a autora utiliza vários exemplos em que a palavra "bola" é usada. Alguns desses exemplos são retomados aqui em versão adaptada para o português:

(1) Romário chutou *a bola* na trave.

(2) Guga mandou *a bola* para fora da quadra.

Em (1), a "bola" é uma esfera branca, de couro; já em (2), é uma pequena esfera de borracha e feltro. Embora ambas possam ser reunidas sob um significado abstrato único, a existência desse significado abstrato não explica como leitores competentes interpretam "bola" diferentemente em (1) e (2). Entretanto, o fato é que esses leitores irão automaticamente inferir que se trata de uma bola de futebol e de uma bola de tênis, respectivamente.

O entendimento da palavra "bola" envolve o recrutamento de conhecimento sobre o cenário geral e sobre os tipos de bolas que mais provavelmente ocorrerão naquele cenário. A dependência entre o entendimento do falante e sua conceptualização geral do cenário fica ainda mais evidente quando a palavra "bola" é compreendida em contextos menos prototípicos, como por exemplo, em *videogames*:

(3) Meu jogador conseguiu pegar *a bola*.

No exemplo acima, trata-se de uma entidade bidimensional: um conjunto de pontos organizados de maneira circular e recobrindo uma área específica na tela de TV. Pode-se também considerar uma situação em que duas crianças resolvam amassar uma folha de papel e, brincando de acertá-la na lata de lixo, uma delas diga:

(4) Eu acertei *a bola* no cesto nas últimas três vezes.

Por fim, é possível usar o termo "bola" para falar de entidades que não estejam diretamente envolvidas em jogos. Por exemplo, um técnico de futebol pode apontar para um ponto no quadro-negro e dizer:

(5) A essa altura do jogo, *a bola* estará aqui.

O que todos esses exemplos demonstram é que seria muito difícil analisar as ocorrências da palavra "bola" com base em critérios objetivos. Embora seja possível argumentar em termos objetivistas que o termo "bola" é simplesmente vago, e que só poderia ser captado por uma análise refinada que revelasse um significado abstrato comum, o problema é que para captar todos os casos, o grau de abstração teria que ser tão alto que levaria a uma superposição com o significado de outros objetos. De qualquer forma, o estabelecimento desse significado abstrato comum não explicaria como o ouvinte deriva interpretações específicas da palavra "bola".

Coulson (2001) argumenta que a única propriedade compartilhada por todas as "bolas" é o fato de serem todas concebidas pelos falantes como tal. Mais especificamente, o uso linguístico reflete o estabelecimento de correspondências ou *projeções* entre elementos e relações em diferentes contextos. O uso do termo "bola" apoia-se, portanto, na natureza da construção que os participantes fazem de suas atividades. A folha de papel amassada pode ser entendida como "bola" porque as crianças a tratam como uma bola, recorrendo à habilidade cognitiva de criar projeções entre domínios.

Entretanto, embora não pareça haver um sentido invariável para o termo "bola", as pessoas têm conhecimento de cenários típicos, o que permite que a construção do significado se apoie em um conjunto de suposições sobre o mundo em geral e, no caso em questão, sobre jogos em particular.

No artigo intitulado "Frame Semantics", Fillmore (1982) argumenta que o significado das palavras baseia-se na experiência do falante com cenários, práticas culturais e instituições sociais que essas palavras pressupõem. Por exemplo, a interpretação da palavra "terça-feira" só pode ser feita a partir de informação compartilhada sobre o conceito mais geral de organização da semana. Do mesmo modo, a distinção entre "semana" e "fim de semana" surge a partir da prática cultural de cinco dias de trabalho e dois de descanso. Portanto, Fillmore define *frame* como um sistema de categorias com estrutura enraizada em um contexto motivador. As palavras são definidas relativamente a *frames*, realizando uma categorização que toma esses enquadres específicos como pontos de partida.

Lakoff (1987) enfatizou o caráter idealizado das suposições compartilhadas representadas em *frames*. Tendo em vista que essas suposições são altamente simplificadas, tais modelos idealizados se aplicam mais facilmente a certos segmentos da sociedade do que a outros. Retomando o conceito de *bachelor* ("solteirão"), Lakoff mostra que não só o conceito depende da existência de um *frame* ou conjunto de proposições que representam suposições comuns sobre o curso normal da vida de um homem na sociedade ocidental, como apontou Fillmore (1982), mas também que um modelo cognitivo idealizado explica a existência de efeitos prototípicos na categorização. Sendo assim, esse modelo pode não se aplicar definitivamente a determinadas palavras, como "Papa", ou pode se aplicar de forma menos prototípica a um "homem solteiro que mantenha um relacionamento estável por vários anos".

Levando em conta o papel dos *frames*, a Linguística Cognitiva assume que a construção do significado não é composicional e, portanto, não ocorre em termos do acesso ao significado das palavras no léxico e uso de informação sintática para combiná-las. Tomemos como exemplos os seguintes sintagmas nominais:

(6) esposa habilidosa

(7) ladrão habilidoso

Não é possível interpretar o significado do adjetivo "habilidosa(o)" da mesma forma nos exemplos acima, porque o significado global reflete nosso conhecimento específico sobre esposas e ladrões. No *frame* ativado por esposa, há um *slot* para marido, além de informações sobre as expectativas culturais de respeito e colaboração; no caso do *frame* acionado por ladrão, há um *slot* para a vítima, mas as expectativas culturais são inteiramente diferentes, já que as habilidades relacionadas aos objetivos de um ladrão são incompatíveis com qualquer ideia de colaboração com a vítima.

Mesmo em casos de modificação nominal aparentemente mais simples, como por exemplo, o do sintagma "lápis azul", a interpretação não decorre apenas da soma dos significados dos termos envolvidos. O que se verifica é que a cor "azul" pode se referir a aspectos distintos do *frame* associado a lápis, indicando a cor da parte externa do lápis ou a cor que o lápis produz no papel.

A observação de que o significado não é composicional possibilitou todo um conjunto de investigações sobre "Gramática de Construções", em que se postula que construções gramaticais acionam significados independentemente dos elementos linguísticos que as integram. Na próxima seção, algumas dessas propostas serão detalhadas.

Construções gramaticais

No livro *Constructions*, Goldberg (1995) analisa detalhadamente uma série de construções em inglês, entre as quais se incluem a construção bitransitiva (ex.: *Sally gave her sister a cake*), a construção de movimento causado (ex.: *Frank sneezed the tissue off the table*), a construção resultativa (ex.: *He wiped the table clean*), a construção com "way" (ex.: *Frank dug his way out of the prison*).[1] O objetivo das análises apresentadas é demonstrar que uma abordagem totalmente lexical da gramática é inadequada, já que é necessário reconhecer a existência de significado em construções lexicalmente não-preenchidas.

A título de ilustração, observemos uma construção de movimento causado:

(8) *Frank pushed the piano into the living-room.*
"Frank empurrou o piano para a sala."

A interpretação da sentença acima envolve movimento causado (alguém/algo causa alguém/algo a se mover para/por algum lugar), independentemente das palavras que integram a construção. Em (8), o sentido do verbo *to push* (empurrar) é congruente com o sentido global da construção, mas nem sempre esse é o caso, como ilustra o exemplo abaixo:

(9) *Frank sneezed the tissue off the table.*
"Frank espirrou o guardanapo para fora da mesa."

No exemplo acima, o verbo *to sneeze* (espirrar) não requer um objeto direto como complemento. Em uma análise lexicalista (em que se postula que a sintaxe e a semântica de uma sentença são projetadas a partir das especificações do verbo principal), teríamos que postular sentidos implausíveis para o verbo, que de tipicamente intransitivo passaria a ter um sentido especial, com três argumentos.

Na abordagem construcional, entretanto, entende-se que os aspectos da interpretação de movimento causado são contribuições da construção. No exemplo acima, o objeto não é considerado diretamente como argumento do verbo, mas licenciado pela construção em particular.

Os estudos em gramática de construções têm demonstrado a existência de numerosos casos em que uma força ilocucionária ou atitude particular do falante é associada por convenção gramatical a determinadas formas linguísticas.

Fillmore et al. (1988) analisaram construções que empregam a expressão *let alone* em inglês, demonstrando a atuação de um modelo escalar de interpretação:

(10) *Fred won't order shrimp, let alone Louise.*
"Fred não pedirá camarão, quanto mais Louise."

A sentença acima só poderá ser interpretada com sucesso em um contexto cuja base pressuposicional seja a seguinte: "Fred pedirá qualquer coisa que Louise peça". Em termos escalares:

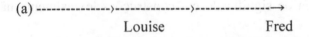

Os detalhes específicos não são explicitados pela construção, mas são pressupostos como disponíveis no contexto. Pode ser um contexto em que se pressuponha que Fred tem menos restrições alimentares do que Louise ou em que Fred seja visto como mais gastador do que ela.

Outra construção, discutida em Akmajian (1984) e Lambrecht (1990), apresenta morfossintaxe especial com sujeito acusativo e sintagma verbal infinitivo, associada a um contorno entonacional particular:

(11) *Him be a doctor?*[2]
"Ele ser doutor?"

A morfossintaxe específica do exemplo acima expressa a incredulidade do falante em relação à proposição que acabou de ser expressa na interação conversacional (no caso, "Ele é doutor").

A seguir, serão apresentadas pesquisas recentes que investigam as relações entre estrutura linguística e aspectos pragmáticos em construções gramaticais do português brasileiro. Essas pesquisas têm sido desenvolvidas pelo Grupo de Pesquisas em Linguística Cognitiva (Linc) na Universidade Federal do Rio de Janeiro.

Construções gramaticais no português brasileiro

Em estudos recentes do português brasileiro, relações estreitas entre construções gramaticais e significado pragmático têm sido observadas nas mais variadas construções gramaticais. Para ilustrar o fenômeno, recortaremos três trabalhos que investigam essas relações de forma bastante detalhada: as construções de discurso reportado (Rocha, 2004), as construções epistêmicas integradas (Ferrari, 2005) e as construções condicionais interrogativas (Laplace, 2008).

No caso das construções de discurso reportado, Rocha (2004) demonstrou a existência de um laço metafórico que permite a instanciação de construções de discurso reportado a partir de construções dativas. Com base na metáfora do conduto (Reddy, 2000), que estabelece que a comunicação verbal é entendida metaforicamente como transferência física de um objeto de um agente para um recipiente, Rocha (2004) explica tanto a ocorrência de construções de discurso reportado com verbos *dicendi* ("Eu disse muito obrigado para ela") quanto com outros tipos de verbos ("Eu soprei a resposta para ela"). Neste último caso, deparamo-nos com o verbo "soprar", que não está disponível no léxico com o sentido de discurso reportado, mas que, ao interagir com uma construção gramatical desse tipo, contribui para a interpretação de discurso reportado.

Além disso, o autor evidenciou a existência de relações entre estrutura linguística, traços prosódicos e significado pragmático, demonstrando que existem diferenças prosódicas importantes entre construções de discurso direto em que o falante reporta terceiros ou se autorreporta. Em geral, ao reportar o outro diretamente, o falante tende à ênfase dos traços suprassegmentais, enquanto ao reportar a si mesmo, propende para a manutenção de uma melodia própria.

Em outro trabalho recente (Ferrari, 2005), foram analisadas construções epistêmicas do tipo *"Eu acho o livro interessante"*, com base no argumento de que tais construções apresentam estrutura sintática semelhante às construções resultativas do tipo *"João cortou as cebolas bem fininhas"*, a saber [SN V SN SADJ]. Em função dessa semelhança, ambas as construções foram analisadas como partes de uma rede construcional em que os laços de herança metafóricos "Pensamento é Ação" e "Ideias são Objetos" motivariam construções epistêmicas a partir das construções resultativas. Dentro dessa perspectiva, foi possível estabelecer a hipótese de que a estrutura de evento relevante para as construções epistêmicas é semelhante à estrutura de integração conceptual apresentada para as construções resultativas, de modo que as construções epistêmicas foram denominadas Construções Epistêmicas Integradas (CEI).

A análise demonstrou ainda que as CEI diferem de Construções Epistêmicas Completivas (*Eu acho que o livro é interessante*) quanto à evidencialidade: as primeiras sinalizam experiência direta do falante com o objeto; enquanto as epistêmicas completivas apontam para uma perspectiva indireta do falante em relação à opinião expressa.

Por fim, em pesquisa recente com construções condicionais, Laplace (2007) demonstrou que condicionais com apódoses[3] interrogativas sinalizam estratégias pragmáticas específicas. Em condicionais do tipo [Se X, por que Y?], verifica-se que a inferência pretendida é ~X.

Suponhamos que as proposições X e Y sejam:

X = ele é tão inteligente

Y = ele não passou no vestibular

A inserção dos elementos acima na construção condicional interrogativa resulta em:

[Se X, por que Y?] = Se ele é tão inteligente, por que não passou no vestibular?

A construção, por sua vez, não se caracteriza apenas pelo estabelecimento condicional de uma pergunta, mas produz a inferência de que "ele não é tão inteligente".

Para dar conta dessa inferência, precisamos recorrer à noção pragmática de pressuposição, já que a pergunta "por que ele não passou no vestibular?" desencadeia a pressuposição de que "ele não passou no vestibular". Uma vez desencadeada, a pressuposição pode "flutuar" para a prótase (Fauconnier, 1994), que, por sua vez, já abriga a informação de que "ele é inteligente". Ao receber uma nova informação incompatível com a anterior, pois nosso conhecimento de mundo prevê que "ser inteligente" é incompatível com "não passar no vestibular", o espaço condicional promove a inferência de que uma das duas informações não procede.

Em suma, a morfossintaxe da condicional interrogativa aponta para a negação de um argumento (expresso anteriormente por um dos participantes da interação conversacional) sinalizando, através da interrogação, os pontos fracos desse mesmo argumento.

Conclusão

Este trabalho buscou detalhar relações entre estrutura linguística, pragmática e cognição, enfocando inicialmente questões referentes ao significado. A partir da noção de *frame*, assinalou-se o caráter não-composicional do significado de itens lexicais. Em seguida, argumentou-se que as construções gramaticais, de um modo geral, também acionam significado de forma não-composicional, com base em estudos recentes em gramática de construções. Além disso, análises recentes de construções do português brasileiro foram retomadas, com o objetivo de ilustrar as relações entre forma linguística e diferentes aspectos pragmáticos de construção do significado. Mais especificamente, foram abordados trabalhos sobre construções de discurso reportado, construções epistêmicas, construções condicionais interrogativas.

As pesquisas apresentadas sugerem que o paradigma teórico da Gramática de Construções não só tem se mostrado inspirador para tratar das relações entre estrutura linguística, pragmática e cognição em diferentes línguas, como merece ser aprofundado na descrição do português do Brasil, tendo em vista o potencial explicativo inovador demonstrado nos trabalhos realizados sob esse enfoque até o momento.

Notas

[1] As traduções literais dessas construções para o português seriam: "Sally deu sua irmã um bolo", "Frank espirrou o guardanapo para fora da mesa", "Ele esfregou a mesa limpa", "Frank cavou seu caminho para fora da prisão", respectivamente.

[2] Em português, há uma construção paralela: "Eu acordar cedo?", com sujeito nominativo e verbo no infinitivo.

[3] O termo apódose indica a oração principal em construções condicionais; enquanto prótase refere-se à oração subordinada.

Bibliografia

ACKMAJIAN, A. Sentence types and the form-function fit. *Natural Language and Linguistic Theory* 2. 1984, pp. 1-23.

BOLINGER, D.L. *Entailment and the Meaning of Structures*. Glossa 2, 1968, pp. 119-27.

COULSON, S. *Semantic Leaps*. Frame-Shifting and Conceptual Blending in Meaning Construction. Cambridge: Cambridge University Press, 2001.

DUCROT, O. *Princípios de Semântica Linguística (dizer e não dizer)*. São Paulo: Cultrix, 1977.

FAUCONNIER, G. *Mental Spaces:* Aspects of Meaning Construction in Natural Language. Cambridge: Cambridge University Press, 1994.

_____. *Mappings in Thought and Language*. Cambridge: Cambridge University Press, 1997.

_____. Pragmatics and Cognitive Linguistics. In: HORN, L.; WARD, G. (ed.). *The Handbook of Pragmatics*. Oxford: Blackwell Publishing, 2004, pp. 657-74.

FERRARI, L. V. Integração conceptual em construções epistêmicas no português do Brasil. In: MIRANDA, N. S.; NAME, M. C. (org.). *Linguística e Cognição*. Juiz de Fora: Editora da UFJF, 2005.

FILLMORE, C. Frame Semantics. In: Linguistic Society of Korea (ed.). *Linguistics in the Morning Calm*. Seoul: Hanshin, 1982, pp. 111-37.

FILLMORE, C.; KAY, P. *Construction Grammar*. Berkeley: University of California, 1993.

FILLMORE, C.; KAY, P.; O'CONNOR M. C. *Regularity and Idiomaticity in Grammatical Constructions*. Language 64, 1988, pp. 501-38.

GOLDBERG, A . *Constructions:* A Construction Grammar Approach to Argument Structure. Chicago: University of Chicago Press, 1995.

HAIMAN, J. *Natural Syntax:* Iconicity and Erosion. Cambridge: Cambridge University Press, 1985.

JACKENDOFF, R. *Semantics and Cognition*. Cambridge: MIT Press, 1983.

KAY, P. Pragmatic Aspects of Grammatical Constructions. In: HORN, L.; WARD, G. (ed.). *The Handbook of Pragmatics*. Oxford: Blackwell Publishing, 2004, pp. 675-700.

LAKOFF, G. *Women, Fire and Dangerous Things*: What Categories Reveal about the *Mind*. Chicago: University of Chicago Press, 1987.

LAKOFF, G.; JOHNSON, M. *Metaphors we live by*. Chicago: The University of Chicago Press, 1980.

_____. *Philosophy in the Flesh:* The Embodied Mind and its Challenge to Western Thought. New York: Basic Books, 1999.

LAMBRECHT, K. What, me worry? *Mad Magazine* sentences revisited. BLS 16, 1990, pp. 215-28.

LANGACKER, R. *Foundations of Cognitive Linguistics*: Theoretical Prerequisites. Stanford: Stanford University

Press, 1987, v.I.

LAPLACE, R. *Contruções condicionais pragmáticas com apódoses interrogativas.* Relatório de IC, UFRJ, 2008.

MARMARIDOU, S. *Pragmatic Meaning and Cognition.*Amsterdam/Philadelphia: John Benjamins Publishing Co., 2000.

REDDY, M. A metáfora do conduto: um caso de conflito de enquadramento na nossa linguagem sobre a linguagem. Trad. Ilesca Holsbach, Fabiano B. Gonçalves, Marcela Migliavacca e Pedro M. Garcez. In: *Cadernos de Tradução*, n. 9, Porto Alegre: UFRGS, pp. 5-47, jan./mar., 2000.

ROCHA, L. F. M. *A construção da mimese no reality show*: uma abordagem sociocognitivista para o discurso reportado. Rio de Janeiro, 2004. Tese UFRJ, 254 p.

SWEETSER, E. *From Etymology to Pragmatics.* Cambridge: Cambridge University Press, 1990.

Verbos leves

Nataniel dos Santos Gomes

Este capítulo traz uma reflexão para os estudantes do curso de Letras, a respeito dos pressupostos teóricos da Gramática Gerativa e sobre os tipos de conhecimento necessários para a sua formação. Este texto não só descreve certos fatos linguísticos, mas também tenta explicá-los através de uma teoria que valoriza o conhecimento linguístico internalizado pelo falante. Acreditamos que, para os estudantes do Curso de Letras, sobretudo para aqueles interessados em Linguística, faz-se necessário conhecer a análise de certos fenômenos gramaticais, que têm como base a abordagem gerativa.

Um conceito importante da gramática é o da predicação, que se constitui na atribuição de propriedades a pessoas ou coisas. Todo predicado consiste de *scripts*, em que atuam certos participantes. Esses participantes são os argumentos do predicado aos quais se atribui um papel semântico/temático. Segundo Cançado (2003: 95), os papéis temáticos são definidos como "um grupo de papéis atribuídos a um determinado argumento a partir dos acarretamentos, estabelecidos por toda a proposição em que esse argumento encontra-se".

Alguns verbos selecionam semanticamente os seus argumentos, ao passo que outros não. Estes últimos são chamados *verbos leves* e são o tema desta apresentação. Tais verbos adquirem significações distintas, dependendo das configurações sintáticas em que ocorrem.

Uma questão a ser levantada é se este tipo de verbo tem diversas entradas lexicais, cada uma delas expressando uma realização semântica diferente, ou se ele tem apenas uma entrada lexical com leque semântico mais amplo. Para responder a esta questão, é preciso buscar uma explicação formal sobre a relação sintaxe/léxico.

Neste capítulo, veremos que os verbos leves são semanticamente vazios, privados de recursos de predicação e têm a possibilidade de atribuir papéis temáticos aos seus argumentos. As frases com verbos leves apresentam um significado do todo da sentença a partir do significado de suas partes, conforme Partee citado por Viotti (2003: 223).

A estrutura argumental dos predicados

A ideia principal é de que a gramática é um sistema que está internalizado na mente do falante, sistema este contendo **princípios** e **parâmetros**, com seus valores fixados, que determinam a formação das sentenças na língua. Parece-nos óbvio que só é possível dominar uma língua se conhecermos as regras de formação das sentenças, assim como o seu léxico.

Veremos que esse léxico deve ter várias informações para a formação das sentenças. Saber apenas o que significa uma "palavra" não é o suficiente, se não conhecemos a sua categoria lexical, se é um nome, um adjetivo ou um verbo, e a sua seleção semântica. Sem tais informações, a construção da frase fica impossível.

(1)
(a)   A aluna [V formou] frases difíceis na aula.
(b)   * A aluna [N formação] frases difíceis na aula.

Na configuração (1a), o núcleo lexical da sentença só pode ser um verbo. Se o núcleo for um nome, gera a agramaticalidade da sentença, conforme indica (1b). Portanto, precisamos saber tanto as informações categoriais das palavras quanto a sua estrutura argumental.

Os núcleos são chamados **predicados** e os elementos selecionados por esses núcleos são chamados **argumentos**.

Em (2) o verbo *encontrar* relaciona *João* e *amigo*, estabelecendo uma relação entre eles. Tecnicamente, chamamos estes elementos de argumentos do verbo. Não podemos construir uma sentença com este verbo *encontrar*, por exemplo, sem os elementos que vão completar o seu sentido. Em outras palavras, o verbo citado seleciona dois argumentos que precisam ser preenchidos sintaticamente.

(2)   João encontrou o amigo [no supermercado].

Observe-se que o sintagma *no supermercado* não faz parte da estrutura argumental do verbo e, por isso, não é uma informação obrigatória na sentença (daí a colocação entre colchetes no exemplo). Trata-se de um adjunto que fornece informação adicional.

Não só o verbo, mas também outros núcleos lexicais possuem uma estrutura argumental, conforme ilustra o exemplo a seguir:

(3) [A fuga do preso].

Em (3) *a fuga* é o núcleo do SN que pede o sintagma preposicionado *do preso* como argumento. *Fuga* é um nome deverbal, ou seja, é um nome derivado de um verbo transitivo e, por isso, exige um *complemento*.

No caso de um verbo como *comer,* o sujeito agente deve ter o traço [+ animado]. A agramaticalidade de (5) vem da violação da restrição de seleção semântica do sujeito. O SN *o sanduíche* é [– animado] e não satisfaz as exigências de restrição semântica do verbo.

(4) O Fernando comeu o sanduíche.

(5) * O sanduíche comeu o Fernando.

O léxico é adquirido durante toda a nossa vida, todavia a noção de categorias sintáticas é inata. O léxico é guardado na memória, e será usado em conformidade com um modelo de gramática que existe em nossa mente.

Os verbos leves em português

Os chamados verbos leves são aqueles semanticamente vazios, que, em geral, se associam a um elemento nominal, responsável pelo significado principal da sentença. Tal estrutura pode ser considerada como um composto verbal intransitivo, segundo Poutsma (1926) citado por Scher (2003: 205).

(6) Angela deu uma olhada no bolo. (= olhou)

(7) Adriana deu uma varrida na casa. (= varreu)

(8) Ana Cristina fez compras no shopping. (= comprou)

(9) Mariana fez bagunça na aula. (= bagunçou)

As estruturas com verbos leves possuem as seguintes características, de acordo com Scher (2003):

(i) o verbo principal é semanticamente vago;

78 Linguagem para formação em Letras, Educação e Fonoaudiologia

(ii) o complemento nominal tem como núcleo um nome de ação, em geral deverbal, que realmente predica sobre os eventos;

(iii) há uma paráfrase entre a construção com verbo leve seguido de um nome e um verbo simples.

A partir de (ii) podemos concluir que o elemento nominal destas construções é responsável pela denotação da eventualidade (eventos, estados e atividades) relevantes da oração.

Encontramos tais características em alguns verbos do português brasileiro, tais como: *dar, levar, tomar, fazer* e *pôr*.

Neste trabalho, nos fixaremos na descrição e análise dos verbos *dar, fazer* e *ter*, seguindo Scher (2003).

Verbo *dar*

(10) Roberto deu um beijo na mãe.

(11) Humberto deu uma paulada no bandido.

(12) Nataniel deu um *boot* no computador.

(13) Esmeralda deu um presente ao marido.

(14) Elza deu a vassoura ao Murilo.

(15) Ricardo deu uma varrida na casa.

Como os verbos leves não têm uma estrutura argumental, eles não podem atribuir papel temático.

De acordo com Scher (2003), o elemento nominal parece ter um papel muito importante no complexo formado por ele mais o verbo leve, já que funciona como núcleo lexical, seguindo o modelo lexicalista. Tal conclusão surge a partir da atribuição de papéis temáticos aos argumentos do complexo, porque é o núcleo nominal que tem essa função.

Em (10) é o SN *beijo* que exige e dá uma interpretação ao SN *a mãe*. O mesmo ocorre em (6) e (15). As associações temáticas são feitas a partir dos elementos nominais *olhada* e *varrida*, derivados dos respectivos verbos, formando um composto no predicado.

Nos exemplos (13) e (14) os papéis temáticos são determinados pelo verbo *dar*, que é o núcleo do predicado. Neste caso, *dar* não atua como verbo leve, mas como um verbo lexical regular.

As chamadas expressões idiomáticas têm uma estrutura diferente dos verbos leves, sendo, portanto, pouco produtivas na língua, com muitas restrições em suas composições. A significação não se dá simplesmente pela união de significado dos termos. Na verdade, elas não têm nada a ver com o sentido literal das palavras envolvidas. Vejamos os exemplos a seguir, extraídos de Scher (2003: 209):

(16) não dar a mínima   *não se importar, ser indiferente*

(17) dar em nada   *não ter consequências*

(18) dar com os burros n'água   *sair-se mal em alguma coisa*

(19) dar pano pra manga   *ser motivo de comentários*

Os exemplos de (16) a (19) revelam que o verbo *dar* nas construções do tipo *leve* exercem uma função distinta de *dar* nas expressões idiomáticas.

Pelos dados até agora observados, parece-nos que o verbo *dar* pode ter três usos distintos: (i) uso idiomático; (ii) verbo leve; (iii) verbo lexical regular.

Verbo *ter*

Este verbo é capaz de criar diversas sentenças, que são semanticamente diferentes.

Viotti (2003: 222) nos lembra que "a origem histórica do verbo *ter* tinha um sentido próximo ao de *segurar, manter,* sendo, portanto, um verbo agentivo".

Os exemplos seguintes ilustram os usos do verbo *ter* no português do Brasil:

(20) Tem muita gente na sala. (= existencial)

(21) Márcia tem participado de muitas bancas de mestrado. (uso auxiliar)

(22) Sérgio gosta de ter as pessoas em suas mãos. (= manter)

(23) Pedro teve dores horríveis. (= sentir)

Parece-nos que o significado da sentença surge a partir do significado dos elementos que a compõem e de sua combinação sintática.

Assim, o sentido dessas frases com o verbo *ter* é dado a partir da composição deste com os outros elementos oracionais, ou seja, o complexo formado possibilita várias interpretações.

Verbo *fazer*

Este é outro verbo que pode ser classificado como *leve* em português. Vejamos alguns exemplos:

(24) Bianca fez aniversário semana passada. (= aniversariou)

(25) Eliane fez um vestido. (= confeccionou)

(26) Márcio fez um pratão no almoço. (= preparou)

(27) Luciana fez compras no sábado. (= comprou)

Nesses exemplos, podemos entender (24) como *aniversariou* ou *completou anos*, (25) como *confeccionou*, (26) como *colocou comida no prato* e (27) como *comprou*.

Assim como os verbos *dar* e *ter*, o verbo *fazer* possui apenas uma entrada lexical. A variedade de significados das frases nos exemplos (24) a (27) surge por ele ser um verbo esvaziado de conteúdo semântico, com seu valor predicativo enfraquecido, dependente dos outros itens para a construção de seu significado.

Conclusão

Para dar conta das construções com verbos leves aqui apresentadas, assumimos a proposta teórica da Morfologia Distribuída, segundo Marantz (1995) e Harley e Noyer (1999), citados por Medeiros (2003: 9), que propõe que as palavras têm a sua categorização e a sua estrutura argumental determinadas na sintaxe. No léxico, só existem raízes lexicais neutras e morfemas funcionais que especificam a categoria e a estrutura argumental dessas raízes no esqueleto configuracional sintático.

Sendo assim, os verbos leves aqui apresentados, como *dar, ter* e *fazer*, adquirem interpretações distintas de acordo com o arcabouço sintático em que são inseridos. É a partir dessa teoria morfológica que podemos explicar o comportamento dos verbos leves que, ao serem gerados em diferentes configurações sintáticas, apresentam diferentes funções e significados.

Bibliografia

CANÇADO, Márcia. *Um estatuto teórico para os papéis temáticos*. In: MÜLLER, Ana Lúcia; NEGRÃO, Esmeralda V.; FOLTRAN, Maria José (org.). *Semântica formal*. São Paulo: Contexto, 2003.

MEDEIROS, Alessandro Boechat de. *Sintaxe e semântica do particípio passado*. Dissertação (Mestrado em Linguística). Rio de Janeiro: Faculdade de Letras, UFRJ, 2003.

MIOTO, Carlos et al. *Novo manual de sintaxe*. Florianópolis: Insular, 2004.

NEGRÃO, Esmeralda Vailati et al. Sintaxe: explorando a estrutura da sentença. In: FIORIN, José Luiz (org.). *Introdução à linguística II* – princípios de análise. São Paulo: Contexto, 2003.

SCHER, Ana Paula. Quais são as propriedades lexicais de uma construção com verbo leve? In: MÜLLER, Ana Lúcia; NEGRÃO, Esmeralda V.; FOLTRAN, Maria José (org.). *Semântica formal*. São Paulo: Contexto, 2003.

VIOTTI, Evani. A composicionalidade nas sentenças com o verbo ter. In: MÜLLER, Ana Lúcia; NEGRÃO, Esmeralda V.; FOLTRAN, Maria José (org.). *Semântica formal*. São Paulo: Contexto, 2003.

A Sociolinguística

Ernani Garrão Neto

Neste capítulo, serão examinadas as contribuições práticas da Sociolinguística à formação do professor de língua materna. Para tanto, foram levantadas algumas questões ligadas ao tema as quais nos guiarão ao longo deste texto como elementos instigadores. São elas: (a) Por que estudar Sociolinguística em um curso de graduação em Letras?; (b) Em que medida o estudo da Sociolinguística pode ajudar o professor de língua materna a reconhecer e a legitimar a diversidade linguística, assim como as diversidades regionais e culturais?; (c) Em que medida o estudo da Sociolinguística na graduação em Letras fornecerá instrumentos para que o docente promova inclusão social pela inclusão linguística?

Já há algum tempo, tem-se discutido em nossa sociedade a qualidade do ensino em todos os seus níveis, da alfabetização à formação superior. Assistimos a uma deterioração paulatina do sistema de ensino brasileiro causada, sobretudo, pela falta de políticas públicas e, por que não dizer, de engajamento social. Há tempos temos conhecimento, por meio de diagnósticos precisos feitos pelo próprio governo, das causas do problema, mas talvez não as enfrentemos com a seriedade necessária: é o mesmo que um médico fazer a anamnese de um paciente sem, contudo, saber o que fazer com os dados levantados. E talvez a solução de médio prazo esteja justamente no investimento na formação dos profissionais do ensino, daqueles que serão os condutores da aprendizagem em sala de aula. É imperativo que os futuros educadores estejam preparados para o tamanho do desafio que terão pela frente: é necessário que estejam cientes da responsabilidade que tomam pra si ao optarem pelo magistério em nosso país e da enorme diversidade que encontrarão em sala de aula. Tal diversidade não se resume aos níveis socioeconômicos, mas permeia também o nível cultural, regional e linguístico.

Todos os professores têm de estar preparados para tal desafio, mas ao professor de língua materna deverá ser atribuída uma missão ainda mais árdua: a de promover a inclusão social por meio da facilitação à compreensão linguística. A questão mais urgente a ser pensada no momento é, certamente, a da inclusão social. E como pensá-la nas aulas de língua materna?

Aos educadores, de modo geral, confere-se a importante missão de promover cidadania, não só facilitando o acesso à informação, mas também desenvolvendo a capacidade de análise crítica do discente. Os docentes de língua materna, entretanto, têm ainda uma missão mais árdua que, se bem-sucedida, terá efeitos em todas as demais disciplinas: a de contestar o conservadorismo linguístico da escola, por meio do combate ao preconceito linguístico. Desse modo, o educador também contribuirá para o combate ao preconceito nas demais esferas. Mas em que consiste o conservadorismo linguístico da escola?

A escola, já a despeito do que preveem os Parâmetros Curriculares Nacionais (1998), acaba, ainda que em alguns casos indiretamente, por conservar alguns mitos, como: "português é muito difícil"; "as pessoas sem instrução falam tudo errado" e "em certas regiões do país se fala um português mais correto do que em outras". O professor de língua materna que se limita a realimentar tais mitos em sala de aula contribui para a manutenção do conservadorismo linguístico que conduz ao preconceito e à exclusão social. Trata-se de um mecanismo cíclico, que se repete geração após geração: o aluno de hoje será o professor de português de amanhã. Este tenderá a repetir os métodos e conceitos passados a ele durante o período escolar. É necessário quebrar esse ciclo e é justamente nesse ponto que entram os conhecimentos e preceitos da Sociolinguística.

Por que estudar Sociolinguística em um curso de graduação em Letras?

À pergunta-título se incorporam, naturalmente, as duas outras dela decorrentes, levantadas anteriormente e aqui revisitadas: (b) Em que medida o estudo da Sociolinguística pode ajudar o professor de língua materna a reconhecer e a legitimar a diversidade linguística, assim como as diversidades regionais e culturais?, e (c) Em que medida o estudo da Sociolinguística na graduação em Letras fornecerá instrumentos para que o docente promova inclusão social pela inclusão linguística?

Segundo Benveniste (1966: 94), "é na língua e pela língua que indivíduo e sociedade se determinam mutuamente". A sociedade agrupa os indivíduos e suas idiossincrasias e é alimentada por um sentimento de coletivo determinado pela língua. É a língua a responsável pelos contatos individuais que comporão a sociedade. Assim, tudo se inicia pelo contato. E, mais precisamente, pelo contato linguístico; como afirma Benveniste (1966):

> Não há, certamente, poder mais alto, e todos os poderes do homem sem exceção – pensemos bem – procedem deste. A sociedade não é possível a não ser pela língua; e pela língua também o indivíduo. O despertar da consciência na criança depende, coincide sempre com o aprendizado da linguagem, que a introduz pouco a pouco como indivíduo na sociedade.

Para que os discentes possam de fato desfrutar de modo otimizado (prático e adequado às situações específicas do dia a dia) do "poder da linguagem" e para que adquiram, como consequência, poder social, é necessária a incorporação de certas inovações por parte dos docentes. Tais inovações correspondem a um ensino de língua materna baseado na diversidade linguística. E em que ponto o contato do aluno de Letras com a Sociolinguística pode habilitá-lo a reconhecer tais diversidades?

Linguagem, indivíduo e sociedade

Nas décadas de 1950 e 1960, nos EUA, os estudos da língua como manifestação da vida em sociedade tiveram grande impulso, constituindo uma nova disciplina: a Sociolinguística, que surge da interface dos estudos da Sociologia e da Linguística. A Sociolinguística se preocupa com a correlação de traços sociais e traços linguísticos, buscando estudar o que se costuma chamar de *dialetos sociais*: "habitual subvariedade da fala de uma comunidade, restrita por operações de forças sociais a representantes de um grupo étnico, religioso, econômico ou educacional específico" (Preti, 1994). Afinal, uma língua não é uma realidade homogênea e a variabilidade é inerente a qualquer sistema linguístico. O que se costuma chamar de "língua" é, na verdade, um vasto conjunto de variedades que, segundo Preti (1994), "funciona como elemento de interação entre o indivíduo e a sociedade em que ele atua".

Desde muito cedo, os usuários da língua entram em contato com diferentes registros e ainda com determinadas crenças e atitudes a respeito da língua.

Aprendem que existem formas "certas ou erradas", "bonitas ou feias". Na escola, também desde muito cedo, estas crenças e atitudes são desenvolvidas, legitimadas e conservadas, de modo que os falantes de uma língua qualquer vão, paulatinamente, adquirindo uma habilidade natural para perceber, distinguir e valorar formas e subsistemas variantes dentro de seu próprio sistema linguístico. Adquirem, portanto, um saber, sistematizado ou não, a respeito da sua própria língua que lhes permite reconhecer que um determinado falante "não é daqui", ou "fala errado", ou "tem baixo nível cultural", enfim, um saber que lhes permite estabelecer e assumir determinadas identidades sociais a partir dos diferentes usos linguísticos.

É a partir do aprofundamento desses e outros preceitos da Sociolinguística que o aluno de Letras passa a ter fundamentos para identificar mitos e preconceitos linguísticos e a poder combatê-los com o apoio dos próprios discentes. É pelo reconhecimento da variabilidade do sistema linguístico e pela vinculação desta a variáveis extralinguísticas, como as ligadas aos regionalismos, aos traços socioculturais e à interação social, que o docente será capaz de contribuir para a eliminação do preconceito linguístico e para a inclusão social por meio da otimização da utilização dos registros atrelados às intenções comunicacionais de cada indivíduo.

As línguas variam: uma constatação inegável, mas renegada

Desde o início dos estudos relativos à linguagem, a variação linguística era vista como um "defeito", como algo que devesse ser combatido. Daí a preocupação com o estabelecimento de normas e a definição da gramática como "a arte de falar e escrever corretamente" (Câmara Junior, 1975).

A razão para esse tipo de consideração parece residir no fato de que os estudos da linguagem nasceram intrincados com os estudos de lógica. Acreditava-se que a língua refletia fielmente, em sua organização e em seu funcionamento, as leis do raciocínio.

Tal orientação filosófica tem sua origem na Grécia. Se, por um lado, foram os gregos que perceberam primeiramente a variabilidade linguística, na multiplicidade dialetal, por outro, relegaram-na de todo, preocupando-se com a língua nos seus aspectos estéticos (procedimentos de estilo) e filosóficos (adequação da língua ao pensamento).

Também entre os hindus, a questão da variabilidade da língua foi percebida. A constatação de sua existência deve ter motivado as complexas descrições das variedades linguísticas religiosas, especialmente no âmbito da fonologia e morfologia, que culminaram por caracterizar seus estudos no âmbito da linguagem. Importava, nesse contexto, preservar a oralidade ligada ao discurso religioso, ou seja, que os textos sagrados fossem corretamente recitados ou cantados, o que facilitaria ou asseguraria que fossem "ouvidos" pelas divindades. Em outras palavras, procurou-se garantir a invariabilidade da língua através de exaustivas descrições dos aspectos fonéticos do sistema, de maneira que fosse mantida a pronúncia original das palavras.

Durante toda a Idade Média, as concepções de linguagem da Antiguidade clássica continuaram vigorando: lógica e retórica caminharam junto à gramática.

No século XVIII, descortina-se uma nova tendência: os estudos comparativos. Neste cenário, muitos estudiosos ainda eram sensíveis às influências do pensamento religioso, que fundara a crença na existência de uma língua-mãe, a "língua de Adão". Os primeiros comparatistas tinham como propósito final reconstituir um estado de língua primitiva, o que se faria através da comparação das diversas línguas do mundo, para a depreensão das provas de seu parentesco com o hebreu, imaginada "língua adâmica".

O uso concreto da língua nas situações de seu emprego é eminentemente heterogêneo e variável. De acordo com a perspectiva da Sociolinguística, os fatores que promovem tal variação podem ser subdivididos em dois grandes grupos: linguísticos e extralinguísticos. Dentre os primeiros, figura o que se costuma chamar de condicionantes, quer fonéticos, morfológicos, sintáticos, semânticos ou discursivos. Como fatores extralinguísticos, há o nível de escolaridade, o sexo, a idade, condições socioeconômicas, particularidades regionais, o contexto de fala e demais fatores socioculturais aos quais os usuários da língua se acham relacionados.

A variação linguística em sala de aula

Certa vez, uma aluna carioca me perguntou: "Fessô, eu tenho uma amiga de Niterói que costuma dizer que vai à casa *de* fulana. Isso tá certo? O certo não é dizermos vou à casa *da* fulana?" A pergunta reflete bem o preconceito linguístico que os usuários de quaisquer línguas têm para com as variantes de menos prestígio em uma sociedade. Sejam apenas variantes regionais ou mesmo as de cunho social, sempre haverá aquelas que irão gozar de maior prestígio em dado meio, quer por causa de sua disseminação pelos meios de comunicação ou mesmo pela tentativa premeditada de nivelamento pelo ensino da gramática prescritiva.

Devolvi a pergunta à aluna e ela me disse que achava que soava mal pronunciar a preposição sem a contração, ou seja, não determinar o substantivo seguinte (fulana) com o artigo "a". Então perguntei: "Você fala *poça* (com a vogal *o* com timbre fechado) ou *poça* (com a vogal *o* com timbre aberto)?" E ela, obviamente, respondeu de acordo com a intuição que tinha, optando pela pronúncia com timbre fechado, comum no dialeto carioca. Para essa aluna e para tantos outros, não vale a pronúncia dos paulistas (com timbre aberto), nem a construção dos niteroienses, sem o determinante. Mas o que isso representa? Representa uma redução de possibilidades que vai contra a natureza das línguas naturais; reflete preconceitos linguísticos que podem estar ligados a outros tipos de preconceito.

Um professor de língua materna não atento pode perpetuar preconceitos, no lugar de combatê-los. Caberá, primordialmente ao professor de língua materna, não só apresentar ao discente mecanismos para que ele possa melhor usufruir da própria língua, mas também apresentá-lo, de forma legítima, às variações regionais e sociais encontradas no Brasil. Desse modo, o ensino da gramática deve estar subjugado a uma ampla percepção, por parte dos alunos, do que vem a ser, de fato, uma língua. Deve-se apresentar a língua como um organismo vivo, que se modifica constantemente justamente pelo uso que, portanto, não pode ficar alheio aos estudos de gramática.

Mas é o ensino da gramática prescritiva que acaba por prevalecer em sala de aula. Os professores ficam, em sua maioria, hipnotizados pela gramática e tendem a repetir o que os seus professores costumavam dizer a eles. Falácias como "português é difícil", "ninguém sabe gramática se não estudar gramática", entre outras, são repetidas à exaustão. Quando um aluno pede para ir *no* banheiro, eis que o docente o corrige: "ao banheiro", "ninguém vai *no* banheiro. Nós vamos *ao* banheiro". O problema é que o mesmo aluno vai continuar a usar a preposição "em" como regente do verbo "ir" nesses contextos, alheio à correção do professor. E pior, será alvo de brincadeiras dos colegas em sala de aula, pensará duas vezes antes de dizer qualquer coisa na frente do professor e guardará para si a falsa impressão de que português é muito difícil e de que não sabe português.

Como corrigir essas dissonâncias? Cabe ao professor de língua materna ensinar Sociolinguística aos alunos? Tais dissonâncias podem ser corrigidas com base nos conhecimentos da Sociolinguística adquiridos pelo docente durante a formação profissional, e é claro que este não repassará as aulas de Sociolinguística aos discentes, mas as utilizará como alicerce de um ensino inovador e verdadeiramente revolucionário, um ensino do português que subordinará os tecnicismos ao uso. E quanto à utilização da gramática normativa? Esta continuará a ter seu destaque nas aulas de língua materna, já que é um eficiente instrumento de unificação e normatização do padrão formal escrito, mas seu ensino precisará ser modalizado e revitalizado, oxigenado, com base nas variações intrínsecas ao idioma, diretamente ligadas a variáveis extralinguísticas de base social e regional.

Alguns aspectos da heterogeneidade dialetal brasileira

O ensino de Língua Portuguesa prevê a aquisição de estruturas não mais usuais na fala de grande parte dos brasileiros: construções com colocação mesoclítica, uso de construções relativas com cujo e uso do pretérito mais-que-perfeito são apenas alguns exemplos do distanciamento entre o que se ensina e o que, na prática, os usuários da língua utilizam. Desse modo, o ensino da gramática prescritiva se baseia apenas em uma parcela reduzida do que representa o uso efetivo do idioma pela população, restringindo-se à língua escrita culta. A língua falada fica de fora desse processo e, consequentemente, também fica de fora das salas de aula a heterogeneidade dialetal brasileira.

Há no português brasileiro a ingênua crença de que falamos uma língua que apresenta unidade linguística inigualável, ou seja, muitos acreditam na falsa ideia de que no Brasil não se falam diferentes dialetos, o que é um grave erro, que pode acarretar trágicas consequências, principalmente àqueles que não têm acesso à norma culta. Há, portanto, muitas diferenças no que concerne ao português falado no Brasil, e tais diferenças refletem variáveis extralinguísticas importantes de serem consideradas pelos professores de língua materna, justamente em prol da não-repetição da massificação da ideia de uma norma culta invariável, intocável e alheia às gritantes variações existentes no português brasileiro.

Eis alguns exemplos de ambientes fonéticos e sintáticos em que são usadas construções que estão rigorosamente em desacordo com o que o professor de língua materna ensina em sala de aula:

Ambientes fonéticos

a) Anulação da oposição fonética entre /e/ e /i/, e entre /o/ e /u/ em posição pretônica, realizando-se os arquifonemas /I/ e /U/ (cenoura/*cinoura* e comida/*cumida*).

b) Tendência a nasalar a sílaba inicial /i/ por analogia ao prefixo **in-** (identidade/*indentidade*).

c) Redução do **en-** inicial em **in-**; (entrevado/*intrevado* e encostar/*incostar*).

d) Anulação da oposição entre o ditongo /ou/ e /o/ fechado (outro/*otro*).

e) Anulação da oposição entre o ditongo /ei/ e /e/ fechado (maneira/*manera*).

f) Tendência à omissão do **-r** final do infinitivo dos verbos (fazer/*faze*).

g) Tendência à omissão do **-s** final indicador de plural dos nomes.

h) Síncope nas proparoxítonas (óculos/*óclos*).

i) Redução dos ditongos crescentes em sílaba final (anúncio/*anunço*).

j) Redução da marca de gerúndio **-nd** para **-n** (fazendo/*fazeno*).

k) Desnasalização de nasais finais (homem/*home*).

l) Vocalização das consoantes palatais (trabalho/*trabaio*).

m) Passagem de /l/ a /r/ nos grupos consonantais (flamengo/*framengo*).

n) Epêntese de vogais em palavras com consoantes mudas (pneu/peneu).

Ambientes sintáticos

a) a reestruturação do sistema de pronomes-sujeito:

A norma culta prevê três pronomes-sujeito para o singular e outros três para o plural, porém, convivem com este sistema outros sistemas simplificados: para a primeira pessoa **eu** e **nós**, para a segunda pessoa **você** e **vocês** e para a terceira pessoa **ele/ a gente e eles**;

b) a concordância:

Convivendo com a variável culta que prevê a marca de concordância indispensável no sintagma nominal (os livros) e no sintagma sujeito/verbo

(Eles fizeram), subsistem os sistemas simplificados das variedades populares com ausência de marca ("os livro" e "eles fez");

   c) o emprego do pronome "ele" como acusativo e a ausência de objeto pronominal como em:

"**Eu conheço ele** " e "**Eu conheço**" convivendo junto à forma culta "**Eu o conheço**";

   d) a perda dos clíticos reflexivo, recíproco e indeterminador do sujeito nos dialetos populares em oposição à norma culta:

- Reflexivo: "Eu machuquei" em vez de "Eu **me** machuquei";
- Recíproco: "Eles separaram" em vez de "Eles **se** separaram";
- Indeterminador: "Aqui a gente trabalha muito" ou "Aqui trabalham muito" em vez de: "Aqui trabalha-**se** muito".

   e) as estruturas de relativização:

- Relativa padrão: "É um assunto de que não quero tomar conhecimento";
- Relativa não-padrão com pronome cópia: "É um assunto que não quero tomar conhecimento dele";
- Relativa cortadora: "É um assunto que não quero tomar conhecimento";

   f) Contração da preposição *de* com o artigo *a* que determina um sujeito de infinitivo na oração seguinte, como em: "Chegou a hora da onça beber água".

Conclusão

Voltemos às perguntas levantadas no início deste capítulo: (a) Por que estudar Sociolinguística em um curso de graduação em Letras?; (b) Em que medida o estudo da Sociolinguística pode ajudar o professor de língua materna a reconhecer e a legitimar a diversidade linguística, assim como as diversidades regionais e culturais?, e (c) Em que medida o estudo da Sociolinguística na graduação em Letras fornecerá instrumentos para que o docente promova inclusão social pela inclusão linguística?

Como mencionado, a pergunta exposta em (a) certamente se interliga às demais, uma vez que a motivação para o estudo da Sociolinguística em um curso de graduação em Letras é a de reconhecer e legitimar a diversidade linguística, o que se configurará certamente como um passo na direção da inclusão social. Ao estudar a Sociolinguística, o futuro professor de português passa a ter nas mãos um importante instrumento de combate ao preconceito linguístico e de ampliação da visão de alcance da língua nos planos regional e social.

Com a visão da Sociolinguística, o docente reconhecerá como legítimos os dialetos do português brasileiro e reconhecerá a língua como instrumento de interação social, que deve servir à comunicação não como instrumento de dominação e de imposição de valores. Trata-se de banir as considerações que reduzem toda questão linguística aos rótulos "certo" e "errado". Fazer com que o aluno saiba pensar a própria língua e reconhecer nela as diferenças refletidas do povo que a utiliza é um longo caminho, mas que se deve começar a percorrer logo, do contrário continuaremos a ver, nas escolas, a repetição do processo cíclico de dominação e de marginalização linguística idêntico ao que há nas demais esferas sociais.

Não há dúvidas acerca dos benefícios que a Sociolinguística pode trazer ao profissional de Letras e, consequentemente, aos alunos inseridos no sistema nacional de ensino. O que falta é "pôr a mão na massa".

Bibliografia

BAGNO, Marcos. *Preconceito linguístico:* o que é, como se faz. São Paulo: Loyola, 2001.

BENVENISTE, Émile. *Problémes de linguistique générale.* Paris: Gallimard, 1966.

BORTONI-RICARDO, Stella Maris. *Educação em língua materna:* a Sociolinguística na sala de aula. São Paulo: Parábola Editorial, 2004.

BRASIL. Secretaria de Educação Fundamental. *Parâmetros Curriculares Nacionais:* terceiro e quarto ciclos. MEC/SEF, 1998.

CÂMARA JR., Joaquim Mattoso. *História e estrutura da língua portuguesa.* Rio de Janeiro: Padrão, 1975.

MENDONÇA, Marina Célia. Língua e ensino: políticas de fechamento. In: MUSSALIM, Fernanda; BENTES, Anna Christina. *Introdução à linguística* 2. São Paulo: Cortez, 2001.

MOLLICA, Maria Cecilia. *Da linguagem coloquial à escrita padrão.* Rio de Janeiro: 7 Letras, 2003.

PRETI, Dino. *Fala e escrita em questão.* São Paulo: Humanitas, 1994.

RORIGUES, Aryon Dall'Igna. Problemas relativos à descrição do português contemporâneo como língua padrão no Brasil. In: BAGNO, Marcos (org.). *Linguística da norma.* São Paulo: Loyola, 2002.

SOARES, Magda. Português na escola: história de uma disciplina curricular. In: BAGNO, Marcos (org.). *Linguística da norma.* São Paulo: Loyola, 2002.

Aplicação da sociointeracional

Ana Lúcia Villaça

Este capítulo mostra a importância do estudo da Sociolinguística Interacional nos diferentes meios institucionais e na formação do graduando em Linguagem. Destacamos como exemplo as interações de vendedores e clientes durante situações de compra e venda.

São considerados de grande importância nas interações as estratégias e os recursos linguísticos como atos de fala indireta, muitas vezes, utilizados para seduzir e despertar o interesse do interlocutor na interação entre vendedor e cliente, em que os participantes da conversa lançam mão de formas linguisticamente polidas para manter e sustentar determinadas posições.

Existe uma simulação com recursos também de outros tipos de conversação, porém na compra e venda há um objeto definido. A finalidade principal é a persuasão do cliente, que serve de alvo na interação, fazendo com que este se envolva no que podemos chamar de "jogo" de compra e venda. Nesse jogo, o vendedor deverá levar em conta, sobretudo, a opinião do(s) interlocutor(es), pois isso determinará tanto a forma de lidar com as respostas dadas por este(s) quanto a impressão que os demais participantes formarão dele.

Dessa forma, os subsídios da Sociolinguística Interacional e da Análise do Discurso, em áreas de interface, formam o escopo para a análise de interações, assim como de conversas entre professor e aluno, entre médico e paciente, entre membros familiares em situações diversas. A abordagem sociointeracional na pesquisa linguística vem se revelando importante para a compreensão dos diferentes contextos situacionais e não pode deixar de ser incluída na formação do graduando nas áreas de Letras, Educação, Saúde, Comunicação.

A Sociolinguística Interacional e a Análise do Discurso

A tradição de pesquisa em Sociolinguística Interacional, SI daqui em diante, tem sido amplamente desenvolvida, principalmente através dos estudos antropológicos e sociológicos de Gumperz (1982a) e Goffman (1967, 1974, 1980, 1996, 1998) visando dar conta dos aspectos envolvidos na interação. Ela incorpora ainda a análise de como a conversação funciona, observando o contexto conversacional e questões do tipo: A conversa entre as pessoas é organizada? O que a faz coerente? Como as pessoas mudam de tópicos, interrompem as falas, fazem perguntas e dão respostas? De forma geral, investiga-se como o fluxo da conversação é mantido ou interrompido.

Gumperz (1982a) entende que a Sociolinguística é vista como um campo que investiga o uso da linguagem de determinados grupos humanos, dando conta da junção entre os aspectos paralinguísticos e sociais envolvidos no processo de comunicação.

Entende-se a SI atuante em diferentes tradições de pesquisa: Linguística, Antropologia, Sociologia, Filosofia, Psicologia Social e Cognitiva, abordando as relações entre linguagem, sociedade, cultura e cognição. Ela mantém estreita relação com a Pragmática, a Análise da Conversação, a Teoria dos Atos de Fala e a Etnografia da Comunicação.

Duas tendências podem ser evidenciadas para os estudos em SI. A primeira é voltada para a questão linguística como forma de entendimento do que acontece com os falantes nas interações sociais, sejam em culturas distintas, classes diferenciadas ou ainda desempenhando papéis sociais desiguais. Aborda-se a questão da interpretação do que os falantes estão fazendo quando falam uns com os outros, da natureza do relacionamento que se estabelece na fala, como esses relacionamentos são gerenciados na interação e que tipo de problema pode causar na comunicação. Descreve-se, assim, a base linguística conversacional, observando o conhecimento partilhado dos falantes através das estratégias de contextualização, do tratamento de estilos de conversação, da mudança de código e outros. A segunda tendência volta-se para a fala, o discurso como forma de entendimento das unidades linguísticas encontradas, exprimindo a importância de se compreender como as unidades linguísticas funcionam na conversação. Destacam-se os estudos que observam as relações entre gramática e discurso, sobre estilos conversacionais, narrativas, foco no tópico, estrutura de participação, propriedades da língua oral e escrita, estratégias de polidez, marcadores discursivos. Nesse âmbito, inserem-se os estudos da análise da conversação espontânea em situações informais entre amigos e o estudo da conversação em gêneros diferentes, em contextos institucionais, como: empresas, imprensa, escola, tribunal, hospital, lojas de vestuário.

Pode-se afirmar, então, como sugere o próprio nome, que a SI se apoia na interação (relação) entre os participantes de uma dada situação e não apenas no aspecto puramente linguístico. Com a linguística interacional, tem-se ainda a Análise do Discurso, AD a partir daqui, com o objetivo de estudar a língua e os elementos que atuam numa interação verbal, aprofundando questões como tomada de turnos, repetições e hesitações do ponto de vista formal e observando elementos determinativos à forma de agir dos participantes a partir de contatos sociais específicos.

Por ser um campo vasto, a AD não se restringe somente à Linguística; abrange área interdisciplinar e, desse modo, obtém subsídios para análise em outros campos da ciência, como a Filosofia e as Ciências Sociais. Pode-se dizer que a AD e a SI são áreas de interface. Dell Hymes, estudioso da AD, centrou-se na etnografia da fala, observando como o discurso pode influenciar as formas de agir e ser de um povo, sua cultura. Nos trabalhos do sociólogo americano Goffman (1967; 1974; 1980; 1996; 1998) destaca-se a preocupação com o lado social das interações e observam-se as situações comunicativas do ponto de vista dos interlocutores nas interações face a face. Os estudos relativos à língua e à sociedade passam a ser vistos partindo-se do uso da fala em contextos sociais específicos.

A perspectiva sociointeracional vê a significação do discurso como resultado da operação entre o componente verbal, linguístico propriamente dito e o situacional, que trabalha com o comportamento do ser humano e suas atitudes diante das diversas situações sociais. Os interagentes discursivos são, portanto, atores, personagens de situações comunicativas. Dessa forma, para que se chegue à construção do significado do discurso, é necessário que se interpretem as marcas situacionais a fim de relacioná-las à dimensão linguística.

É nesse sentido que podemos entender que a interação de compra e venda é feita através de "jogo de palavras" que leva o receptor a participar de um universo lúdico, antecipando a sua convivência com o prazer do objeto desejado. Vendedor e cliente "inter-agem", negociam através da linguagem da insinuação. Scollon e Scollon (1995) afirmam que o termo discurso é tratado de quatro maneiras distintas na literatura sociolinguística. Para alguns analistas, o foco principal está nas relações lógicas das sentenças nos textos;

Linguagem para formação em Letras, Educação e Fonoaudiologia

outros centram no processo de interpretação discursiva; um terceiro grupo dedica-se ao discurso em sociedades – como o discurso da medicina moderna ou de mudanças estrangeiras – e, por fim, há os que se voltam para o estudo do modo como os discursos são usados para reforçar posições ideológicas na sociedade.

A seguir, passaremos aos recursos que podem ser utilizados ao se desenvolverem trabalhos que tratam do ponto de vista interpretativo do discurso.

Os atos de fala e seus aspectos pragmáticos

A teoria dos atos de fala teve seu início através do filósofo J. L Austin (1962), e sua continuidade desenvolvida por J. Searle (1969; 1984).

Austin (1962) identificou o ato ilocucionário como componente central do uso da linguagem, por ser um ato realizado na pronúncia de uma declaração principal. Ele difere do ato locucionário (mera declaração) e do ato perlocucionário (causa de alguma consequência contingente). O autor aponta que o simples fato de se declarar "feche a porta" é um ato locucionário. O caso da sentença se dirigir a uma pessoa em determinada circunstância (perto da porta aberta), com a finalidade de ordenar e de revelar a intenção, é uma realização do ato ilocucionário (o ato de ordenar). Os efeitos da produção da mensagem, que podem ser de raiva ou simplesmente o ato de fechar a porta, são atos perlocucionários distintos. Em seus estudos sobre a teoria dos atos de fala, ele baseia-se no pressuposto de que falar uma língua é assumir um comportamento conduzido por regras. Assim, "falar é executar atos de acordo com certas regras" (Searle, 1984: 33).

O autor compreende que toda comunicação linguística envolve atos e, consequentemente, a produção ou emissão de uma sentença ou frase sob condições específicas se traduz em um ato de fala. O falar tem como peculiaridade o fato de querer significar algo através da sentença que se emite. Da mesma forma, o que se diz, a sequência de sons que se fala tem uma significação própria. Na interação de compra e venda, vendedoras e clientes buscam, através de recursos linguísticos, produzir um ato de fala indireto, para negociar e interagir, lançando mão de estratégias polidas que visam a manter mutuamente suas faces.

Os atos de fala proferidos numa frase apresentam funções quanto à significação. Muitas vezes, o locutor pode querer dizer mais do que realmente está explícito. O exemplo que se segue aponta para o verbo *poder* com um sentido de explicação sobre as formas de pagamento:

(1)
Vendedora: R$ 70,00. R$ 88,00. Você pode dividir em 3 ou, então, você pode passar um cheque para o dia 10 de outubro.

Existem também atos de fala em que a emissão literal de uma sentença pode configurar-se em uma rejeição a uma proposta:

(2)
Vendedora: Tem vestidinho assim, você gosta?
Cliente: Não gosto de roupa curta.

A fala da cliente não se configura apenas na declaração de não gostar de roupa curta, mas funciona como uma rejeição ao vestido apresentado pela vendedora. Esse tipo de ato indireto expressa a intenção de rejeitar a proposta anterior (vestido). Ao emitir uma sentença, o falante pretende que a sua enunciação produza um efeito no ouvinte através do reconhecimento da intenção. Quando a vendedora diz: Boa tarde, Olá, Oi, tudo bem? etc. pretende produzir no cliente (ouvinte) o conhecimento de que ele está sendo cumprimentado. O ouvinte só irá adquirir esse conhecimento (cumprimento) ao reconhecer a intenção do vendedor.

O tópico discursivo

Na literatura sociolinguística de base interacional, as questões relativas ao tópico são tratadas por diversos autores. Goffman (1967; 1980) nos diz que os participantes compartilham de regras para a mudança e a continuação do tópico discursivo. O simples foco no pensamento e na atenção visual, assim como a fluidez na fala, tendem a ser mantidos e legitimados como representantes oficiais das situações comunicativas.

Na relação de compra e venda, observamos que o controle e a manutenção do tópico, do objeto da conversação é, muitas vezes, operado pelo vendedor. Este, quase sempre, se limita ao tópico inicial. Caso o comprador introduza outro tópico na interação, encontrará resistência por parte do vendedor, que exerce a função de controlador e manipulador da conversa (interação):

(3)

Vendedora: Gostou?

Cliente: Não fecha no pescoço.

Vendedora: Mas aqui a gente bota um botão mais pra cá.

Cliente: Mas o quadril? Não posso sentar.

Vendedora: O quadril... porque aqui ficou bom. Aqui esta parte ficou superbonita.

Cliente: Eu vou pensar, depois eu volto.

Vendedora: Certo.

A cliente emprega diversos recursos linguísticos a fim de sinalizar o seu descontentamento com a roupa (não fecha no pescoço, o quadril apertado). A vendedora, porém, resiste em aceitar as colocações da cliente e tenta argumentar, introduzindo elementos novos na interação, a fim de persuadir e convencer a cliente (a gente bota um botão mais pá cá, ficou superbonito). Quando a cliente anuncia que "não pode se sentar com o vestido", a vendedora ignora esse fato e continua mostrando as vantagens da "beleza" do produto, como se fosse possível alguém comprar um vestido com o qual não pudesse se sentar.

O discurso "correto", produzido na hora certa, pode trazer consequências produtivas para o falante, da mesma forma que o discurso errado, no momento errado, pode acarretar situações desagradáveis. Assim, no ato de compra e venda, ou seja, na negociação entre vendedor e cliente, aquele faz a seleção linguística de forma a produzir neste um efeito benéfico e desejado. O cliente se torna um consumidor que, muitas vezes, é "conquistado" pelo vendedor que o identifica com um determinado produto/pessoa padrão de beleza na sociedade:

(4)

Vendedora: Estas blusas... elas saem por R$ 87,00... Tem uns conjuntinhos assim... Tem essa saia que *Letícia Spiller*[1] tá usando... Tá usando assim também.

(5)

Vendedora: Inclusive a revista *Caras,* não a da semana passada, da outra anterior, saiu o noivado do *Ronaldinho*[2] e a noiva dele com um modelinho igualzinho a esse.

A persuasão é importante à medida que se solidificam as percepções do falante em relação ao contexto. A partir daí, o mesmo falante dita a maneira de usar a língua e de entender o seu significado.

Pode-se negociar, buscando a melhor forma de proferir o discurso, ao mesmo tempo em que se busca a própria preservação e manutenção da imagem do *self.*

Face e polidez

Goffman (1967; 1980: 77) define face como uma imagem do *self* descrita em termos de atributos sociais aprovados, apesar de se tratar de uma imagem que pode ser partilhada pelos outros, em situações em que a pessoa consegue produzir uma exibição profissional ou religiosa fazendo uma boa exibição para si mesma.

Brown e Levinson (1987) retomaram a teoria da face de Goffman (1967; 1980), integrando-lhe as estratégias de polidez verbal. Esses dois autores, partindo da noção de autoimagem de Goffman (1967; 1980), distinguiram dois aspectos que favorecem a imagem do "eu" (*self*) construída socialmente: face positiva (corresponde ao desejo de ser aprovado pelo grupo) e a face negativa (diz respeito ao desejo de não imposição pela ação do outro, a reserva do território pessoal).

A polidez torna-se uma estratégia necessária no ato de compra e venda, uma vez que os participantes dessa interação dispõem de uma série de recursos linguísticos, a fim de atenuar (abrandar) a força do seu discurso ou frase. O uso da polidez na interação oral é uma forma de otimizar a comunicação. A pessoa se mantém polida, também, para evitar situações que a deixem embaraçada. Pode, para isso, empregar artifícios linguísticos e construir suas respostas baseadas em estratégias de ambiguidades, a fim de preservar a face alheia, ainda que não seja possível preservar seu bem-estar.

No ato de compra e venda, observam-se várias situações em que se ativa a prática da polidez. Muitas vezes, o cliente não se interessa pelo produto ou pelo preço e tende a "se desculpar", lançando mão de artifícios do tipo: "estou chegando agora e vou dar mais uma olhada". Assim, minimizando seu interesse, ele usa de recursos linguísticos para salvar a imagem do vendedor e preservar a sua face da ameaça, pois não se utilizou de um ato direto de fala mas buscou minimizar a força de uma possível resposta negativa através de artifícios, habitualmente chamados de desculpa.

(6)
Vendedora: Você gostou dele?
Cliente: Gostei. Um pouquinho transparentezinho...
Vendedora: Ele é um pouco transparente.. Ele deveria ter um forro, não é?

O exemplo (7) serve para demonstrar uma situação de baixo teor de risco avaliado pela cliente, uma vez que esta se coloca hierarquicamente superior em relação à vendedora e se utiliza de uma estratégia direta *on record* colocando em jogo a face da vendedora:

(7)
Vendedora: Oi, tudo bem? [acc]
Cliente: Depende da resposta que você vai me dar... eu não estou vendo aquele conjunto na vitrine, será que já foi?

A cliente responde a uma pergunta (Depende da resposta que você vai me dar) que, interpretada literalmente, nos fornece pistas da sua irritação. O que está "em jogo" no exemplo (7) é a intenção que se estabelece na diretividade do ato (Será que já foi?). A diretividade no exemplo ilustra uma questão de convenção sociocultural. No modelo sugerido, a indagação já supõe um conhecimento da resposta da vendedora.

A situação estabelecida nessa interação (cumprimento) sugere uma orientação prévia, uma "estrutura de expectativa" de acordo com a qual o tópico se refere à cordialidade e à saudação. Houve uma quebra na "fórmula" desgastada proposta pelos manuais voltados para cursos de vendas (saudação inicial).

Outra questão a ser observada nesta conversa é a relação de poder envolvida na interação cliente/vendedora.

Mitigação

De acordo com Fraser (1980), a mitigação é uma estratégia para atenuar o efeito negativo que uma sentença provoca no ouvinte.

A mitigação como fator determinante na polidez do vendedor envolve, segundo Fraser (1980), técnicas de indiretividade, que pressupõem distanciamento e funcionam como um prefácio, preparando o ouvinte para uma resposta negativa: "se eu não me engano, acho que não tem o seu número". Funciona como um discurso preparatório para o ouvinte e um prefácio para o

Os *hedges* (elementos circunscritores) são meios que Fraser (1980: 349) considera ser uma forma de mitigar. Trata-se de vocábulos cuja função é a de evitar a opinião negativa sobre determinado assunto apontando para uma argumentação de ordem técnica. Inicialmente, o termo *hedge* foi caracterizado por Lakoff (1972) como impreciso, causando determinados problemas no julgamento de verdade das mensagens orais, ao mesmo tempo em que traduzia uma espécie de falsidade do enunciado como um mecanismo enfraquecedor, atenuador da mensagem. No ato de compra e venda, quando o vendedor utiliza "A loja não permite" ou "A gerência não permite", cria-se uma distância entre os dois e a indiretividade da mensagem permite que o foco se volte para o regulamento marcado pela autoridade de quem gerencia o estabelecimento, atenuando o efeito negativo de proibição imposta ao cliente.

(8)

Vendedora: Boa tarde!

Cliente: Boa tarde! Esse aqui tá quanto?

Vendedora: Ele é de *chamois* esse. Ele é R$ 91,90. À vista tem desconto de 40%.

Observa-se que a primeira frase da vendedora não responde, de forma alguma, à indagação da cliente. A sentença inicial funciona como uma espécie de desvio, a fim de afastar momentaneamente a atenção da cliente, para apresentar o preço de forma atenuadora. O enunciado – É de *chamois* esse – figurou como uma preparação que, além de não ameaçar a face da cliente, preservou também a da vendedora, pois a interação não foi construída em cima de um ato de fala direto (pergunta – resposta).

A intenção da vendedora é, sem expor a cliente, notificá-la do preço. A estratégia linguística adotada foi a do emprego de um *hedge*, e com isso ela desviou a atenção da cliente e a preparou para receber a notícia do preço.

No tocante aos mecanismos atenuadores do discurso, destacam-se as estratégias de mitigação reveladas nos seguintes tópicos:

A) Preço – Por tratar-se de situação ameaçadora à face da cliente, o vendedor usa enunciados repletos de atos de fala indiretos e de *hedges*, para revelar o preço da mercadoria, por exemplo. Utiliza também recursos de polidez indiretos (*off record*). Geralmente, tem-se ainda o uso de diminutivos (precinho) com função atenuadora ou de oferecimento. Já a cliente recorre ao diminutivo

102 Linguagem para formação em Letras, Educação e Fonoaudiologia

como "desculpa", mudando o enquadre interativo e favorecendo, através de recurso indireto de fala, sua saída da loja sem expor a face da vendedora (tá, vou dar uma olhadinha, qualquer coisa eu volto aqui).

B) Tamanho – Na maioria das vezes, revelam-se situações em que o "tamanho" da roupa teve de ser mitigado através do uso de *hedge*, mudanças de enquadre discursivo profissional/pessoal. Esses elementos ofereceram pistas que mostraram a intenção da vendedora, sem, no entanto, expor a face da cliente.

C) Falta de mercadoria – Esse tópico se liga a outro, relativo a assuntos envolvidos em recusa e os dois são mitigados pelo uso do enquadre discursivo profissional:

- a vendedora assume a responsabilidade por não possuir determinada mercadoria, identificando a falha como da "nossa" loja;
- apresenta um enunciado mitigado para que a cliente intua que não é exatamente o que está procurando;
- a mudança de alinhamento discursivo figura como estratégia de venda para oferecimento de outros produtos que podem atender à cliente.

D) Imposição de venda – É minimizado, mitigado através do uso do elogio e da mudança de fala pessoal para profissional, buscando um melhor relacionamento com a cliente para que a venda se cumpra. A mudança de enquadre interativo objetiva tentar "impor", "empurrar" outro produto na falta do desejado pela cliente. Esses recursos contam ainda com enunciados mitigados e com *hedges* para atenuar a imposição (negação).

As variáveis *poder* e *distância social* são marcantes e determinam o teor de risco da relação, uma vez que a vendedora evita tecer comentários quando um ato de fala direto é proferido pela cliente; apenas faz o que a cliente sugere, sem argumentar. Observamos, ademais, quebra dos princípios da polidez (indiretividade) e, por conseguinte, a exposição da face de ambos.

Conclusão

O referencial teórico linguístico, sobretudo no que tange aos aspectos interacionais do discurso, torna possível um estudo que objetiva reconhecer estratégias comunicativas utilizadas por vendedores e clientes em situações de compra e venda, através do reconhecimento das estratégias de mitigação presentes no discurso de vendedores durante o encontro de serviço. Constata-se que as expectativas de compra não se realizam, deixando de cumprir o objetivo para o qual os vendedores são treinados através dos manuais e cursos.

Um estudo como este tem como finalidade o aprofundamento de pesquisa, de base sociolinguística, permitindo a utilização de diferentes referenciais teóricos e metodológicos, subsidiados pela Sociologia, Antropologia e pela área de marketing. As conclusões extraídas das estratégias de mitigação em contextos discursivos de compra e venda especificamente podem apontar para hipóteses de trabalhos que abranjam situações interacionais variadas em ramos diferentes no setor de vendas. Esse referencial teórico auxilia profissionais da área de propaganda e marketing, tanto do ponto de vista metodológico como do ponto de vista teórico, na medida em que aponta caminhos para enfoques de análise das "peças" de propaganda.

O olhar crítico do especialista em propaganda necessita de uma base teórica solidificada com os pressupostos de um campo abrangente como o da Linguística que, sendo ciência da linguagem, volta-se para o exame das relações/interações com o interlocutor. Esses fundamentos podem subsidiar também estudos na área da ciência da comunicação e, mais especificamente, na área da construção do conhecimento durante o processo interativo na sala de aula entre professor e aluno.

Notas

[1] Letícia Spiller, atriz, tinha um papel de destaque em uma novela da Rede Globo na ocasião.

[2] Ronaldo Luiz Nazário de Lima, também conhecido como Ronaldo "Fenômeno", jogador de futebol brasileiro de prestígio internacional.

Bibliografia

AUSTIN, J. L. *How to do things with words.* Oxford: Clarendon Press, 1962.

BATES, E.; MACWHINNEY B. Funcionalist Approaches to Grammar. In: *Language Acquisition*: The Stat of the Art. WARNENER; Eric; GLEITMAN, Lila R. (ed.), Cambridge: Cambridge University Press, 1982, pp. 173-218.

BROWN, P; LEVINSON, S. C. *Politeness:* some Universal in Language Use. Studies Interaction Sociolinguistics 4. Cambridge: Cambridge University Press, 1987.

CARVALHO, N. *A linguagem da sedução.* São Paulo: Ática, 1996.

FRASER, B. Review of J. Searle Speech acts. Foundation of Language II. In: SHUY, R. W.; BAILEY, C-J. N. (ed.). *Towards tomorrows' Linguistics.* Washington: Georgetown University Press, 1974, pp. 433-46.

_____. Conversation Mitigation. *Jornal of Pragmatics 4*, 1980, pp. 341-50.

GOFFMAN, E. *Interaction Ritual essays on Face to Face Behavior.* New York: Pantheon Books, 1967.

_____. *Frame Analysis.* New York: Harper and Row, 1974.

_____. A elaboração da face: uma análise dos elementos rituais na interação social. In: FIGUEIRA, S. (org.). *Psicanálise e Ciências Sociais.* Rio de Janeiro: Francisco Alves, 1980.

_____. *A representação do Eu na vida cotidiana.* Trad. M. Cecília Santos Raposo. Petrópolis: Vozes, 1996.

_____. A situação negligenciada. In: RIBEIRO, B. T.; GARCEZ, P. M. (org.). *Sociolinguística Interacional.* Porto Alegre: Age, 1998, pp. 11-5.

_____. Footing. In: RIBEIRO, B. T.; GARCEZ, P. M. (org.). *Sociolinguística Interacional.* Porto Alegre: Age, 1998, pp. 70-97.

GUMPERZ, John J. Fact and inference in courtroom testimony. In: GUMPERZ, J. (ed.). *Language and Social Identity.* Cambridge: Cambridge University Press, 1982.

LAKOFF, G. *Hedges.* A Study in Meaning Criteria and the Logic of Fuzzy concepts. *Papers from the Eight Regional Meeting of the Chicago Linguistics Society,* 1972, pp. 183-228.

RIBEIRO, B. T. *Coherence in Psychotic Discourse.* New York: Oxford University Press, 1994.

SCOLLON, R.; SCOLLON, S. W. *Intercultural comunication.* Oxford / Cambridge: Blackwell, 1995.

SEARLE, J. *Speach Acts.* Cambridge: Cambridge University Press, 1969.

_____. *Os Actos de Fala.* Coimbra: Livraria Almedina, 1984.

STUBBS, M. *Discourse Analysis.* Oxford: Basil Blackwell Publisher, 1983.

VILLAÇA, A. L. S. O. *A polidez verbal na interação vendedor cliente.* Recife, 1997. Dissertação de mestrado. UFPE.

_____. *Conta* – Expectativas em discurso de venda. Rio de Janeiro, 2003. Tese de doutorado, UFRJ.

Gêneros do discurso

Celina Frade

A pesquisa de fenômenos linguísticos em gêneros de discurso só se justifica dentro do contexto da linguagem para fins específicos, em inglês, *language for specific purposes* (doravante LSP), um ramo da Linguística Aplicada. O termo LSP não é universalmente aceito e apresenta problemas, principalmente se definido como uma dicotomia em relação à "linguagem para fins gerais" ou "linguagem geral". Mas de qualquer forma, LSP sempre irá requerer a seleção adequada do conteúdo linguístico para atender às necessidades de um grupo específico de usuários, incluindo não apenas seleções lexicais e gramaticais, mas também convenções retóricas, comunicativas e restrições de uso (Strevens, 1980: 108).

Com a evolução do discurso profissional, o foco de LSP se volta para outras áreas da Linguística Aplicada, como a análise do discurso, a pragmática e a análise de gênero, tendo boas conexões também com a abordagem comunicativa do ensino de línguas (Swales, 2000: 61). Portanto, o linguista aplicado hoje deve se preparar para desenvolver materiais didáticos para treinamento profissional sobre gêneros não familiares e resolver "o quanto precisa saber *antes* de oferecer o que aprendeu para seus alunos" (Swales, 2000: 61). Para tal, é necessário que ele conduza uma investigação completa do gênero em questão que inclui, principalmente, a inserção do texto-gênero num contexto situacional através da sua "experiência anterior, das pistas internas do texto e do conhecimento de mundo que ele possui" e o estudo do contexto institucional no qual o gênero é usado (Bhatia, 1993: 22).

Para o graduando em Letras, o conhecimento dos gêneros de discurso pode ser útil, por exemplo, na seleção de material complementar de leitura no ensino de língua materna (ou de língua estrangeira) nos níveis fundamental e médio de ensino. Os textos selecionados devem ser representantes autênticos (isto é, não simplificados) de gêneros através dos quais os alunos terão a oportunidade de verificar as distinções entre eles e o objetivo a que servem em diferentes contextos de situação.

Este capítulo tem como foco apresentar a maneira como a pesquisa de um fenômeno linguístico foi conduzida à luz da análise de gênero. Frade (2004a) investigou a relação forma-função das construções condicionais, representadas genericamente por *if p, q*, no contrato internacional em inglês, um gênero jurídico. Nas seções seguintes, revisaremos brevemente a literatura da análise de gênero e do inglês jurídico, seguidas pelas etapas do desenvolvimento da pesquisa.

A análise de gênero

O conceito de "gênero" permanece um tanto ambíguo devido à enorme variação de seu uso em diferentes áreas de investigação. Na Linguística, o termo "gênero" pode ser substituído em diversas abordagens teóricas por termos sinônimos ou quase-sinônimos como "registro", "variedade", "estilo", "sublíngua", "nível", "língua restrita" e "tipo" ou "forma" de texto, cujas respectivas definições ora se sobrepõem, ora se complementam.

Há várias tentativas na literatura de se classificar os tipos de textos e compará-los entre si. Entretanto, essa questão se apresenta problemática, principalmente em relação aos critérios, princípios de organização ou níveis de classificação adotados. Uma das dificuldades de se tentar classificar os diversos gêneros de discurso, do ponto de vista linguístico, é a "falta de distinção entre os planos ou níveis de análise", segundo Paredes Silva (1997: 96). Nas análises empíricas, por exemplo, as sequências ou porções de discurso inseridas em unidades maiores poderiam representar uma instância de gênero? A autora propõe uma classificação do gênero em níveis, com base nos critérios estrutural – o exame dos traços linguísticos dos textos – e funcional – o uso da estrutura em unidades comunicativas convencionais e o propósito comunicativo do autor.

Nos gêneros profissionais, as tentativas de se desenvolver taxionomias ou esquemas classificatórios são problematizadas por Berkenkotter e Huckin (1995: 2) sob dois aspectos: não levar em conta os modos através dos quais o gênero é inserido nas atividades comunicativas dos membros de uma comunidade profissional e não considerar a perspectiva do ator que deve "fazer uso do conhecimento do gênero (*genre knowledge*) para atuar com eficiência" profissionalmente.

Para melhor contextualizar a pesquisa relatada neste capítulo, selecionamos as abordagens mais pragmáticas e críticas do gênero em Freeman e Meadway (1994), Paltridge (1994 e 1995) e Miller (1984). Para os primeiros, a questão não é tanto definir gênero em termos de suas concepções iniciais de tipos de texto classificados pelas semelhanças em conteúdo e forma. Ao contrário, a tendência consiste em procurar relacionar estas semelhanças linguísticas e substantivas a regularidades nas várias esferas de atividades humanas, englobando, por exemplo, gêneros públicos e profissionais e suas aplicações em educação. Nas palavras de Freeman e Meadway (1994: 1)

> o novo termo "gênero" é capaz de conectar um reconhecimento de regularidades nos tipos de discurso com um entendimento social e cultural mais amplo do uso da língua.

Paltridge (1995) propõe um modelo pragmático para a análise do gênero que também incorpora aspectos sociais e cognitivos da compreensão e produção da linguagem. O autor aplica o conceito de protótipo para afirmar que, quanto mais próxima a representação de um gênero estiver ao protótipo da imagem do gênero, mais claramente ela servirá de exemplo de instância de um gênero específico. Além disto, a teoria prototípica da categorização permite a inclusão de "desvios do núcleo central prototípico", possibilitando uma abordagem mais flexível na determinação do gênero do que a sua classificação em categorias rigidamente definidas (Paltridge, 1994: 395).

Miller (1984) analisa o gênero como ação social e propõe uma classificação pragmática aberta baseada na prática retórica organizada em torno de "ações situadas". Através da recorrência, fenômeno não-objetivo e não-subjetivo, entendemos situações como comparáveis, similares ou análogas a outras situações. Para a autora,

> o que recorre não pode ser uma configuração material de objetos, eventos e pessoas, nem uma configuração subjetiva, uma "percepção", porque estes também são únicos de momento a momento e de pessoa a pessoa (Miller, 1984: 155).
>
> A recorrência constitui, em última instância, um fenômeno intersubjetivo, uma "ocorrência social" pelo qual construímos um tipo ou um gênero (Miller, 1984: 157).

A proposta de uma análise de gênero aplicada (*applied genre analysis*) combina a pesquisa linguística nos gêneros com a prática de LSP, o desenho de disciplinas curriculares e o treinamento profissional continuado em áreas como Engenharia, Mídia, Negócios e Direito. Em todos esses casos, o objetivo é desenvolver no aluno/profissional aquilo que Bhatia (1997: 314) chama de aquisição da "competência do gênero" para uso nas suas profissões ou áreas de atuação específicas. Além das tradicionais noções de gramática e competência comunicativa, a aquisição do conhecimento do gênero é "um tipo mais seletivo e especializado de competência" através do qual uma pessoa é capaz de selecionar o gênero mais adequado para atingir os objetivos comunicativos em contextos sociais institucionalizados e profissionais (Bhatia, 1997: 317). O conhecimento do gênero inclui o conhecimento do código linguístico (por exemplo, o inglês "jurídico", o português "da mídia", o francês "médico" etc.), o conhecimento dos representantes do gênero (contratos, editoriais, bulas etc.), a sensibilidade para o reconhecimento dos movimentos retóricos e estruturas cognitivas do gênero e a apropriação do gênero para que o usuário possa saber manipulá-lo e explorá-lo.

Foi, portanto, a partir dessas abordagens teóricas da análise de gênero que demos início à pesquisa da condicionalidade no inglês jurídico.

O inglês jurídico

O termo "inglês jurídico" apresenta diferentes terminologias em inglês que correspondem a conceitos diferentes, tais como: discurso jurídico (*legal discourse*), linguagem jurídica (*legal language)*, da lei (*language of the law* e *law language*) e a linguagem da *common law (the language of the common law)*.

O inglês jurídico constitui uma linguagem específica e particular que se desenvolveu simultaneamente à língua inglesa e à história da *common law* (direito anglo-saxão ou direito consuetudinário). A *common law* é o sistema jurídico que se desenvolveu na Inglaterra na época da conquista normanda (1066 a.C.) e se espalhou pelo mundo através do Império Britânico. Seus princípios fundamentais são baseados nas decisões das cortes e casos individuais, nas doutrinas implícitas nas decisões judiciais e nos usos e costumes, diferente do direito civil baseado em códigos escritos. Este sistema produziu o inglês jurídico, linguagem técnica, complexa, detalhada e conservadora, revelando a antiguidade do sistema. O texto, e não a sua intenção, constitui a fonte mais importante de interpretação, restringindo as interpretações dos juízes (Frade, 2004b: 47).

O inglês jurídico compreende gêneros distintos que variam de acordo com os propósitos comunicativos a que servem, com os contextos em que são usados, com os eventos comunicativos associados a eles, com a relação entre os participantes dos eventos e do conhecimento anterior que os participantes trazem para a situação em questão (Bhatia, 1987: 227). O autor ainda destaca a distinção entre a linguagem jurídica oral e a linguagem jurídica escrita. Enquanto a linguagem jurídica oral é usada convencionalmente nas aulas dos cursos de Direito (contexto pedagógico), em seminários ou conferências (contexto acadêmico) e em consultas entre advogado-cliente, interrogatório entre advogado e testemunha (contexto profissional), a linguagem jurídica escrita é usada nos livros-texto jurídicos (contexto pedagógico), em artigos, em periódicos (contexto acadêmico), casos e julgamentos (contexto jurisprudencial) e em legislação, atos, estatutos e documentos, como contratos, testamentos, apólices de seguro etc. (contexto legislativo).

A pesquisa linguística no gênero jurídico

A pesquisa em Frade (2004a) teve o duplo objetivo de investigar o contrato internacional em inglês enquanto gênero escrito do inglês jurídico e, mais especificamente, como a condicionalidade (ou construção condicional) nele se manifesta. Uma construção condicional, representada genericamente em inglês por *if p, q*, consiste em uma oração complexa composta de uma oração principal e uma oração dependente, introduzida por um marcador condicional (do tipo *if, unless, in case* etc.).

A literatura revisada compreendeu, de forma bastante abrangente: o inglês jurídico e seus aspectos sócio-históricos, jurídicos e linguísticos; o conceito e a análise de gênero e, devido a sua extensão, apenas os estudos relevantes da condicionalidade.

O objetivo da pesquisa foi demonstrar que uma construção condicional – *if p, q* – assume um valor restrito no contrato internacional em inglês dependendo da posição de *if p* na frase. A premissa é de que, se *if p* estiver na posição inicial da frase, então *if p* reflete o método de organização do texto, que é o padrão problema-solução (Hoey, 1986; 2001). Mais especificamente,

110 Linguagem para formação em Letras, Educação e Fonoaudiologia

se *if p* estiver na posição inicial da frase, então *if p* é marcada tematicamente e expressa uma "contingência" (problema) dentro de um contexto de expectativas gerado pelo seu contexto precedente (situação), para a qual a oração seguinte (ou as várias orações) fornece uma "solução desejável" (solução) a ser aceita mutuamente pelas partes (avaliação).

A argumentação para apoiar a hipótese foi desenvolvida da seguinte forma: quando *if p* está na posição inicial da frase condicional, ela reflete o método de desenvolvimento do texto; entretanto, quando transposta para o final da frase, *if p* assume funções discursivas diferentes, mais locais. Da mesma forma, quando transposta para o início da frase condicional, *if p* na posição final da frase não reflete necessariamente o método de desenvolvimento do texto.

A justificativa para a pesquisa se deve a três fatores. Em primeiro lugar, a construção condicional traduz, de forma mais evidente, a característica inerente e única do contrato de tentar "controlar", por meio da linguagem, contingências futuras ao estabelecer *a priori* soluções possíveis e acordadas para resolvê-las. Em segundo lugar, apesar de a construção condicional continuar a ser objeto de interesse em praticamente todas as áreas da Linguística (além da Filosofia), pouca atenção tem sido dada à relação forma-função que ela assume em linguagens especializadas ou em gêneros específicos de discurso. Uma exceção constitui o estudo das condicionais em livros acadêmicos de Economia em Mead e Henderson (1983). E, em terceiro lugar, não há registro na literatura de um estudo *strictu senso* da manifestação da condicionalidade no inglês jurídico, a não ser um capítulo dedicado às expressões condicionais como manifestações linguísticas das "funções secundárias da lei", como parte de um estudo mais amplo do ponto de vista sintático, pragmático, discursivo sobre a legislação da Comunidade Europeia em Salmi-Tolonen (1994).

O gênero selecionado para a pesquisa foi o contrato internacional devido a sua relevância no contexto atual da globalização jurídica. Como um complemento natural à globalização econômica, a globalização jurídica compreende o processo de promover as condições jurídicas para o comércio e o investimento global como meio de projetar suas práticas aceitas tacitamente como universais e de senso comum. Embora claramente influenciada pela tradição e cultura do direito anglo-saxão – a *common law* – e pelas práticas de comércio e finanças americanas internacionais, a globalização da lei pressupõe sua autonomia operacional *vis-à-vis* outras leis nacionais (Jessop, 2000:

329). Mas o inglês jurídico foi adotado como língua franca para transações jurídicas globais.

O contrato constitui um dos instrumentos jurídicos mais antigos usados para celebrar um compromisso futuro (comercial ou não) acordado no presente e submetido a declarações explícitas dos participantes, chamados de "partes", por escrito. O contrato internacional em inglês é aquele usado em transações comerciais e financeiras entre corporações entre países e cujos termos são submetidos a dois ou mais sistemas jurídicos.

Como gênero, o contrato apresenta um estilo convencionalizado de linguagem, caracterizado pela recorrência, estabilidade e preferência de uso de certas formas e construções linguísticas desenvolvidas a partir de situações recorrentes e adotadas pelos membros da comunidade profissional; e, ao contrário, pela não preferência por outras possibilidades lexicais e sintáticas, deixadas latentes e que são consideradas como não-uso. Embora os contratos internacionais não sejam obrigatoriamente escritos em inglês, a maioria segue as convenções e restrições do inglês jurídico produzido (e quase sempre interpretado) à luz da *common law*.

Na análise de gênero, existem pelo menos três critérios para a seleção do *corpus*, dependendo do objetivo específico da investigação: um único texto típico mais longo para uma análise detalhada, vários textos escolhidos aleatoriamente para uma investigação explanatória ou uma ampla amostragem estatística para investigar algumas características específicas através de indicadores facilmente identificados (Bhatia, 1993: 24).

Optamos por selecionar um único *corpus*, um contrato moderno internacional de petróleo denominado *PSA – Production Sharing Agreement* (Contrato de Produção Compartilhada), por três motivos principais. Em primeiro lugar, pelo fato de tratar-se de um modelo de contrato padronizado produzido pelas grandes companhias petrolíferas em escala transnacional. Em segundo lugar, o contrato acha-se acessível ao público interessado através da edição da compilação feita em Barnes (s/data) junto com outros modelos de contratos de petróleo. Em geral, o acesso a contratos fica restrito somente às partes envolvidas na transação devido a acordos de confidencialidade, o que dificulta as pesquisas. E, em terceiro lugar, o *corpus* apresenta um número de ocorrências da construção em análise bastante representativo, o que nos permitiu uma análise detalhada, levando-se em conta todas as suas variantes.

Há três opções de metodologia de pesquisa mais comumente usadas em gêneros, segundo Bhatia (1993: 24-34): a) a análise das características léxico-gramaticais através de análises predominantemente quantitativas para determinar, por exemplo, a frequência da ocorrência dos fenômenos linguísticos em determinados gêneros (Biber, 1988; Trosborg, 1997); b) a análise do padrão textual ou de textualização (Widdowson, 1979; Bazerman, 1988; Frade, 2004b), que tem como foco o aspecto tácito do uso convencional da linguagem, especificando o modo como os membros de uma comunidade de fala específica atribuem valores restritos a vários aspectos do uso da língua (Bhatia 1993: 26) e c) a interpretação estrutural do texto-gênero, através da análise de seus movimentos retóricos e de sua estrutura cognitiva (Bhatia, 1984; Hasan, 1985; Swales 1990; Frade, 2002).

Para promover o entendimento da relação entre gramática-gênero/ discurso-contexto, o arcabouço teórico da pesquisa baseou-se nas opções qualitativas (b) e (c) mencionadas, nos pressupostos da relação entre orações em Winter (1977), na abordagem da gramática funcional e semiótica de Halliday (1978, 1990), no padrão problema-solução em Hoey (1983, 1986, 2001), no método de desenvolvimento do texto em Fries (1995, 1997) e nos estudos que relacionam gramática e gênero/discurso (Mead e Henderson, 1983; Thompson, 1985; Tomlin, 1985).

A análise das construções condicionais no *corpus* foi realizada em três etapas, após a sua classificação em três padrões: padrão (i) *if p, then q*; padrão (ii) *if , q* e padrão (iii) *q, if p*. Na primeira etapa, apresentamos apenas alguns dados quantitativos "superficiais" do *corpus* relevantes seguidos de comentários. Na segunda etapa, foram analisados exemplos de padrões condicionais (i) e (ii), e, na terceira etapa, foram examinados exemplos de padrões condicionais (iii). Como a frase condicional nos contratos se relaciona diretamente com o seu contexto linguístico mais próximo no nível intermediário (a seção que expressa a regra), reproduzimos, na íntegra, as seções nas quais as condicionais estão inseridas.O objetivo é analisar o fenômeno no contexto da interação contratual, pois, como assinala Fries (1999: 89), "não podemos avaliar a linguagem de um texto sem referência à interação que ele codifica".

Após a análise dos padrões mencionados, seguiram-se imediatamente os argumentos para apoiar nossa hipótese através do recurso da troca de posição de *if p* na frase. A análise linguística foi complementada com a descrição e a explicação do fenômeno, levando-se em consideração fatores socioculturais e cognitivos, com base em Hoey (1983, 1994, 2001), Thompson (1985) e Fries (1995). Entende Bhatia (1993: 39) que explicação deste tipo é crucial para o entendimento e a construção dos gêneros [...] profissionais porque ela não apenas esclarece os objetivos comunicativos da comunidade discursiva em questão, mas também as estratégias individuais empregadas pelos membros para atingir estes objetivos.

Os resultados da análise e a discussão foram conduzidos de maneira qualitativa e seguidos das implicações da pesquisa.

Conclusão

A pesquisa apresentada neste capítulo indica a potencialidade da investigação de fenômenos linguísticos em gêneros específicos de discurso. O arcabouço teórico multifuncional selecionado permitiu a análise do fenômeno não somente em seus aspectos puramente linguísticos, mas também dentro do contexto sociocultural, histórico e cognitivo de sua produção, uso e interpretação, ampliando o leque de opções disponíveis ao linguista aplicado.

Para o graduando em Letras, o conhecimento dos gêneros de discurso desperta no aluno uma visão crítica das diferentes funções exercidas pela linguagem em vários contextos de situação. Para a pesquisa e prática em LSP, a análise de gênero parece ser a abordagem mais adequada para o desenho de material didático ou de treinamento profissional voltado para o público-alvo específico em contraponto ao material didático institucionalizado "internacional" oferecido pelas grandes editoras no exterior.

Bibliografia

BARNES, J. International Energy Counsel (ed.). Houston, Texas, USA, s/data. BARNES, J. International Petroleum Agreements. Houston, Texas: International. Energy Counsel, s/data.

BAZERMAN, C. *Shaping Written Knowledge:* The Genre and Activity of the Experimental Article in Science. Madison: University of Wisconsin Press, 1988.

BHATIA, V. K. Syntactic Discontinuity in Legislative Writing and its Implication for Academic Legal Purposes. In: PUGH, A. K.; ULIJN, J. M. (ed.). *Reading for Professional Purposes– Studies and Practices in Native and Foreign Languages.* London: Heinemann Educational Books, 1984, pp 90-6.

_____. Language of the Law. *Language Teaching,* 1987, v. 20, n.4, pp. 227-34.

_____. *Analysing genre:* Language Use in Professional Settings. London: Longman, 1993.

_____. Introduction: Genre Analysis and World Englishes. *World Englishes,* 1997, v. 16, n. 3, pp. 313-19.

BERKENKOTTER, C.; HUCKIN, T. N. *Genre Knowledge in Disciplinary Education:* Cognition/Culture/Power. Hillsdale: Lawrence Erlbaum Associates, Publishers, 1995.

BIBER, D. *Variation across Speech and Writing*. Cambridge: Cambridge University Press, 1988.

FRADE, C. Mitigating Conflict in Arbitration Clauses through Language. *LSP & Professional Communication*, v. 2, n. 1, April 2002, pp. 8-25.

_____. *A Condicionalidade no Contrato Internacional em Inglês*. Rio de Janeiro, 2004a. Tese (Doutorado em Linguística) – Faculdade de Letras, UFRJ.

_____. Generic Variation across Legislative Writing: a Contrastive Analysis of the Uncitral Model Law and Brazil's Arbitration Law. *Hermes, Journal of Linguistics*, 2004b, n. 32, pp. 45-75.

FREEMAN, A.; MEDWAY, P. Locating Genre Studies: Antecedents and Prospects. In: FREEMAN, A.; MEDWAY, P (ed.). *Genre and the New Rhetoric*. London: Taylor & Francis, 1994, pp. 1-22.

FRIES, P. H. Themes, Methods of Development, and Texts. In: HASAN, R.; FRIES, P. H. (ed.). *On Subject and Theme. A Discourse Functional Perspective*. Amsterdam: J. Benjamins. 1995, pp. 317-59.

_____. Theme and New in Written English. In: MILLER, T. (ed.). *Functional Approaches to Written Text:* Classroom Applications. English Language Programs. United States Information Agency, Washington DC 20547, 1997, pp. 230-43.

JESSOP, R. The Crisis of the National Spatio-Temporal Fix and the Tendential Ecological Dominance of Globalizing Capitalism. *International Journal of Urban and Regional* Research, 2000, v. 24, n.2, pp. 323-60.

HALLIDAY, M. A. K. *Language as social semiotic*. London: Edward Arnold Publishers, 1978.

_____. *An Introduction to Functional Grammar*. London: Edward Arnold, 1990.

HASAN, R. The Structure of a Text. In: HALLIDAY, M. A. K.; HASAN, R. *Language, Context, and Text:* Aspects of language in a socio-semiotic perspective. Victoria: Deakin University Press, 1985, pp. 52-69.

HOEY, M. P. *On the Surface of Discourse*. London: George Allen and Unwin, 1983.

_____. Overlapping Patterns of Discourse Organization and their Implications for Clause Relational Analysis of Problem-Solving Texts. In: COOPER, C.R.; GREENBAUM, S. (ed.). *Studying Writing:* Linguistics Approaches. Beverly Hills: Sage, 1986.

_____. *Textual Interaction*. An Introduction to Written Discourse Analysis. London and New York: Routledge, 2001.

JORDAN, R.R. *English for Academic Purpose*. A Guide and Resource Book for Teachers. Cambridge: Cambridge University Press, 1997.

MEAD, R.; HENDERSON, W. Conditional Form and Meaning in Economics Texts. *The ESP Journal*, 1983,v. 2, pp. 139-60.

MILLER, C. R. Genre as Social Action. *The Quarterly Journal of Speech*, 1984, v. 70, n. 1, pp. 151-67.

PALTRIDGE, B. Genre Analysis and the Identification of Textual Boundaries. *Applied Linguistics*, 1994, v. 15, n. 3, pp. 288-99.

_____. Working with Genre: A Pragmatic Perspective. *Journal of Pragmatics*, 1995, v. 24, pp. 393-406.

PAREDES SILVA, V. L. Forma e Função nos Gêneros de Discurso. *Alfa*, 41 (n.esp), São Paulo, 1997, pp. 79-98.

SALMI-TOLONEN, T. *English Legislative Language in National and Supranational Context:* European Law English from the Syntactic, Discursive and Pragmatic Perspective. Tampere: Department of Translation Studies, English Licentiate Thesis, 1994.

STREVENS, P. *Teaching English as an International Language from Practice to Principle*. Oxford: Pergamon Press, 1980.

SWALES, J. M. *Genre Analysis*. English in Academic and Research settings. Cambridge: Cambridge University Press, 1990.

_____. Languages for Specific Purposes. *Annual Review of Applied Linguistics*, 2000, v. 20, pp. 59-76.

THOMPSON, S. A. Grammar and Written Discourse: Initial vs Final Purpose Clauses in English. *Text*, 1985, v. 5, pp. 55-84.

TOMLIN, R. S. Foreground-background Information and the Syntax of Subordination. *Text*, n. 1(2), 1985, v. 5, pp. 85-122.

TROSBORG, A. *Rhetorical Strategies in Legal Language:* Discourse Analysis of Statutes and Contracts. Tubingen: Narr, 1997.

WIDDOWSON, H. G. *Explorations in Applied Linguistics*. Oxford: Oxford University Press, 1979.

WINTER, E. O. A Clause-relational Approach to English Texts: A Study of Some Predictive Lexical Items in Written Discourse. *Instructional Science*, 1977, v. 6, pp. 1-92.

A análise do discurso

Marcia Dias Lima

Observaremos aqui como a Análise de Discurso de perspectiva teórica francesa pode contribuir para a formação do docente em Letras. Autores como Orlandi (1998, 2002) já apontam o quanto essa teoria contribui na formação do leitor já que ela amplia a visão que se tem do fenômeno da linguagem e, consequentemente, da leitura.

A Análise de Discurso (doravante AD) considera a linguagem como uma mediação necessária entre o homem e a realidade natural e social, e que o sujeito discursivo realiza atos, pois a linguagem é uma prática não porque efetua atos, mas porque pratica sentidos, intervém no real.

A AD teve início na França, na década de 1960, apoiada numa formação filosófica que desenvolve um questionamento crítico sobre a Linguística, já que é tomada pelo espaço do marxismo e da política e num momento histórico em que havia grande preocupação com a luta de classes, a história e o movimento social. Essa teoria privilegia o contato com a história e filia-se a uma tradição intelectual europeia (sobretudo da França) acostumada a unir reflexão sobre texto e sobre história (articulação entre marxismo, linguística e psicanálise). Desse modo, ela nasceu tendo como característica a interdisciplinaridade, já que era preocupação de linguistas, historiadores e psicólogos.

Ao criticar a Linguística por trabalhar com a língua fechada nela mesma, a AD considera o discurso um objeto sócio-histórico. Brandão (1996: 16) afirma:

> Preconizando, assim, um quadro teórico que alie o linguístico ao sócio-histórico, na AD, dois conceitos tornam-se nucleares: o de ideologia e o de discurso. As duas grandes vertentes que vão influenciar a corrente francesa da AD, são, do lado da ideologia, os conceitos de Althusser e, do lado do discurso, as ideias de Foucault.

A noção de "ideologia" é importante para as análises da AD. Althusser, em *Ideologia e aparelhos ideológicos do estado* (Mussalim, 2000), estabelece que as ideologias têm existência material e que a materialidade específica da ideologia é o discurso e a materialidade específica do discurso é a língua. Estabelece-se, assim, a relação língua-discurso-ideologia.

Brandão (1996) comenta que o discurso é o lugar em que se pode observar a relação entre língua e ideologia, compreendendo-se como a língua produz sentidos para os sujeitos. A Linguística possibilitaria o estudo dessa ideologia em sua materialidade: a linguagem seria o lugar em que a ideologia se materializa. Articula-se o linguístico e o social.

Para Foulcault, citado por Brandão (1996), o discurso é concebido como uma dispersão, já que não pode ser concebido como sendo formado por elementos ligados por um princípio de unidade. Essa dispersão, no entanto, deve ser analisada de modo que as regras de formação de tais discursos sejam explicitadas.

Segundo Orlandi (2002), leva-se em conta o homem na sua história e consideram-se os processos de produção de linguagem, as condições de produção da linguagem pela análise da relação estabelecida pela língua com os sujeitos que a falam e as situações em que se produz o dizer.

A AD e o conceito de linguagem

Com a publicação dos trabalhos de Ferdinand de Saussure no início do século XX, os estudos sobre a linguagem humana passam a ser realizados de forma autônoma e ganham estatuto de ciência. Sob essa nova óptica, a Linguística, como ciência da linguagem, não mais precisa submeter-se à exigência, por exemplo, da Filosofia ou da Retórica.

No entanto, a visão do fenômeno linguístico apresentada por Saussure é considerada pela AD como redutora do fenômeno da linguagem. Para ele, a linguagem humana é composta por *langue* (língua) e *parole* (fala). À Linguística, interessaria estudar a língua por representar aquilo que é sistemático e social entre os fatos da linguagem. Embora Saussure considerasse que língua e fala são interdependentes, ele acreditava que deveriam ser analisadas separadamente, ou seja, haveria uma linguística da língua e uma linguística da fala.

Em lugar de trabalhar com a dicotomia língua/fala, Michel Pêcheux traz para a AD um trabalho que conjuga língua e discurso. Esse autor considera

A análise do discurso **119**

a fala como casual, mas acredita que o lado social da língua e o lado histórico da fala unem-se no discurso. Enquanto a linguística trabalha com a língua como sistema abstrato, dotado de autonomia, a AD considera que a autonomia desse sistema é relativa, pois a língua está no mundo, com maneiras de significar, com homem falando, considerando a produção de sentido como parte de sua vida. Desse modo, é preciso distinguir a língua, como um sistema virtual, do discurso, sua realização concreta.

A língua como sistema abstrato realiza-se através da fala, que é individual: tem-se um indivíduo que através da palavra exterioriza um discurso. Esse discurso é um lugar de reflexão, um ponto de contato entre língua, história, sujeito e ideologia. Considera-se na AD que a língua apresenta um homem historicamente situado. Ela representaria a possibilidade de concretizar realidades não presentes. Conforme Orlandi (2002), a etimologia da palavra "discurso" é indicativa da abordagem da AD, já que aponta para a ideia de curso, de percurso, de correr por, de movimento.

Orlandi (2002: 71) afirma que:

> O discurso, por princípio, não se fecha. É um processo em curso. Ele não é um conjunto de textos mas uma prática. É nesse sentido que consideramos o discurso no conjunto das práticas que constituem a sociedade na história, com a diferença de que a prática discursiva se especifica por ser uma prática simbólica.
>
> O discurso como palavra em movimento é indicativo da prática de linguagem, sendo a soma de elementos aos quais o homem está sujeito tais como os elementos históricos, o sistema linguístico e a realização do discurso em si.

A autora afirma ainda que "discurso é ao mesmo tempo processo e produto".

Uma das contribuições da AD na formação do docente em Letras seria ampliar a visão desse profissional quanto às relações entre linguagem e sociedade. Fiorin (2002) aponta quanto aos propósitos da AD.

O objeto de trabalho da AD é refletir sobre as relações que a linguagem mantém com a ideologia. Segundo Orlandi (2002: 6-7), não interessa apenas mostrar que a pronúncia de prestígio é imposta com a finalidade de discriminar as pessoas: que o acesso a determinadas posições de destaque está ligado também à aquisição das variedades linguísticas consideradas corretas, elegantes etc., que a norma linguística utilizada pelos que detêm o poder transforma-se na "língua" modelar, que as variedades linguísticas usadas pelos segmentos sociais subalternos são consideradas erros, transgressões e seus usuários são, por isso, ridicularizados. Esses fatos estão à vista de todos e são de fácil comprovação.

Por pertencer a diferentes domínios, a linguagem deve ser analisada sob diferentes pontos de vista e a AD permite a reflexão sobre as relações existentes entre linguagem e ideologia. Ela viabiliza o estudo da linguagem não só em relação ao seu sistema interno, enquanto formação linguística a exigir de seus usuários uma competência específica, mas também enquanto formação ideológica, que se manifesta através de uma competência socioideológica. Na AD procura-se compreender a língua fazendo sentido, parte do trabalho social geral, constitutivo do homem e da sua história.

Formação discursiva e formação ideológica

Dada a importância do conceito de ideologia para a AD, Brandão (1996) estabelece que a articulação da ideologia com o discurso deve ser analisada a partir de dois conceitos tradicionais em AD: o de *formação discursiva* e o de *formação ideológica*.

A *formação discursiva* determina o que pode/deve ser dito a partir de um determinado lugar social. É ela que permite que se produzam diferentes sentidos a partir de uma mesma base linguística. Mariani, em Orlandi (1998: 110), afirma que "Fala-se diferentemente, ou melhor, os sentidos produzidos são diferentes porque se fala de diferentes lugares sociais e ideológicos".

Segundo Brandão (1996: 28), "[...] a análise de uma formação discursiva consistirá, então, na descrição dos enunciados que a compõem". A autora acrescenta, ainda, que o discurso seria concebido "[...] como uma família de enunciados pertencentes a uma mesma formação discursiva". Assim, uma FD determina a posição do sujeito, mas não a preenche de sentido, pois define-se sempre em relação ao externo e será sempre invadida por elementos que vêm de outras formações discursivas.

As *formações discursivas* representam no discurso as *formações ideológicas*, ou seja, os sentidos são sempre determinados ideologicamente. Isso se dá porque o discurso existe como prática, sendo, dessa forma, constituído por ideologia. A *formação ideológica* pode ser caracterizada por um estado determinado de relações entre as classes que compõem uma comunidade em um determinado momento de sua história. Desse modo, tem-se que o estudo do discurso explicaria como linguagem e ideologia se afetam em sua relação, já que a AD concebe a linguagem como mediação necessária entre o homem e a realidade natural e social.

Brandão (1996) considera que, para encontrar as regularidades da linguagem em sua produção, o analista de discurso relaciona a linguagem à sua exterioridade. A AD considera que a linguagem não é transparente e, desse modo, sua análise não procura atravessar o texto para encontrar o sentido do outro lado. Ela procura saber "como este texto significa". A questão não é "o quê" mas "como".

A AD inverte a perspectiva linguística já que considera que o texto não é constituído por sentenças e sim que é realizado por sentenças. Além disso, ela considera que o estudo do discurso deve olhar a ideologia e o sujeito: estudo linguístico das condições de produção do enunciado. Para essa teoria, é importante observar a língua funcionando para a produção de sentidos: relação linguagem-pensamento-mundo.

Condição de produção e interdiscurso

Brandão (1996) apresenta o conceito de "condição de produção" que compreende os sujeitos e a situação, ou seja, envolve o mecanismo de colocação dos protagonistas e do objeto do discurso. As condições de produção implicam a língua, a historicidade e a formação social.

Há também o mecanismo imaginário que reflete a imagem da posição do sujeito locutor (quem sou eu para lhe falar assim) do sujeito interlocutor (quem é ele para que me fale assim, ou para que eu lhe fale assim) e a imagem do objeto do discurso (do que eu estou falando, do que ele me fala). A autora afirma também que há uma máquina discursiva capaz de determinar, sempre numa relação com a história, as possibilidades discursivas dos sujeitos inseridos em determinadas formações sociais.

Para a AD, a memória, ou melhor, a maneira como a memória aciona as condições de produção é fundamental para a produção do discurso. A AD trata a memória como interdiscurso definido em Orlandi (2002: 31-3) como "[...] aquilo que fala antes, em outro lugar, independentemente [...] é todo conjunto de formulações feitas e já esquecidas que determinam o que dizemos [...] o interdiscurso disponibiliza dizeres que afetam o modo como o sujeito significa em uma situação discursiva dada". Estabelece-se uma relação entre o já dito e o que se está dizendo: relação entre o interdiscurso (constituição do sentido) e o intradiscurso (a formulação do sentido).

Conclusão

A partir do exposto, considera-se importante que o docente em Letras traga em sua formação a noção de que não há neutralidade nem mesmo no uso mais aparentemente cotidiano da língua. A todo tempo, o sentido e o político estão comprometidos e articulados.

Através do suporte teórico fornecido pela AD, seria possível a análise de jornais, revistas e propagandas, entre outros itens, aos quais professores e alunos estão expostos diariamente. O conceito de linguagem apontado nos estudos da AD apresenta-se como mediadora entre o homem e o momento sócio-histórico que o cerca. É possível, a partir do conhecimento da AD, mostrar como os indivíduos se relacionam com a linguagem em seu cotidiano, enquanto falantes e leitores. Procurando sempre relacionar o homem e seu momento histórico, a AD possui ferramentas que possibilitam a compreensão dos sentidos que a língua adquire, já que ela é parte do trabalho social geral, é constitutiva do homem e da sua história.

Segundo Orlandi (2002: 72), o texto é um "[...] espaço significante: lugar de jogos de sentidos, de trabalho da linguagem". Essa autora também considera que os indivíduos são levados sempre a interpretar quando estão diante de um objeto simbólico.

Ao considerar a leitura como uma prática que deve levar à reflexão, a AD oferece uma relação menos "ingênua" com a linguagem. Ao interagir com o texto, é preciso ir além das palavras, é preciso ter conhecimento de que o sentido estabelece-se na relação do sujeito com o mundo. Em toda formação social, há formas de controle de interpretação que são determinadas historicamente: há diferentes modos de se interpretar. Isso leva ao fato de que, sendo a natureza do fenômeno de leitura a de um processo de construção do sentido, haverá sempre tantos sentidos quantos sejam os leitores do texto em questão.

É preciso, desse modo, que se forme um profissional de Letras capaz de observar no texto a ação do sujeito que o construiu. Deve-se ter em mente que nenhum sujeito é portador de todos os sentidos de um texto. Os sentidos são resultado do momento histórico que, ao mesmo tempo que determinam, são também por ele determinados.

Bibliografia

Brandão, Helena H. Nagamine. *Introdução à análise do discurso*. 7. ed. Campinas: Editora da Unicamp, 1996.

Fiorin, José Luiz. *Linguagem e ideologia*. 7. ed. São Paulo: Ática, 2002.

_____. (org.). *Introdução à linguística*. São Paulo: Contexto, 2002, v. I.

Mussalim, Fernanda. *Análise do discurso*. In: Mussalim, Fernanda; Bentes, Anna C. *Introdução à linguística: domínios e fronteiras*. São Paulo: Contexto, 2000, v. 2.

Orlandi, Eni P. (org.). *A leitura e os leitores*. São Paulo: Pontes, 1998.

_____. *Análise de discurso:* princípios e procedimentos. 4. ed. Campinas: Pontes, 2002.

As línguas estrangeiras

Simone Correia Tostes

A Lei de Diretrizes e Bases da Educação Nacional (LDBEN daqui em diante), em vigor desde 1996, a "carta magna" da educação brasileira, destaca a importância da formação para a cidadania e para o exercício de uma atividade profissional. A partir de seu título primeiro, ressalta o inevitável relacionamento entre a educação escolar, a formação da cidadania e o exercício do trabalho: "A educação escolar deverá vincular-se ao mundo do trabalho e à prática social". (Título I, art. 1°, § 2°)

Mais adiante, a LDBEN destaca que a educação tem por objetivos "o pleno desenvolvimento do educando, seu preparo para o exercício da cidadania e sua qualificação para o trabalho". (Título II, art. 2°)

Afinados com essa meta, os Parâmetros Curriculares Nacionais (PCN daqui em diante) projetam uma escola direcionada para a formação de profissionais com potencial competitivo para acompanhar os progressos científicos e avanços tecnológicos que se apresentam. A capacidade de adquirir, manusear fontes de informação e construir conhecimentos também constitui um dos objetivos principais estabelecidos para o Ensino Fundamental.

Este capítulo tem por objetivo refletir sobre as contradições existentes entre documentos como a LDBEN, os PCN e a prática e valorização do profissional de Letras com habilitação em língua estrangeira. Numa primeira análise, esses documentos que regem os procedimentos mais gerais da educação brasileira parecem falhar em seu propósito primordial. Entretanto, num estudo mais aprofundado das leis do discurso envolvidas na negociação entre locutores e interlocutores, constatamos que esses documentos cumprem o papel pragmático que se espera desse gênero discursivo, inserido num contexto socioeducacional complexo como o brasileiro.

A língua estrangeira no contexto educacional

É bastante comum nas últimas décadas ouvirmos afirmações que destacam a importância da aprendizagem de uma língua estrangeira (LE, daqui em diante) na vida profissional futura de qualquer estudante. A crença mais difundida associa o conhecimento de uma LE e o domínio de operações básicas de informática a condições *sine qua non* o sucesso profissional em qualquer carreira torna-se inatingível.

A aprendizagem de uma língua estrangeira constitui, dentro desse esquema, ferramenta indispensável para o autodesenvolvimento do educando como ser humano e cidadão. Por esse motivo, os PCN destacam a função sociointeracional da aprendizagem de uma LE, visto que seu domínio visa a proporcionar o engajamento discursivo, bem como a capacidade de engajar outras pessoas no discurso. Finalmente, como bem destacam os PCN, a aprendizagem de uma LE é um *direito* de todo cidadão, conforme preconizam a LDBEN e a Declaração Universal dos Direitos Linguísticos.

Apesar de reforçada a crença de que o conhecimento de uma LE seja fundamental para que o educando tenha acesso a informações técnico-científicas importantes para sua formação acadêmica e, a partir daí, para seu crescimento como ser humano, verifica-se que, na prática, existe uma dicotomia entre o que é dito e o que é, de fato, praticado nos contextos educacionais que envolvem o ensino/aprendizagem de uma LE.

A formação do profissional de Letras

Com o intuito de bem preparar o profissional docente de LE, os cursos de graduação incrementam as ofertas de disciplinas que propiciam um conhecimento dos diversos sistemas da LE em que se deve especializar. Dessa forma, dedicam-se vários semestres para que o graduando em Letras adquira o conhecimento técnico necessário para o seu desempenho como profissional de LE: fonologia, morfologia, sintaxe e semântica caminham lado a lado com a formação para a redação e a exposição oral do professor de LE.

No entanto, nota-se ainda um privilégio dessas disciplinas sobre outras chamadas pedagógicas, formação essencial para que o professor afine sua prática de acordo com princípios sociais, psicológicos e afetivos do contexto macro em que se insere. Nosso conhecimento de mundo admite, por exemplo, um professor de línguas que desconheça as principais características das fases do desenvolvimento conforme os preceitos da teoria piagetiana, entretanto, consideramos inaceitável que o profissional cometa erros sistêmicos, de pronúncia ou concordância, na disciplina curricular à qual está atrelada sua formação acadêmica.

Essa "hierarquia" na valorização de conhecimentos demonstra-se equivocada quando da inserção do profissional e da sua atuação no mercado de trabalho. Isso tudo porque não se admite no contexto escolar um professor que não seja, em sua essência, um educador, bem como é inaceitável um profissional do ensino trabalhar apenas o aspecto cognitivo do indivíduo, visto aí como um "armário de gavetas" onde se depositam isoladamente os conteúdos atinentes a cada domínio.

É dentro desse espectro de valorização que o profissional de Letras lança-se no mercado. Nesse ambiente novo, o recém-formado concludente do curso de Letras esbarra numa realidade que desconstrói a mitificada visão de sua profissão. Salas de aula lotadas, turmas heterogêneas, insuficiência de recursos e carga horária ínfima minam qualquer trabalho que vise atingir aqueles objetivos gerais dos PCN.

Dentro da teia discursiva, o profissional de Letras torna-se suscetível a calcular o significado de sua prática profissional que não é o que se pretende no contexto educacional amplo. Inserido num sistema que declara que o conhecimento de uma LE é fundamental para que o aprendiz seja efetivamente inserido em contextos socioculturais expoentes, o profissional se vê, por vezes, desarmado diante de iniciativas que vão de encontro a essa proposta.

A valorização do profissional de Letras

Ao experimentar o campo de trabalho árido da educação, com visível escassez de incentivos, o profissional tenta escapar para pretensas situações "ideais" de trabalho, como os cursos de línguas, onde a disponibilidade de tempo, material e número ideal de alunos criam uma atmosfera de "primeiro mundo" para o aprendizado de línguas. Mas é nesse "paraíso" que o professor é mais desvalorizado: preterido por outros professores sem experiência didática, mas com conhecimento nativo do idioma, sujeito a salários que espremem mais e mais sua capacidade de aperfeiçoamento contínuo – o professor necessita de muitas turmas e, por vezes, vários locais de trabalho para atingir proventos que lhe possibilitem condições mínimas de sobrevivência.

128 Linguagem para formação em Letras, Educação e Fonoaudiologia

A opção por instituições de ensino de mais peso dentro da sociedade parece ser uma saída interessante. A armadilha está agora, quem diria, na sua vizinhança, mais próxima do que pode o professor imaginar em sua vã filosofia. Trata-se da nociva hierarquização de disciplinas escolares: Matemática, Física e Química ocupam maior destaque no "currículo cultural". São seguidas de perto pela Língua Portuguesa (mais do que justo), vindo a História e a Geografia logo depois. A LE, seja ela inglês ou espanhol, aparece numa posição de quase apêndice na formação intelectual do educando.

Poderia esse fato ser justificado pelo status de *estrangeira*, que a própria denominação atribui. Estranho, sim, pois dominar conhecimentos de uma língua estrangeira, mais do que conhecer os sistemas morfológico, sintático, semântico e fonológico de uma língua, é ultrapassar fronteiras culturais, é desenvolver novas maneiras de ler e interpretar a realidade que se apresenta. Em última instância, é ser "estrangeiro" em seu próprio país.

Conhecer uma LE não significa apenas ser fluente naquele idioma; é, antes de tudo, apropriar-se de um modo de ver completamente novo: é começar a enxergar a realidade de outro ponto de vista, com outros olhos (como se o conhecimento de uma LE fosse equiparado a uma ampliação do sentido da percepção, pela qual o indivíduo faz contato com o mundo e o interpreta).

Talvez por esses motivos sejam os profissionais de LE vistos como imigrantes na sua terra natal. Pode-se até dizer que existe um regime velado de *apartheid* contra os professores de inglês – os invasores. Ora, a LE não é tão linguagem como o é a Matemática, a Física e a Química, instrumental com o qual o aprendiz é levado a reler a realidade utilizando esses novos sistemas?

A desvalorização fica mais evidente em ocasiões decisivas na vida acadêmica do aluno, como nos conselhos de classe de recuperação. Os professores de LE são obrigados a conviver com comentários como "o aluno ficou só em Inglês?!", ficando implícita uma atitude de condenação do professor que votar pela reprovação do aluno nessa disciplina ignóbil. Em quinze anos de magistério, a reprovação de um aluno na série escolar por causa do mau rendimento em LE é fato inédito em minha experiência. O peso da reprovação em disciplinas exatas, por exemplo, é muito superior ao peso atribuído ao insucesso em LE.

O porquê da leitura

Dentre as habilidades que permeiam o conhecimento em LE, os PCN destacam a leitura como aquela que possibilitará ao educando o acesso à informação técnico-científica, assim como à construção de uma *base discursiva*. De acordo com essa orientação, o ensino de LE poderia ter como "foco" a leitura, mas não deveria perder de vista o alcance de sua lente "grande angular", que lhe permite visualizar as outras habilidades linguísticas. Aproveitando a metáfora das lentes de uma máquina fotográfica, dos PCN, podemos entender o domínio de uma LE como o possuir uma máquina fotográfica, equipamento que permite ao seu usuário vislumbrar outras possibilidades, recortar a realidade, selecionar os pontos de seu interesse, gravar dados para serem analisados futuramente, aproximar ou afastar elementos da moldura.

A leitura tem sido trabalhada nas salas de aula de LE como única habilidade "possível". Todavia, a "opção" por essa habilidade continua sendo realizada em função da escassez de disponibilidade de recursos que possibilitem o trabalho com outras atividades. Ainda são bastante raras as iniciativas que incluem outros materiais além do giz e do livro didático para o professor de LE. O acesso a formas de expressão oral na escola, com o uso de recursos como aparelhos de videocassete e CD *player*, computadores conectados à internet com *kit* multimídia e aparelhos para reprodução de fitas cassete e CDS ainda pode ser considerado inexistente na maioria de nossas escolas da rede oficial.

A leitura é vista como a "tábua de salvação" possível para um sistema falido, incompetente. A opção por trabalhar-se a leitura nas salas de aula ainda está longe de ser uma estratégia política, uma maneira de conscientizar sobre o papel importante que a leitura desempenha no exercício da cidadania.

Como resultado, livros didáticos utilizados no Ensino Fundamental, disponibilizados para o ensino de LE inglês, para sermos bem específicos, ainda possuem como objetivo principal a decodificação de informações em textos não-autênticos e a fixação de estruturas gramaticais desvinculadas de sua função pragmática. Consequentemente, o resultado dessa formação é um cidadão incapaz de exercer sua consciência crítica diante de um texto escrito.

Através dos anos, sedimentou-se o uso da expressão "inglês de colégio" como um demérito do trabalho realizado nas salas de aula de nossas escolas. Por vezes, o aluno egresso desses estabelecimentos de ensino afirma jamais ter estudado inglês porque só teve essa experiência no colégio. Parece estar institucionalizada a visão de que a escola é incapaz de oferecer um ensino de LE de qualidade. A sociedade parece querer empurrar para fora da escola o papel social que a ela pertence. O resultado são alunos desinteressados nas salas de aula, estudando "inglês de colégio", como se houvesse duas variedades de ensino de língua inglesa – o "inglês de colégio" e o "inglês de cursinho". Essa visão já arraigada da nossa escola exonera de vez o professor de seu papel social de educador.

Como funcionam as "leis do discurso"

Uma análise que abarca não somente os componentes textuais das diretrizes emanadas para a educação nacional através da Lei e dos PCN, permite-nos compreender melhor o aparente hiato entre o que é preconizado nesses documentos e o que se realiza. Dessa forma, se nos concentramos exclusivamente no campo da semântica da representação, que diz respeito às condições de verdade dos enunciados, escapam-nos os embreantes, referidos por Maingueneau (1996: 5), isto é, aquilo que não pode ser verificado através da soma dos componentes linguísticos.

Assim, utilizaremos o modelo proposto por Ducrot (1987) em Tostes (2003), segundo o qual o cálculo do significado dos enunciados é obtido pela superposição de um componente gramatical a um componente retórico, ambos circunscritos a uma situação específica. De maneira análoga, o filósofo da linguagem Grice (1975) estabelece que o sentido de um enunciado é obtido através da associação de seu conteúdo proposicional com sua força ilocucionária, isto é, o efeito que esse conteúdo deve ter em seu interlocutor.

Entretanto, esses dois componentes não são por si só suficientes para que o ato de linguagem seja considerado "bem-sucedido". Portanto, a simples obediência a regras gramaticais não garante o sucesso de um ato de linguagem. Passa necessariamente pelo conhecimento de ambas as partes da enunciação de seus lugares no discurso. Além disso, o receptor deve ser capaz de interpretar a que gênero os atos de linguagem pertencem. A partir daí, pode dar a resposta esperada ou adequar seu comportamento em relação a ele.

Para melhor entendermos os tipos de atos de linguagem estudados, utilizamos a grande divisão elaborada por Récanati citado em Maingueneau (1996: 12), que classifica atos ilocutórios em (a) essencialmente representativos e (b) não essencialmente representativos. Estes últimos desempenham uma "atitude social", como cumprimentar e agradecer, por exemplo. Nesta segunda categoria estariam inscritos os atos ilocucionários consubstanciados por leis e diretrizes para o funcionamento do sistema educacional nacional.

A essa relação extrínseca do ato de linguagem com o contexto social soma-se a relação intrínseca, que pressupõe o cálculo de significados implícitos do enunciado no nível frástico (pressupostos), bem como dos significados não-verificáveis na estrutura da frase (subentendidos).

Consideramos a decisão do Governo de expedir diretrizes para a educação nacional um ato de linguagem. Fica evidente o cálculo do significado do conteúdo proposicional, bem como sua força ilocucionária. No caso da LDBEN, a força ilocucionária é de ordem, determinação. Entretanto, como na nossa cultura as leis podem não ser interpretadas na totalidade de sua força ilocucionária, a execução das mesmas adquire um caráter opcional, salvo nos casos em que se vê na lei um instrumento de cobrança de direitos estabelecidos. É o caso, por exemplo, da alegada inexistência de vagas para crianças em idade escolar em estabelecimentos de ensino da rede pública. Como a LDBEN garante o direito e a obrigatoriedade à matrícula de crianças dos 7 aos 14 anos, aos responsáveis que pleiteam essas vagas na justiça é dado o ganho de causa.

Concluímos que, apesar de existir uma legislação específica que direciona os rumos da educação nacional, fica subentendido que essas diretrizes e normas tornam-se, por vezes, limitadas ao exercício no papel apenas. Nesse caso, a força ilocucionária desse ato de linguagem, que era de ordem, fica visivelmente enfraquecida.

As leis do discurso nos auxiliam a melhor compreender a dicotomia existente entre discurso e prática nessa situação que acabamos de analisar. Pode-se associar a Lei e a sua não-observância ao papel de pressupostos e subentendidos no discurso. De um lado, temos o conteúdo proposicional do ato ilocucionário, com suas condições de verdade satisfeitas; de outro, a não-observância dessas determinações é, de certa forma, aceitável, e até esperada, dado o contexto sociocultural em que estão inseridas.

Conclusão

Existem várias condições para que um ato ilocucionário seja considerado "bem-sucedido". Isso depende não apenas da satisfação das condições de verdade dos enunciados, da percepção dos lugares que locutor e interlocutor preenchem, mas também de funções pragmáticas que os atos em si encerram.

Na legislação sobre a educação nacional, especificamente, verificamos um ato ilocucionário bem-sucedido até certo ponto: condições de verdade e autoridade outorgante reconhecidas. Entretanto, o contexto social em que se insere tal legislação enfraquece a força ilocucionária do ato de ordem para recomendação. Como resultado desse enfraquecimento, são verificadas situações não-ideais nos contextos educacionais, para os quais apregoa-se a valorização de determinada disciplina, a língua estrangeira, que não se efetiva na prática.

Verifica-se, portanto, um papel determinante da situação social em que se inscreve o ato ilocucionário, que atribui um caráter de recomendação a princípios e diretrizes emanados por lei de amplitude nacional. É um caso efetivo de prevalência das "leis do discurso" cujas regras não são claramente estipuladas sobre as leis dos homens.

Bibliografia

BRASIL. Lei n. 9394, de 20 de dezembro de 1996. Estabelece as diretrizes e bases da educação nacional. Brasília, DF, dez. 1996.

CENTRO INTERNACIONAL ESCARRÉ PARA MINORIAS ÉTNICAS E NAÇÕES (Ciemen). Declaração Universal dos Direitos Linguísticos. Barcelona, 6-9 jun. 1996. Disponível em: <http:// www.unesco.web.pt/declaração_universal_dos.htm>

GRICE, H. P. Logic and conversation. In: COLE, P. ; MORGAN, J. (org.). *Syntax and Semantics. Speech Acts*. New York: Academic Press, 1975.

MAINGUENEAU, D. *Pragmática para o discurso literário*. São Paulo: Martins Fontes, 1996.

MEC/SEF. Parâmetros Curriculares Nacionais. Língua Estrangeira, 3° e 4° Ciclos do Ensino Fundamental, 1998.

TOSTES, S. O dito pelo não-dito. In: *Signum*: estudos da linguagem. Centro de Letras e Ciências Humanas. Universidade Estadual de Londrina. Londrina: Ed. UEL, 2003, n. 6/2.

Questões discursivas

Cristina Góes Monteiro

Já há algum tempo, as atividades pedagógicas vêm enfatizando cada vez mais a prática discursiva escrita. Em diversos exames, o espaço destinado a questões objetivas de múltipla-escolha ou de preenchimento de lacunas tem sido redimensionado. Valoriza-se, agora, o uso da modalidade escrita da língua, através da qual o aluno deve mostrar seu conhecimento sobre um determinado assunto, apresentando clareza de ideias, correção gramatical e, acima de tudo, relevância e coerência em relação ao que lhe foi questionado. Essa forma de avaliação, no entanto, demanda novos critérios de correção, uma vez que devem ser observadas habilidades diferentes daquelas utilizadas nos outros exercícios.

Com base no Princípio de Cooperação de Grice, apresentaremos um modelo de grade para auxiliar o professor na correção de questões discursivas. Embora o estudo do filósofo americano tenha sido desenvolvido no âmbito da análise da conversação, este capítulo tem como objetivo mostrar a relevância de aplicar os postulados conversacionais do autor na correção desse tipo de produção textual escrita.

Para tal, parte-se do fato de que as respostas a essas questões apresentam marcas de oralidade muito fortes, em função das condições de sua produção (Góes Monteiro, 2005).

Para o desenvolvimento deste capítulo, foram analisadas 25 respostas dadas a duas questões referentes ao texto "Carrascos e vítimas", retirado do *Jornal do Brasil*. Essas questões constaram de uma avaliação aplicada a alunos da 2ª série do Ensino Médio de um colégio particular do Rio de Janeiro. A escolha do contexto se justifica pelo fato de os estudantes desse universo escolar estarem expostos, pela proximidade do vestibular, ao tipo de produção textual aqui em estudo.

Respostas a questões discursivas: a interferência do oral na escrita

As respostas a questões discursivas não costumam ser vistas, na escola, como uma produção textual. Os professores costumam apontar a dificuldade que enfrentam e o incômodo que sentem ao corrigirem esses textos, em que a falta de clareza e o comprometimento da legibilidade textual costumam ser problemas frequentes. O foco da correção recai somente no conteúdo que está sendo avaliado; ignoram-se os desvios que ocorrem no âmbito da estrutura.

Esses problemas podem ser considerados marcas de oralidade no texto escrito, já que as condições de produção das respostas apresentam algumas semelhanças com as situações de conversação. Assim, com base em Marcuschi (2003), foram classificados como mistos os textos produzidos em provas discursivas, visto que, nesses contextos, a modalidade escrita é usada sob forte influência da oral (Góes Monteiro, 2005).

A conversação, normalmente, se estabelece por meio de perguntas e respostas ou de asserções e réplicas (Marcuschi, 2001) e deve ser vista como uma interação verbal centrada, uma vez que "se desenvolve durante o tempo em que dois ou mais interlocutores voltam sua atenção visual e cognitiva para uma tarefa comum" (Marcuschi, 2001: 15). No entanto, para que a comunicação se efetue com sucesso, é necessário que os interlocutores partilhem alguns conhecimentos comuns, no que diz respeito à aptidão linguística, ao envolvimento cultural e ao domínio de situações sociais.

Nas situações de provas discursivas, o aluno deve interagir por escrito com o professor, mas essa produção sofre interferência de alguns fatores como o tempo disponível para o desenvolvimento de cada questão, a pluralidade de temas abordados e a estrutura dialógica própria desses exames.

A interação que se estabelece entre professor e aluno nessas situações remete à estrutura pergunta-resposta própria da conversação. O aluno responde à pergunta do professor como se este estivesse presente na interação e como se os dois pudessem compartilhar informações que assegurariam o sentido do texto, mas essa interação, normalmente, sofre restrições em relação aos assuntos abordados e ao tempo a ela dispensado, já que o interlocutor que está sendo submetido à avaliação deve responder a questões sobre diferentes conteúdos dentro de um determinado espaço temporal.

Esses fatores levam o aluno a produzir no texto escrito estruturas fragmentadas, que vêm comprometer a clareza e a compreensão das respostas dadas (Góes Monteiro, 2005), como pode ser observado no exemplo a seguir:

Tendo em vista o encaminhamento argumentativo do texto, comente a importância da informação dada entre parênteses no primeiro parágrafo.

Resposta:

A importância do que está escrito entre parênteses é que o fato dos policiais terem asfixiado, e não prendido o sequestrador, ou matá-lo quando tiveram oportunidade e quando era certo, ou seja, no ônibus, evitando que alguém morresse, provou a incapacidade e a indisciplina por parte dos policiais.

Esses problemas estruturais, entretanto, não costumam ser analisados e trabalhados em sala de aula, pois, como foi dito inicialmente, nessas situações de avaliação, costuma-se ignorar a produção do texto para valorizar apenas a informação sobre o conteúdo que está em foco, procedimento que deve ser revisto, a fim de que se possa aprimorar a competência do aluno no âmbito da produção textual.

Tendo em vista as interseções que se estabelecem entre as situações de avaliação e as situações de conversa, no que se refere à organização dialógica, à mudança de tópico e ao tempo dispensado para a elaboração dos textos, acredita-se que o emprego das máximas de Grice venha dar subsídios aos professores para atender a essa nova demanda no trabalho de produção textual.

O Princípio de Cooperação de Grice

Partindo da análise da conversação, o filósofo americano Grice (1982) pressupõe esforços cooperativos dos participantes de uma situação comunicativa. Segundo ele, quando duas ou mais pessoas interagem, elas naturalmente cooperam para que a interlocução transcorra adequadamente. É nesse sentido que ele diz ser o Princípio da Cooperação aquele que rege a comunicação humana.

Para Grice (1982), há quatro máximas implicadas nesse princípio: a da quantidade, a da qualidade, a da relação e a do modo. A máxima da quantidade está relacionada à quantidade de informação trazida para a situação de comunicação: deve-se ser informativo na medida certa; não se deve trazer informação a mais ou a menos para a situação vivenciada. A máxima da qualidade está

136 Linguagem para formação em Letras, Educação e Fonoaudiologia

ligada à ideia de que os participantes da interação devem ser sinceros, não devem emitir informações sobre as quais não podem fornecer evidência adequada. A máxima da relação refere-se à pertinência das informações trazidas para o contexto conversacional; devem ser trazidas informações relevantes a esse contexto. Finalmente, a máxima do modo é aquela relacionada à clareza, aquela centrada no modo como os participantes da situação passam as informações; eles devem ser claros, devem evitar ambiguidades ou "obscuridade de expressão" (Frice, 1982).

A aplicação das máximas de Grice na correção de questões discursivas

Ainda que, em geral, existam ressalvas quanto à aplicabilidade dos postulados griceanos, uma vez que eles "se aplicam mais adequadamente a conversas entre falantes-ouvintes ideais, numa comunidade linguística homogênea" (Bortoni-Ricardo, 2005: 169), neste estudo, observa-se a relevância da sua utilização na correção de questões discursivas, tendo em vista o fator formalidade que deve estar presente nessa situação comunicativa.

Segundo a autora, são dois os componentes desse fator: o grau de focalização na conversa e a identidade social dos participantes, e ambos os componentes estão envolvidos na interação aqui em estudo.

Provas e avaliações devem ser vistas como situações de comunicação das quais participam interlocutores que, evidentemente, desejam compreender-se e interagir de alguma maneira. As questões são elaboradas para testar ou exercitar um tópico, mas só chegarão a esse objetivo se estiverem claras e adequadas para o aluno. Da mesma forma, o aluno deseja mostrar seu saber sobre o assunto para obter um determinado grau exigido no processo pedagógico. Logo, a interação que se estabelece na situação de prova deve ser considerada focalizada (Goffman, 1963), já que apresenta "um propósito explícito e definido, é regulada por normas que preveem o direito da palavra, o processo de revezamento, a relevância do tópico, a concisão etc." (Bortoni-Ricardo, 2005: 171).

Além disso, devem-se observar as relações sociais implicadas nessa interação. De acordo com Gumperz (1972), em função do *status* dos participantes em uma interação, há direitos e obrigações a serem estabelecidos, o que interfere no comportamento dos interlocutores em uma situação comunicativa. No caso da situação aqui analisada, pode-se dizer que a interação entre professor e aluno consiste numa relação assimétrica, já que é o docente que orienta e dirige a interação, exercendo pressão sobre o seu interlocutor. Este deve executar apenas o que lhe é solicitado, utilizando estruturas linguísticas que denotem a formalidade exigida pela situação.

Tendo em vista a focalização e a relação assimétrica dos interlocutores – dois aspectos próprios da situação comunicativa de avaliação –, observa-se a existência de um contexto sempre bem definido nessa situação, o que permite indicar a relevância do emprego dos postulados griceanos na correção das questões discursivas.

Com base na leitura do texto "Carrascos e vítimas", as respostas dadas à questão abaixo podem ilustrar a aplicação dessas máximas.

Pergunta:

Com que intenção as aspas foram empregadas em "a caminho do hospital" (6º parágrafo)?

Respostas:

(A) *Para ironizar a situação. Alguém deve ter utilizado esse tipo de argumento para justificar a entrada do sequestrador na ambulância. Mas, por que levá-lo a prisão? Talvez porque os policiais quisessem se sentir heróis com uma atitude que deveria ter sido camuflada e sigilosa.*

(B) *Com a intenção de demonstrar o cinismo que o autor atribui aos policiais militares.*

(C) *Na verdade o sequestrador não estava indo para o hospital, ele foi asfixiado.*

(D) *A intenção quis ironizar porque na verdade foi nesse "caminho" que o assaltante morreu.*

Em (A), o aluno responde à questão proposta, mas a fundamentação apresentada, "Alguém deve ter utilizado esse tipo de argumento para justificar a entrada do sequestrador na ambulância", na realidade, não deixa clara nenhuma ligação com a ironia. O aluno viola a máxima da qualidade e, logo a seguir, a máxima da relação, ao trazer para o texto informações irrelevantes: "Mas, por que levá-lo a prisão? Talvez porque os policiais quisessem se sentir heróis com uma atitude que deveria ter sido camuflada e sigilosa".

Em (B), há infração das máximas da quantidade e da qualidade, uma vez que faltam informações esclarecendo em que consiste o cinismo do autor do texto. O aluno não explica em que esse cinismo se baseia.

Finalmente, nos dois últimos exemplos, ocorre a transgressão da máxima de modo. Tanto em (C) como em (D), os alunos trazem informações pertinentes ao contexto, mas a forma como eles organizam essas informações compromete a legibilidade do enunciado. Em (C), faltam elementos de coesão entre pergunta e resposta, para que o texto cumpra o seu propósito comunicativo. Em (D), há uma inadequação no que se refere ao emprego do sujeito da forma verbal *quis*.

Ainda nestes dois últimos enunciados, pode-se identificar a violação da máxima da relação em (C), já que o produtor do texto não deixa clara a ligação entre o que foi questionado e as informações apresentadas, e da máxima da quantidade em (D), pois o aluno deixa de trazer conteúdo informacional para que o sentido do texto se estabeleça, uma vez que não fornece explicação para o emprego da palavra *caminho* entre aspas.

Conclusão

Neste capítulo, observou-se a relevância da aplicabilidade dos postulados de Grice na correção de questões discursivas. Percebe-se hoje, em situações de prova, a tendência de se aceitarem como respostas enunciados truncados e com problemas de estruturação, só porque, de alguma forma, o conteúdo informacional é valorizado pelo examinador. Também acontece de o aluno trazer para o texto, além da informação relevante, outros assuntos que não dizem respeito ao que foi questionado, e de esse fato passar despercebido na correção. Essa postura é justificada pelo Princípio de Cooperação de Grice: em uma situação de comunicação, os interlocutores fazem esforços para que as mensagens contidas nos enunciados sejam compreendidas. Assim, professor e aluno procuram ser cooperativos para atingir o objetivo proposto na situação de avaliação.

No entanto, deve-se ressaltar que é necessário rever a expectativa e o papel dos interlocutores nessa situação específica de avaliação. Como foi visto anteriormente neste capítulo (cf. seção A aplicação das máximas de Grice na correção de questões discursivas), essa situação exige mais formalidade entre os participantes da interação, que exercem papéis muito bem definidos: o de avaliador e o de avaliado. O professor precisa verificar o conhecimento do aluno sobre conteúdos explorados em sala de aula, e o aluno precisa mostrar o domínio desse conhecimento com pertinência e clareza. Nesse sentido, portanto, deve-se destacar que, nas situações de prova, aluno cooperativo é aquele que cumpre todas as máximas de Grice e fornece, na medida certa, informações relevantes, apresentadas com clareza e fundamentação, e professor cooperativo é justamente aquele que exige o cumprimento de cada um dos postulados griceanos.

À medida que esses postulados forem levados para a prática do professor e do aluno, espera-se que a produção textual em provas discursivas passe a atender, com mais eficácia, aos objetivos propostos nessas situações comunicativas.

Bibliografia

BORTONI-RICARDO, S. M.; LOPES, I. A. *Nós cheguemu na escola, e agora?* São Paulo: Parábola, 2005.

GÓES MONTEIRO, M. C. G. Marcas de oralidade na produção textual escolar: as respostas a questões discursivas. In: IV SENALE, Pelotas, 2005.

GOFFMAN, E. *Footing.* In: RIBEIRO, B.T.; GARCEZ, P. (org.). *Sociolinguística Interacional.* São Paulo: Loyola, 1963, pp. 107-48.

GRICE, H. P. Lógica e conversação. In: DASCAL, Marcelo (org.). *Fundamentos metodológicos da Linguística.* Campinas, 1982. v. IV, pp. 81-103.

GUMPERZ, J. J. The conversational analysis of social meaning: A study of classroom interaction. In: SHUY, R. (org.). *Sociolinguistics:* Current trends and prospects. Washington: Georgetown University Press, 1972.

_____. *Discourse strategies.* Cambridge: Cambridge University Press, 1982.

KLEIMAN, A. B. Interação e produção de texto: elementos para uma análise interpretativa crítica do discurso do professor. *DELTA,* n. 9, 1993.

_____. Diálogos truncados e papéis trocados: o estudo da interação no ensino de língua materna. *ALFA,* n. 37, 1993.

LEVINSON, S. *Pragmatics.* Cambridge: Cambridge University Press, 1983.

MARCUSCHI, L. A. *Da fala para a escrita:* atividades de retextualização. São Paulo: Cortez, 2003.

_____. *Análise da conversação.* São Paulo: Ática, 2001.

PÉCORA, A. *Problemas de redação.* São Paulo: Martins Fontes, 1992.

PEREIRA, M.G.D. *Formato de perguntas e respostas no debate acadêmico em Linguística.* Rio de Janeiro: Tempo Brasileiro, 1994.

_____. (org.). Interação e discurso: estudos na perspectiva da Sociolinguística Interacional/áreas de interface. *Palavra,* n. 8, PUC-RJ, volume temático, 2002.

RIBEIRO, B. T.; GARCEZ, P. M. (org.). *Sociolinguística Interacional.* São Paulo: Loyola, 2002.

TANNEN, Deborah. *Conversational Style.* Norwood: Ablex, 1984.

Marcas da oralidade

Cristina Góes Monteiro

Hoje, o senso comum de que os alunos escrevem mal tem motivado várias pesquisas relacionadas ao trabalho e à prática de redação e leitura em estabelecimentos de ensino fundamental e médio. Graças a muitos estudos, já existem várias estratégias de estímulo à leitura e alguns parâmetros que orientam a correção de redação e o trabalho de produção de texto em sala de aula. No entanto, embora muitas contribuições já tenham sido oferecidas, permanece a queixa de que os estudantes ainda apresentam sérios problemas de estruturação linguística que prejudicam a clareza e a legibilidade dos enunciados, inclusive em respostas a questões discursivas.

Em provas discursivas, parece ser bastante comum os alunos comprometerem o conteúdo da resposta por não utilizarem, adequadamente, os recursos de que dispõem na língua para escrever com clareza e correção. Neste capítulo, veremos que, na realidade, parte desse problema está relacionada ao fato de ocorrerem interferências da modalidade oral da língua nessas situações, que requerem o emprego de um discurso mais formal e mais marcado pelo distanciamento dos interlocutores.

O estudo tem como base a análise de um *corpus* constituído de 25 respostas a 20 questões discursivas, coletadas em uma prova de Língua Portuguesa aplicada a alunos do 2° ano do Ensino Médio de uma escola particular do Rio de Janeiro.

A opção por essa etapa do processo educacional se liga ao fato de, nessa série, os alunos já terem cursado oito anos de Ensino Fundamental e um ano de Ensino Médio e já terem, certamente, entrado em contato com estratégias básicas de leitura e produção de texto que podem ser aplicadas ao tipo de texto aqui em discussão. Acrescenta-se a isso a proximidade dos vários vestibulares que são prestados no final desse período escolar, nos quais os alunos fazem provas discursivas de quase todas as disciplinas, o que incentiva, consequentemente, uma prática mais frequente desse tipo de produção textual.

Para o desenvolvimento desta pesquisa, são utilizados os pressupostos teóricos da Sociolinguística Interacional. O estudo é desenvolvido a partir da contribuição de Chafe (1985), com seu trabalho sobre as diferenças linguísticas entre oralidade e escrita; de Tannen (1985), no que diz respeito ao uso de estratégias de *envolvimento* e *afastamento* em discursos orais e escritos; de Koch (1992), no que se refere ao tratamento da interação realizada na fala e na escrita; e de Marcuschi (2003), tendo em vista a ideia de que as diferenças entre fala e escrita não são polares, mas sim graduais e contínuas.

Dentro da perspectiva sociointeracional, a noção de situação de comunicação deve ser entendida como o contexto específico em que uma comunicação ocorre. Assim, as respostas a questões discursivas são vistas aqui como elementos que fazem parte de uma determinada situação de comunicação, no caso, uma situação de avaliação, e devem ser observadas as condições em que essa situação acontece, o papel social e o comportamento daqueles que dela participam: o professor e o aluno.

Uma revisão da dicotomia *fala* x *escrita*

Segundo Chafe (1985), o fato de as condições de produção da oralidade e da escrita serem diferentes implica algumas diferenças linguísticas entre essas duas modalidades da língua. Considerando o uso da oralidade apenas em situações de interação face a face, o autor aponta, como características da fala, o envolvimento, a falta de planejamento, a redundância, o emprego de frases simples, curtas e, não raro, incompletas, a presença de marcas de hesitação e de frases truncadas nos enunciados, o que pode ser visto no exemplo a seguir, retirado do Banco de Dados Interacionais (Roncarati, 1996: 165):

> **Entrevistado**: Eu não tenho MUIto contato com o [público.]
>
> **Entrevistadora**: [Certo.]
>
> **Entrevistado**: Eu tô visualizando não somente o meu// a// a minha Divisão tô visualizando da Administração Central aquele local ali que chega gente pra falar comigo pra o SERCOM pra Diretoria chega gente de tudo quanto é tipo tá? E outra coisa e é uma circunstância toda// a todo momento chega pessoas.

Por outro lado, segundo o autor, a escrita caracteriza-se por apresentar distanciamento entre escritor e leitor, o que fica marcado pelo emprego de unidades de ideia mais extensas, pela carga maior de conteúdo informacional e pela utilização de estruturas mais formais de linguagem nesse discurso. Assim, levando em conta as colocações de Chafe (1985), a última fala do entrevistado, transposta para a modalidade escrita da língua, poderia ser representada da seguinte maneira:

"Eu estou visualizando não somente a minha Divisão, mas também a Administração Central, local aonde chegam pessoas para ser encaminhadas a mim, ao SERCOM, à Diretoria. A todo momento chegam diferentes pessoas."

De acordo com essa visão dicotômica, língua falada e língua escrita apresentam traços distintos que podem ser vistos no quadro a seguir:

FALA	ESCRITA
contextualizada	descontextualizada
implícita	explícita
redundante	condensada
não-planejada	planejada
predominância do "*modus* pragmático"	predominância do "*modus* sintático"
fragmentada	não-fragmentada
incompleta	completa
pouco elaborada	elaborada
pouca densidade informacional	maior densidade informacional
predominância de frases curtas, simples ou coordenadas	predominância de frases complexas, com subordinação abundante
pequena frequência de passivas	emprego frequente de passivas
poucas nominalizações	abundância de nominalizações
menor densidade lexical	maior densidade lexical

Tannen (1985), partindo do fato de que a maioria dos estudos sobre oralidade e escrita baseava-se em dois polos muito distintos – a conversa informal e textos expositivos escritos –, propõe uma forma de abordagem mais relativa sobre o assunto. Usando a noção de *enquadre* (Tannen, 1979), que consiste na estrutura de expectativa acionada em uma situação de comunicação, a autora afirma existirem contextos orais que requerem uma postura mais distante do falante com o ouvinte e situações em que o discurso escrito pode apresentar marcas de aproximação do escritor com o leitor. Nesse sentido, ela admite a ocorrência de marcas de oralidade no discurso escrito e vice-versa, em função do foco que incide na situação de comunicação – se de envolvimento ou de afastamento entre os interlocutores. Assim, uma palestra proferida em um congresso, segundo Tannen (1985), seria uma situação oral que, por requerer mais formalidade e distanciamento entre os interlocutores, apresentaria determinadas estruturas linguísticas típicas da língua escrita. Por outro lado, um bilhete para um amigo, por exemplo, ainda que construído na modalidade escrita, poderia apresentar características de oralidade, como repetições, frases curtas e algumas estruturas linguísticas que explicitam a presença do leitor na interação.

Koch (1992), observando interações realizadas na fala e na escrita, admite que o texto falado apresenta algumas características próprias, como a descontinuidade do seu fluxo discursivo, mas afirma não haver características exclusivas de uma ou de outra modalidade da língua. Por exemplo, para a autora, a fala, quando não é planejada de antemão, também requer certo planejamento no momento da interação. Nesse sentido, a autora alega que tanto a modalidade oral como a modalidade escrita são planejadas, mas a maneira como se processa o planejamento do texto falado é diferente da maneira como ele se dá no texto escrito. No primeiro caso, planejamento e verbalização geralmente acontecem simultaneamente, enquanto, no texto escrito, o produtor normalmente dispõe de mais tempo para planejar o texto, podendo fazer rascunhos, revisões, correções e modificações no plano previamente elaborado.

Marcuschi (2003) também considera inadequado estabelecer a dicotomia entre fala e escrita. Para o autor, as diferenças entre fala e escrita "podem ser frutiferamente vistas e analisadas na perspectiva do uso e não do sistema" (Marcuschi, 2003: 43) e, nesse sentido, afirma existir um "*continuum* tipológico de práticas sociais de produção textual" (Marcuschi, 2003: 37) em que ocorrem não só textos escritos próximos da fala conversacional como também textos falados que mais se aproximam da escrita formal. Bilhetes, cartas pessoais, *outdoors*, inscrições em paredes e avisos seriam, segundo o autor, exemplos de gêneros escritos que estariam próximos à conversação, enquanto exposições acadêmicas, conferências e discursos oficiais seriam gêneros orais próximos à escrita formal. Ainda dentro dessa perspectiva, o autor considera que os textos se entrecruzam sob muitos aspectos e admite, portanto, a existência de tipos mistos de textos, como o noticiário de TV, por exemplo, que é um texto originalmente escrito, mas que chega oralmente ao leitor.

O oral em questões discursivas

Observando-se as práticas textuais no Ensino Médio, constatam-se diferenças no desempenho linguístico dos alunos no que se refere a respostas a questões discursivas e à redação propriamente dita. O mesmo aluno que, ao produzir uma redação, costuma ser cuidadoso com a clareza e a correção gramatical é capaz de responder a uma pergunta em prova discursiva sem preocupação com o aspecto formal.

Ainda que o foco deste trabalho esteja voltado apenas para as situações de respostas, vale ressaltar que tais variações são decorrentes de determinadas especificidades da situação de comunicação em que esses enunciados estão inseridos. Adotando-se a visão de Marcuschi (2003), pode-se dizer que essas duas espécies de texto – a redação e a resposta à questão discursiva – estão em posições diferentes no *continuum* que ele admite existir (cf. seção Uma revisão da dicotomia *fala* x *escrita*).

A redação[1] consiste em uma produção textual em que prevalecem as características da modalidade escrita, na medida em que se cobra a elaboração de um texto formal, planejado e de acordo com as normas gramaticais. O conteúdo desse texto recai sobre um único tema, e, normalmente, na execução dessa tarefa, o aluno dispõe de tempo para fazer rascunho, para escrever, rever o seu texto, e fazer as alterações que ele venha julgar necessárias à clareza e à legibilidade do texto.

As respostas a questões discursivas, por outro lado, dentro da perspectiva do autor, podem ser consideradas textos mistos, tendo em vista as condições em que elas são produzidas. O aluno tem que usar a modalidade escrita da língua para interagir com o seu interlocutor – o professor –, mas essa interação ocorre em condições que não permitem o planejamento prévio, o uso de rascunho e nem sempre dão ao aluno condições de rever o texto que produziu[2]. A própria estrutura dialógica que se estabelece nessa interação leva o aluno a agir como se o seu interlocutor – no caso, o professor – estivesse presente, interagindo com ele: o professor faz a pergunta e o aluno responde com uma

146 Linguagem para formação em Letras, Educação e Fonoaudiologia

frase incompleta, que só ganha algum sentido se vista em função da pergunta feita, como pode ser observado em (1), (2) e (3).

Questão: Segundo o texto, que episódio mostra mais declaradamente o poder que o dr. Bacamarte tem em relação à sua cidade?

Respostas:

(1) Quando colocou o vereador Sebastião Freitas na Casa Verde.

(2) No episódio em que ele interna na Casa Verde um vereador, Sebastião Freitas, com o aval da Câmara.

(3) O episódio da rebelião.

O aluno age como se estivesse participando de uma conversa, situação em que não é raro ocorrer oscilação ou mudança de temas. Na prova discursiva, o aluno é solicitado a escrever sobre assuntos diferentes, já que cada questão costuma remeter a um tópico específico do conteúdo a ser avaliado, e isso demanda dele a produção de um novo texto que venha atender à proposta do professor.

Assim, o aluno usa a língua escrita em uma situação de comunicação que apresenta semelhanças marcantes às de uma situação oral de linguagem. Há forte interferência de uma modalidade na outra.

Portanto, o aluno *enquadra* (Tannen, 1979) a prova discursiva como uma situação dialógica que se assemelha, de alguma forma, a uma situação de interação face a face. Consequentemente, em função desse *enquadre* feito, o estudante faz uso de marcas linguísticas típicas desse tipo de interação oral na produção textual aqui estudada.

O aluno dá as respostas como se estivesse conversando com o interlocutor, como se estivesse partilhando informações com ele; como se a escrita estivesse fluindo simultaneamente com o pensamento, assim como, em geral, o texto produzido oralmente é processado, praticamente ao mesmo tempo em que ocorre o pensamento, por isso a existência, nessas produções textuais escritas, de uma marca característica da oralidade: a fragmentação, decorrente do emprego de estruturas truncadas, conforme exemplos (5) e (6) e de frases incompletas, conforme exemplos (4), (5), (6) e (7):

Questão: O que, em outras palavras, significa "meter na Casa Verde cerca de cinquenta aclamadores do novo governo"?

Respostas:

(4) Internar no hospício cerca de cinquenta representantes do novo governo.

(5) Significa que Simão Bacamarte colocou cerca de cinquenta pessoas que

eram contra as suas ideias na Casa de hospício, ou seja, na Casa Verde, julgando que estes eram loucos .

(6) Colocar no hospício aqueles considerados loucos por Simão Bacamarte, que não tinham o mesmo ponto de vista em relação ao governo que o seu.

(7) Em outra palavras, significa prender cerca de cinquenta membros que apoiam o novo governo.

É importante ressaltar a distinção que se faz aqui entre *frase incompleta* e *frase truncada*. A primeira é vista como um agrupamento de palavras que só ganha sentido se vinculado a um outro enunciado. Assim, a frase incompleta é dependente de uma outra estrutura. Já a segunda – a frase truncada – é aquela que apresenta algum problema de organização sintática no interior de sua estrutura, comprometendo a clareza e a legibilidade do texto.

Pode-se dizer que as respostas (4), (5), (6) e (7) são constituídas de frases incompletas, já que só adquirem sentido se relacionadas ao enunciado-pergunta. O sujeito da forma verbal **significa**, empregada em (5) e (7), está oculto e seu referente só pode ser recuperado na questão proposta, assim como, em (4) e (6), a elipse do verbo **significar** e do seu sujeito também é verificada apenas em função da pergunta proposta.

Ainda em relação aos exemplos destacados anteriormente, podem-se identificar, em (5) e (6), alguns problemas em sua organização sintática. No primeiro caso, a posição do termo **julgando que estes eram loucos** compromete a legibilidade do enunciado, pois a oração cujo verbo está empregado no gerúndio fica muito distante do termo a que o seu sujeito oculto se refere – Simão Bacamarte. Além disso, provavelmente, também em decorrência dessa posição, há uma incorreção no que diz respeito à utilização do elemento coesivo **estes**, cuja concordância não foi efetuada de forma adequada. Em (6), a primeira ocorrência da palavra **que** e a localização do termo comparativo **que o seu** também deixam a frase truncada e, consequentemente, a clareza do enunciado prejudicada: o primeiro **que** traz ambiguidade ao texto, já que pode ser visto como pronome relativo ou como conjunção explicativa, e a leitura do termo comparativo **que o seu** fica comprometida pela distância desse termo em relação ao elemento comparado – **ponto de vista**.

Assim, os exemplos apresentados indicam haver uma ligação entre a clareza das respostas e a situação em que esses textos são produzidos. Nesses textos, elaborados sob as condições de produção da oralidade, encontram-se estruturas vagas, pouco claras e precisas, que não atendem, consequentemente, às exigências impostas pela situação aqui analisada – a resposta à questão discursiva, em que o aluno deve demonstrar conhecimento sobre um determinado assunto trabalhado anteriormente, visto que o objetivo principal dessas questões é justamente verificar o conhecimento do aluno acerca de certos conteúdos desenvolvidos em sala de aula.

Aplicações pedagógicas

No início deste capítulo, mencionamos que o trabalho de produção textual desenvolvido na escola, na disciplina de Língua Portuguesa, costuma valorizar apenas a tradicional redação. A partir do estudo aqui apresentado, é interessante propor que as respostas a questões discursivas também passem a ser trabalhadas no âmbito escolar como uma produção textual específica.

Aqui foram identificadas algumas interferências da modalidade oral nas respostas a questões discursivas. Observou-se que, nesses contextos, essas interferências costumam comprometer a clareza e a legibilidade dos textos, uma vez que, diferente do que ocorre em situações de interação oral, os interlocutores não estão presentes para tirar dúvidas, esclarecer enunciados ou acrescentar informações que tenham sido ignoradas. Verificou-se que a causa dos problemas observados está relacionada às condições de produção desses textos, e, tendo isso em vista, deve-se procurar desenvolver, em sala de aula, estratégias que proporcionem aos alunos subsídios para agirem com proficiência nessas situações de comunicação.

O professor deve fazer o aluno perceber que a prova discursiva é uma situação de comunicação e deve fazê-lo compreender que, para obter sucesso nessa situação, é necessário reconhecer o papel dos interlocutores nela envolvidos. Logo, deve ser sinalizado ao aluno que, em provas discursivas, ele deve mostrar o seu conhecimento sobre um determinado assunto, escrevendo de forma clara e objetiva, apresentando correção gramatical e coerência com o que lhe foi indagado, já que é essa a expectativa que o seu interlocutor – o professor-avaliador – tem dele nessa situação de comunicação.

As respostas a questões discursivas, em situação de avaliação, não devem ser enquadradas, portanto, como situações informais, em que os interlocutores podem agir usando estratégias de aproximação, deixando, muitas vezes, informações implícitas. Ao contrário, devem ser vistas como situações que requerem distanciamento entre aqueles que participam dessa interação, e, consequentemente, para que esse afastamento seja marcado, devem ser empregados no texto certos recursos linguísticos que denotem formalidade.

Conclusão

Neste capítulo, mostramos a existência de marcas da modalidade oral nas respostas a questões discursivas em situação de avaliação. Foram apresentadas algumas causas dessa interferência e os tipos de fragmentação que costumam ocorrer nesses textos. É importante ressaltar, contudo, que este trabalho constitui um pequeno recorte de uma pesquisa que vem sendo desenvolvida no âmbito de doutorado. Há muito que estudar sobre o assunto, mas, por ora, cumpriu-se o objetivo aqui proposto inicialmente. Esperamos que esse primeiro passo já venha contribuir para uma prática mais reflexiva sobre essa produção textual na escola.

Notas

[1] Deve-se considerar aqui o trabalho de redação que, normalmente, é desenvolvido no Ensino Médio: a produção de texto dissertativo-argumentativo com vistas ao vestibular e à Academia.

[2] Sabe-se que o fator *tempo* merece atenção especial no estudo das respostas a questões discursivas, e ele será investigado na pesquisa que vem sendo desenvolvida no âmbito de doutorado. Neste capítulo, entretanto, esse fator é visto apenas em relação à expectativa que ocorre quanto à elaboração ou não de planejamento textual. Em geral, as provas de redação trazem, inclusive, espaço físico para a confecção de rascunho e as provas discursivas não.

Bibliografia

CHAFE, W. Linguistic Differences Produced by Differences between Speaking and Writing. In: OLSON, David R.; HILDYARD, Andrea; TORRANCE, Nancy (ed.). *Literacy, Language, and Learning.* Cambridge: Cambridge University Press, 1985, pp. 105-23.

KOCH, I. *A Inter-ação pela linguagem.* São Paulo: Contexto, 1992.

_____. *Desvendando os segredos do texto.* São Paulo: Cortez, 2003.

KOCH, I; VILELA, M. *Gramática da Língua Portuguesa.* Lisboa: Almedina, 2001.

MACEDO, A. V. T.; RONCARATI, C.; MOLLICA, M. C. *Variação e discurso.* Rio de Janeiro: Tempo Brasileiro, 1996.

MARCUSCHI, L.A. *Da fala para a escrita* – atividades de retextualização. 4. ed. São Paulo: Cortez, 2003.

MOLLICA, M. C.; BRAGA, M. L (org.). *Introdução à sociolinguística* – o tratamento da variação. São Paulo: Contexto, 2003.

RONCARATI, C. (org.). *Banco de dados interacionais* – programa de estudos sobre o uso da língua. Pós-graduação – Faculdade de Letras, UFRJ/CNPq, 1996.

SCHERRE, M. M.; SOUSA E SILVA, G. (org.). *Padrões sociolinguísticos*. Rio de Janeiro: Tempo Brasileiro, 1996.

TANNEN, D. What's in a frame? Surface Evidence for Underlying Expectations. In: FREEDLE, R. *New Directions in Discourse Processing*. Norwood: Ablex, 1979.

_____. *Spoken and written language:* Exploring orality and literacy. Norwood: Ablex. 1982.

_____. Relative Focus on Involvement in Oral and Written Discourse. In: OLSON, David; TORRANCE, Nancy; HILDYARD, Angela (ed.). *Literacy, Language and Learning:* The Nature and Consequences of Reading and Writing. Cambridge: Cambridge University Press, 1985, pp. 124-47.

Tendências pedagógicas tradicionais

Iara Madeira da Silva
Mariana Martins
Viviane dos Ramos Soares

Entendemos por educação um processo de construção coletiva, contínua e permanente de formação do indivíduo, que se dá na relação entre os próprios indivíduos e com o mundo biossocial no qual estão inseridos. Mas, será a educação a solução para todos os problemas? A educação não é a panaceia para acabar com todos os processos de exclusão, uma vez que esses processos abarcam questões sociais e culturais complexas que atravessam classe social, raça, etnia, gênero, sexualidade etc.; ela pode ser um instrumento central na luta por igualdade entre as pessoas em todos os níveis, ou pode, pelo menos, ser útil para que se aprenda a compreender o mundo em que se vive, colaborando com sua transformação.

No que diz respeito ao ensino, nosso objeto de estudo, o atual processo de ensino-aprendizagem baseia-se, em sua maior parte, na tendência pedagógica tradicional, o que significa dizer que os conteúdos são separados da experiência do aluno e que o conhecimento é "depositado" como verdade absoluta, sendo o "erro" condenável. Além disso, o aluno não tem autonomia e o professor assume uma postura autoritária. Diante desses elementos, não é difícil entender o motivo pelo qual a tendência pedagógica em questão é alvo de severas críticas por parte de inúmeros estudiosos. Aliás, uma das consequências do fracasso dessa tendência pode ser o aumento significativo da evasão escolar, posto que não há motivação para a aprendizagem quando os alunos estão à margem do contexto educacional.

A fim de que esse quadro seja modificado, é preciso compreender que a aprendizagem deve se desenvolver em um processo de negociação de significados e, consequentemente, em uma coconstrução do conhecimento. Deve haver uma clara conexão entre o que é aprendido e o que é vivenciado. No entanto, para que essa e outras mudanças pedagógicas ocorram, o professor recebe papel muito importante: deve ser um problematizador, aquele que ao invés de solucionar os problemas, ensina os alunos a refletir de forma investigativa e curiosa.

"Português é muito difícil"

Inicialmente, é necessário desmistificar a afirmação, especialmente entre os alunos, de que "português é muito difícil", o que podemos chamar de preconceito linguístico. No entanto, qualquer falante nativo conhece intuitivamente sua língua e sabe empregar com naturalidade as suas regras básicas de funcionamento. Já está cientificamente comprovado que uma criança entre 3 e 4 anos de idade domina as regras gramaticais de sua língua, no entanto, o que ela desconhece são as sutilezas, as sofisticações e as irregularidades do sistema dessa língua. Nenhuma criança brasileira diria, por exemplo: "Uma meninos chegou aqui amanhã", enquanto um estrangeiro, aprendiz da língua portuguesa, poderia se confundir e dizer essa frase. Segundo Bagno (2001: 36), "[...] toda e qualquer língua é 'fácil' para quem nasceu e cresceu rodeado por ela! Se existisse língua 'difícil', ninguém no mundo falaria húngaro, chinês ou guarani, e no entanto essas línguas são faladas por milhões de pessoas, inclusive criancinhas analfabetas!".

Cabe perguntar o motivo pelo qual esse mito continua a ser difundido em nossa sociedade. O grande vilão é o ensino tradicional, que não leva em consideração o uso que é feito da língua, isto é, o uso linguístico. Se o professor insistir em abrir a gramática e reproduzir seu conteúdo, nenhum aluno conseguirá relacionar o que produz com o que é apresentado a ele como sendo a língua portuguesa, logo ele pensará que "português é muito difícil" ou que "brasileiro não sabe português". Sendo assim, devemos assumir que "o problema certamente está no *modo* como se ensina o português e *naquilo* que é ensinado sob o rótulo de língua portuguesa" (Bagno, 2001: 108).

Variação linguística e avaliação social

Outro grande problema na área da educação em língua materna, ou seja, em língua portuguesa, é a relação entre variação linguística e avaliação social.

> Se dizer Cráudia, praca, pranta é considerado "errado" e, por outro lado, dizer frouxo, escravo, branco, praga é considerado "certo", isso se deve simplesmente a uma questão que não é linguística, mas social e política – as pessoas que dizem Cráudia, praca, pranta pertecem a uma classe social desprestigiada, marginalizada, que não tem acesso à educação formal e aos bens culturais da elite, e por isso a língua que falam sofre o mesmo preconceito que pesa sobre elas mesmas, ou seja, sua língua é considerada "feia", "pobre", "carente", quando na verdade é apenas diferente da língua ensinada na escola. (Bagno, 2001: 42)

Essa relação entre variacionismo e avaliação social faz parte dos assuntos abordados pelos PCN-LP:

> A discriminação de algumas variedades linguísticas, tratadas de modo preconceituoso e anticientífico, expressa os próprios conflitos existentes no interior da sociedade. Por isso mesmo, o preconceito linguístico, como qualquer outro preconceito, resulta de avaliações subjetivas dos grupos sociais e deve ser combatido com vigor e energia. É importante que o aluno, ao aprender novas formas linguísticas, particularmente a escrita e o padrão de oralidade mais formal orientado pela tradição gramatical, entenda que todas as variedades linguísticas são legítimas e próprias da história e da cultura humana. (PCN-LP, 1998: 82)

PCN e os temas transversais

Os PCN – Parâmetros Curriculares Nacionais – vêm apresentar propostas de trabalho que valorizam a participação crítica do aluno diante de sua língua e que mostram as variedades e a pluralidade como inerentes a qualquer idioma. Além disso, pretendem apontar a escola como formadora de indivíduos socialmente participantes e mobilizados. Temas como ética, cidadania, respeito e solidariedade são enfatizados nos PCN, o que significa que existe uma vontade política em fazer com que a escola brasileira seja responsável por formar cidadãos que tenham atitudes de solidariedade, de cooperação, de participação social e política, de justiça e de respeito. Somado a isso, existe uma demanda da sociedade em tornar a escola espaço de debate.

> Os Parâmetros Curriculares Nacionais foram elaborados procurando, de um lado, respeitar diversidades regionais, culturais, políticas existentes no país e, de outro, considerar a necessidade de construir referências nacionais comuns ao processo educativo em todas as regiões brasileiras. Com isso, pretende-se criar condições, nas escolas, que permitam aos nossos jovens ter acesso ao conjunto de conhecimentos socialmente elaborados e reconhecidos como necessários ao exercício na cidadania. (PCN – Ao professor)

Língua falada e língua escrita: um tratamento escolar

Outra grande discussão diz respeito ao papel da escola no tratamento das relações entre língua falada e língua escrita. Sabemos que a fala exerce grande influência sobre a escrita, no entanto, somente a língua escrita está no centro das atividades praticadas pelos alunos no ambiente escolar. Esta questão é problemática principalmente do ponto de vista da sociedade, já que "nenhum pai, nenhuma família espera que a escola vá ensinar suas crianças a 'falar', pois elas já 'falam' quando entram na escola, uma vez que, obviamente, o desempenho oral antecede o processo de educação formal" (Moura Neves, 2004: 89).

Importante esclarecer, porém, que não estamos defendendo que o papel que a escola atribui à língua escrita deva ser reduzido, mas que a escola atente para a questão do uso que é feito da linguagem, afinal "numa sociedade letrada não se escreve e se lê apenas, também (e principalmente) se fala" (Moura Neves, 2004: 93).

Não aprendemos por falta de aptidão?

Muitas pessoas acreditam que o aprendizado está relacionado a ter aptidão. Será que uns já nascem com a predisposição para aprender e outros não? A escola tem mascarado o fracasso de ensino-aprendizagem afirmando ser problema do educando, por meio do julgamento de que este apresenta déficit linguístico e cultural, fazendo com que os alunos, e até mesmo seus pais, pensem que não são capazes de aprender algo, que não nasceram para estudar. Partindo desse pressuposto, parece que o aprendiz só pode ser o único responsável por seu insucesso escolar e que a escola, o professor e o ensino brasileiro não têm nada a ver com isso.

Jogar a responsabilidade pelo baixo rendimento escolar do aluno na falta de aptidão é uma forma encontrada para ocultar a estrutura social injusta e a ineficácia do ensino nas escolas. Essa farsa nos leva a pensar que as crianças "ricas" são "mais inteligentes" ou "mais capazes".

O sucesso da aprendizagem pode depender de motivação, atitude, oportunidade ou até de afetividade com a matéria, mas não de aptidão/capacidade. A pobreza cultural e a falta de alimentação do aluno se dão por ordem socioeconômica, a qual também explica a falta de rendimento escolar, o que tem a ver com a *oportunidade*.

Dependendo de como o professor planeja as aulas (se é que planeja) e da sua preocupação com o envolvimento dos alunos, ele pode obter maior proximidade com os aprendizes e, consequentemente, diminuir as barreiras que possam existir entre eles e a disciplina, contribuindo para a *afetividade*. A partir do entusiasmo e interesse do professor em querer que seus alunos aprendam de forma contextualizada e clara, pode nascer ou aumentar a *motivação*, a *atitude* e até mesmo aflorar a *autoestima* do aluno em querer saber mais, em ter vontade de ganhar autonomia no processo de ensino-aprendizagem, superando dificuldades e tomando gosto pelos estudos.

Sociointeração em sala de aula e os tipos de conhecimentos educacionais

Moita Lopes (2005) discute, entre outras questões, a importância da interação professor-aluno e aluno-aluno na coconstrução da aprendizagem. Torna-se necessário criar formas para motivar o aprendiz a coparticipar e a colaborar na negociação dos significados, mostrando que o processo de ensino-aprendizagem pode se tornar algo prazeroso, instigante e social. Dessa forma, o professor sabe reconhecer o aluno como um cidadão criativo, afetivo, reflexivo e também ativo.

Assim dizemos que a educação é um processo cultural e social, pois os alunos e professores interagem na construção do significado, tratando-se, portanto, de uma ação conjunta. Segundo Edwards e Mercer (1987), citados por Moita Lopes (2005), há dois tipos de conhecimento educacional: o conhecimento *ritualístico ou processual* e o *conhecimento de princípio*. O primeiro tipo diz respeito à capacidade do aluno de resolver tarefas por meio do domínio de estratégias específicas, mas é incapaz de entender o que fazer com essa informação em outros contextos. O segundo tipo envolve a meta-consciência do conhecimento processual, em que o aluno consegue utilizar um determinado conhecimento em outros contextos, pois, segundo Moita Lopes, quando muda o contexto, muda também o significado.

Baseando-nos na proposta sociointeracional da aprendizagem, interessante se faz unir ambos os tipos: os professores se preocupam em construir "andaimes" a fim de que os alunos consigam tanto criar estratégias quanto aplicar os conhecimentos coconstruídos. Assim, com a ajuda do professor e dos colegas, o processo se torna completo, oferecendo a passagem final do controle da aprendizagem ao aluno, ou seja, ele alcança a autonomia para resolver e compreender as tarefas, conseguindo ir adiante e superar o desequilíbrio que havia. Eis a etapa final, a competência é passada para o aprendiz.

Esquema 1: Proposta sociointeracional

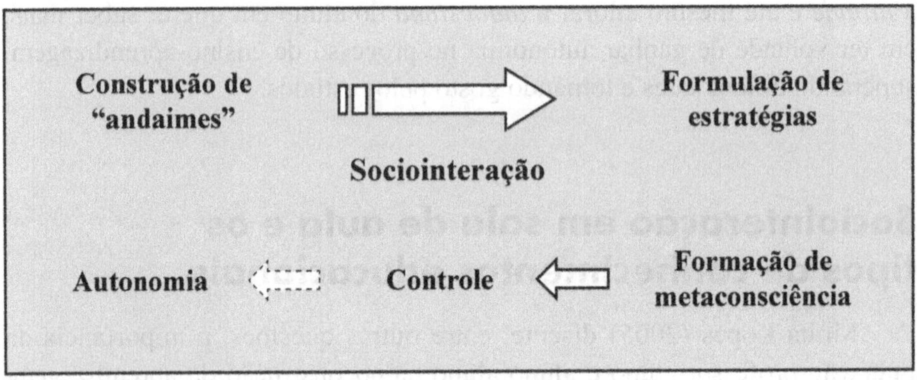

Os três tipos de conhecimentos

As aulas tradicionais nas escolas são calcadas na gramática, isto é, no *conhecimento sistêmico* da língua, que envolve os conhecimentos léxico-semânticos, morfológicos, sintáticos e fonético-fonológicos. No entanto, para que o aluno se torne um cidadão crítico ativo, ele deve ser apresentado a mais dois tipos de conhecimentos: o *conhecimento de mundo* e o *conhecimento de organização textual*. O primeiro refere-se ao conhecimento convencional que as pessoas têm sobre as coisas do mundo, isto é, seu pré-conhecimento. Vale dizer também que esses conhecimentos são construídos ao longo da experiência de vida de cada indivíduo, organizados em blocos de informação na memória, variando, portanto, de pessoa para pessoa. O segundo refere-se às convenções sobre a organização da informação em textos orais e escritos, que as pessoas usam ao se envolverem na negociação do significado (cf. PCN LP e LE, 1998).

São esses três conhecimentos que falantes e escritores utilizam na construção do significado para atingirem suas propostas comunicativas, apoiando-se nas expectativas de seus interlocutores (ouvintes ou leitores) em relação ao que devem esperar no discurso. Assim, "os significados não estão nos textos; são construídos pelos participantes do mundo social: leitores, escritores, ouvintes e falantes" (PCN-LE, 1998: 32).

A pesquisa-ação e a importância do acompanhamento do processo de ensino-aprendizagem

Sempre que possível, o professor deve dividir impressões e expectativas com os alunos sobre as atividades realizadas, procurando se inteirar sobre as dificuldades deles. Para tal, é imprescindível observar e acompanhar o processo de ensino-aprendizagem. Essa preocupação nos leva a diagnosticar a evolução do aluno, havendo, quando necessário, a intervenção do professor para que a qualidade da aprendizagem seja otimizada. Vale mencionar que, o professor, ao dividir seu poder com os alunos, ou seja, ao dar voz ao aprendiz em sala de aula, permite que a negociação do significado seja mais produtiva.

É por esse motivo que o professor deve ser também pesquisador – entendamos aqui como "professor-pesquisador" aquele que se atualiza e que procura rever sua própria prática; para isso é preciso que se rompa com os moldes tradicionais que privilegiam "decorebas". A pesquisa científica é, de fato, uma forma de se melhorar a prática de ensino, pois nos possibilita coletar informações a fim de desenvolver estratégias pedagógicas socialmente inclusivas e motivadoras. O problema é que "as escolas continuam a propor, em seus componentes curriculares, os saberes cristalizados em livros didáticos tradicionais, o que pouco contribui para a formação de inteligência dos alunos" (Maldaner, 1991).

A pesquisa não é algo em que se descobrem mecanismos e logo revela-se um sucesso! É preciso que, quando aplicada, realmente funcione e, para tanto, é necessário muito estudo e dedicação. É preciso valorizar a reflexão do aprendiz, em vez de simplesmente fazê-lo "mastigar e engolir" informações, ou seja, adquirir conhecimento de forma passiva.

Há muita teoria, mas poucos aceitam o desafio da prática em sala de aula! O fato de o professor riscar a resposta do aluno simplesmente pelo motivo de que não era exatamente o esperado, sem uma possível análise do raciocínio que levou o aluno àquela resposta, é uma forma de excluir o ponto de vista do aprendiz sem justificativa, o que pode gerar frustração e desmotivação.

Esquema 2: Tendência tradicional de ensino

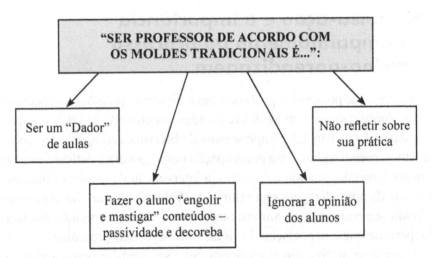

A pesquisa deve sempre ocorrer para que possamos melhorar a educação brasileira, que já enfrenta grandes problemas com a falta de investimentos. Professor não é aquele "dador de aulas". O professor é o "facilitador", é aquele que vai buscar meios para formar seres pensantes, mentes críticas e sanar as necessidades dos alunos, exercendo sua contribuição na sociedade por meio de sua prática.

Esquema 3: Proposta da pesquisa-ação

Avaliação

A avaliação é uma parte integrante ao processo educacional. Ao contrário da visão tradicional, "a função da avaliação é alimentar, sustentar e orientar a ação pedagógica e não apenas constatar um certo nível do aluno" (PCN-LE, 1998: 79).

> Deve funcionar, por um lado, como instrumento que possibilite ao professor analisar criticamente sua prática educativa; e, por outro lado, como instrumento que apresente ao aluno a possibilidade de saber sobre seus avanços, dificuldades e possibilidades. Nesse sentido, deve ocorrer durante todo o processo de ensino e aprendizagem, e não apenas em momentos específicos caracterizados como fechamento de grandes etapas de trabalho. (PCN-LP, 1998: 93)

160 Linguagem para formação em Letras, Educação e Fonoaudiologia

Cabe aqui, então, atentar para a diferença que existe entre *avaliação* e *exame*, que passa, muitas vezes, despercebida. Examinar diz respeito a uma forma de julgar e, não poucas vezes, condenar o aluno. Já avaliar, ainda pouco compreendido no âmbito escolar, busca diagnosticar as dificuldades do educando para saber de que forma interferir para ajudá-lo a avançar.

Outra diferenciação importante diz respeito aos dois tipos de avaliação: a *somativa* e a *formativa*. A avaliação somativa, por um lado, privilegia o produto final da aprendizagem; a formativa, por outro, leva em consideração o processo de ensino-aprendizagem como um todo, incluindo a autoavaliação por parte dos alunos e dos professores como um de seus critérios. Vale ressaltar que, com o foco no processo, o professor tem a possibilidade de redirecionar sua prática em sala de aula.

Conclusão

Para lidar com o processo de ensino-aprendizagem é necessária uma mudança de atitude e ter em mente que:

> Ensinar bem é ensinar para o bem. Ensinar para o bem significa respeitar o conhecimento intuitivo do aluno, valorizar o que ele sabe do mundo, da vida, reconhecer na língua que ele fala a sua própria identidade como ser humano. Ensinar para o bem é acrescentar e não suprimir, é elevar e não rebaixar a autoestima do indivíduo. Somente assim, no início de cada ano letivo este indivíduo poderá comemorar a *volta às aulas*, em vez de lamentar a *volta às jaulas*! (Bagno, 2001: 145)

> [...] a proposta e a manutenção de uma dicotomia com *certo* x *errado*, no exame do uso linguístico, não são condenáveis simplesmente pelo que elas poderiam representar de antidemocrático e preconceituoso, mas, especialmente, pelo que elas representam de anticientífico e antinatural, já que *certo* e *errado* são categorias que nem emanam da própria língua nem, no geral, se sustentam por uma autoridade social legítima. (Moura Neves, 2004: 156)

Mais do que refletir sobre o conceito de "certo e errado",

> Uma das principais tarefas do professor de língua é conscientizar seu aluno de que a língua é como um grande guarda-roupa, onde é possível encontrar todo tipo de vestimenta. Ninguém vai só de maiô fazer compras num shopping-center, nem vai entrar na praia, num dia de sol quente, usando terno [...]. (Bagno, 2001)

Para finalizar, Paulo Freire (1997) acrescenta que não é preciso dizer para os professores que sejam também pesquisadores, dado que isso não é um rótulo que se atribua, mas algo que deveria ser inerente ao profissional da educação; "Faz parte da natureza da prática docente a indagação, a busca, a pesquisa" (Freire, 1997).

Bibliografia

BAGNO, Marcos. *Preconceito linguístico:* o que é, como se faz. São Paulo: Loyola, 2001.

BRASIL. *Parâmetros curriculares nacionais* – língua estrangeira: 3º e 4º ciclos. Brasília: MEC, 1998.

BRASIL. *Parâmetros curriculares nacionais* – língua portuguesa: 3º e 4º ciclos. Brasília: MEC, 1998a.

EDWARDS, D.; MERCER, N. *Common knowledge*. Londres: Routledge, 1987.

FREIRE, Paulo. *A importância do ato de ler:* em três artigos que se completam. São Paulo: Cortez, 1997.

MALDANER, Otávio Aloisio. O professor-pesquisador: uma nova compreensão do trabalho docente. In: *Espaços da escola:* o professor pesquisador, Ijuí, v. 1, n. 1, pp. 5-14, jul./set. 1991.

MOITA LOPES, Luiz Paulo da. *Oficina de linguística aplicada*. São Paulo: Mercado de Letras, 2005.

MOURA NEVES, Maria Helena de. *Que gramática estudar na escola?* São Paulo: Contexto, 2004.

As línguas indígenas

Mariana Martins
Viviane dos Ramos Soares

A percepção do aluno no que diz respeito às diferenças no uso que é feito da língua é atrelada, de modo quase exclusivo, à sua língua materna, quando muito ao conhecimento de línguas estrangeiras como o inglês e o espanhol. É papel do professor de línguas reconhecer a importância dos diferentes padrões tipológicos das línguas, a fim de corroborar com a desmistificação de que, por exemplo, as sentenças negativas das línguas do mundo são marcadas como as que encontramos no português no Brasil.

Durante a graduação, o aluno questiona inúmeras vezes o que determinado assunto tem a ver com a sua atuação como professor de turmas de ensinos fundamental e médio. É nesse sentido que buscamos, com este capítulo, tornar menos obscura a relação entre teoria linguística e prática docente, posto que o processo de ensino-aprendizagem torna-se mais significativo quando o professor lança mão de conhecimentos sobre as potencialidades e previsibilidades dos sistemas das línguas para esclarecer o funcionamento da língua materna dos estudantes.

Pautando-nos no exemplo citado, dizer *não* é um ato linguístico amplamente utilizado na administração e na monitoração das interações humanas. As línguas do mundo exibem diferentes formas de se negar segundo os padrões tipológicos por elas selecionados. A posição mais comum para o morfema negativo nas línguas SVO com sistema neutro de caso, como o português do Brasil, ocorre entre o S e o V, como em (1):

(1)

Ela	*não*	come	camarão.
S	NEG	V	O

Quanto aos diferentes padrões para se expressar a negação, Dryer (2005) afirma que "all of the ways of indicating negation involve negative morphemes"[1], já que "there are no known instances of languages in which negation is realized by a change in word order or by intonation [...]"[2]. Assim, segundo esse pesquisador, frases declarativas podem apresentar diferentes formas de construir orações negativas:

(A) *por meio de afixos ligados ao verbo*

(2) Kolyma Yukaghir – Siberia, Russia

met	*numö-ge*	*el-jaqa-te-je*
1SG	house-LOC	**NEG**-achieve-fut-intr.1sg
"I will not reach the house."		

Maslova (2003: 492) citado por Dryer (2005)

(B) *por meio de partículas negativas*

(3) Musgu – Chadic, Afro-Asiatic; Cameroon

à	*Sedà*	*cécébè*	*pày*
3SG.m	Know	jackal	**NEG**
"He didn't see the jackal."			

Meyer-Bahlburg (1972: 186) citado por Dryer (2005)

(C) *por meio de verbo auxiliar*

(4) Finnish

e-n	*syö-nyt*	*omena-a*
NEG-1SG	eat-PTCP	apple-part
"I didn't eat an apple."		

Sulkala e Karjalainen (1992: 115) citado por Dryer (2005)

(D) *por meio de uma palavra negativa, sem definição se verbo ou partícula*
(5) Maori

kaahore	*Taatou*	*e*	*haere*	*ana*	*aapoopoo*
NEG	1PL.incl	t/a	move	t/a	tomorrow
"We are not going tomorrow."					

Bauer (1993: 140) citado por Dryer (2005)

(E) *variação entre palavra negativa e afixo*
(6) Rama – Chibchan; Nicaragua

	nkiikna-lut	*uut*	*aa*	*kain-i*		*i-sik-taama*
a.	man – PL	dory	NEG	make – TNS	b.	3-arrive-NEG
	"The men don't make a dory."					"He did not arrive."

Grinevald (n.d.: 183-5) citado por Dryer (2005)

(F) *dupla negação*
(7) French

Je	*Ne*	*vois*	*pas*	*la*	*lune*
1 - SG	NEG	see 1SG	NEG	the	moon
"I do not see the moon."					

Dryer (2005)

(8) Izi – Igboid, Niger-Congo; Nigeria

ó	*tó-*	*-òmé-*	*-dú*	*ré*
3 - SG	NEG-	-do-	-NEG	well
"He does not do well."				

Dryer, (2005)

(9) Ma – Adamawa-Ubangi, Niger-Congo; Democratic Republic of Congo

tá-	*-mù-*	*-sùbù-*	*-li*	*nòŋgbò*	**nyò**
NEG-	-1 SG -	-eat-	-PST	meat	NEG.1SG
"I did not eat meat."					

Tucker e Bryan (1966: 130) citados por Dryer (2005)

Embora Dryer (2005) considere indispensável à construção de orações negativas o acréscimo de um ou mais morfemas de negação, implicando, portanto, em aumento de substância, pesquisas[3] sobre o Karitiána, uma língua de Rondônia, (Landin, 1984), apontam para a produção de orações negativas mediante a supressão das marcas de aspecto e tempo no verbo, implicando redução de substância.

Apesar desta divergência, a descrição de Dryer (2005) a respeito dos morfemas negativos utilizados pelas diferentes línguas do mundo não é, de forma alguma, invalidada, pois, na maioria dos casos, parece haver aumento de substância.

Assim, sabendo que negar é um ato de fala universal, apresentamos uma comparação entre as construções frasais negativas nas línguas indígenas Kuikuro e Xavante. Nessa perspectiva, buscamos responder às seguintes questões:

(a) Como a negação se configura em diferentes línguas e sistemas gramaticais?
(b) Há diferenças sintáticas entre uma frase afirmativa e uma frase negativa?

Antes de investigarmos a configuração sintática das construções negativas das línguas Kuikuro e Xavante, realizamos uma pesquisa bibliográfica de cunho histórico a fim de tentarmos compreender a percepção de língua desses falantes nativos por meio de suas experiências culturais e sociais (Duranti, 1997).

Histórico

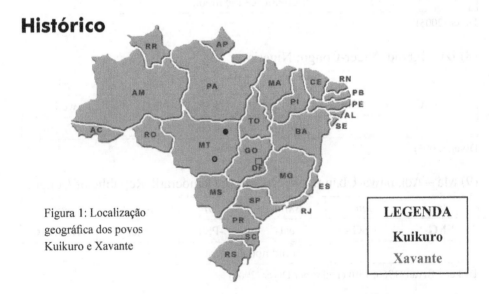

Figura 1: Localização geográfica dos povos Kuikuro e Xavante

LEGENDA
Kuikuro
Xavante

O mapa na página anterior[4] indica a localização dos povos em estudo.

Os Kuikuro

A linguista antropóloga Bruna Franchetto, que estuda os Kuikuro desde 1977, afirma[5] que esse povo representa a maior população do Alto Xingu. Eles constituem um subsistema *karib* com os outros grupos que falam variantes dialetais da mesma língua (Matipu e Kalapalo/Nahukwá) e participam do sistema multilíngue conhecido como Alto Xingu, na porção sul da TI Parque Indígena do Xingu.

Há três tipos de aldeias habitadas por esse povo, sendo a principal e maior chamada de *Ipatse*, onde vivem mais de 300 pessoas. Em 1997, surgiu a aldeia de *Ahukugi*, hoje com cerca de 100 pessoas. E mais recentemente, formou-se a terceira aldeia com um grupo familiar de poucas pessoas.

Segundo pesquisas arqueológicas (Heckenberger, 1996; 2001), a pré-história do Alto Xingu começa por volta de mil anos atrás. Datações de radiocarbono apontam as primeiras ocupações como sendo de povos de língua *aruak*, entre 950 e 1050 d.C. Estabeleceu-se naquele período o padrão cultural da tradição alto-xinguana, reconhecível arqueologicamente por uma indústria cerâmica distintiva, padrão de aldeamento e aldeias circulares com praça central. Esse padrão persiste intacto até hoje. O Alto Xingu é a única área na Amazônia brasileira em que a continuidade da ocupação indígena dos tempos pré-históricos até o presente pode ser demonstrada com clareza. Calcula-se que essas aldeias abrigavam por volta de mil pessoas e que a oeste do rio Culuene, no Alto Xingu, viviam, provavelmente, mais de 10 mil índios.

Os Kuikuro contam que sua origem se deu após a separação de um grupo liderado por alguns dos chefes do antigo complexo das aldeias de *oti* ("campo"), situado no alto curso do rio Buriti, provavelmente em meados do século XIX. Os que ficaram em *óti* deram origem aos que hoje são chamados de Matipu. A língua mudou um pouco, dando origem a duas variantes ou dialetos (Matipu e Kuikuro). O novo grupo (Kuikuro) ocupou várias localidades, com sucessivas aldeias às margens das lagoas entre os rios Buriti, Culuene e Curisevo.

Ocorreu um declínio demográfico drástico depois de 1500 até 1884, quando começou a história escrita do Alto Xingu. Entre 1884 e 1960, a população da região diminuiu quase 80%. A partir dos anos 1960, uma vez iniciada a recuperação demográfica, graças às campanhas de vacinação, os diversos grupos locais começaram a se organizar para reocupar seus territórios tradicionais, de fato nunca abandonados e continuamente visitados e utilizados por conterem sítios históricos, cemitérios e recursos naturais essenciais.

A partir dos anos 1980 ocorre tendência oposta, ou seja, a divisão dos grupos locais e o surgimento de novas aldeias, um processo de clara recuperação demográfica e de reconstituição da situação original tal como documentada no século XIX.

Os Xavante

Aracy Lopes da Silva, estudiosa dos Xavante, relata[6] que este povo se autodenomina *Akwe*, constituindo com os Xerente do Tocantins o ramo *Acuen* dos povos da família linguística *Jê* do Brasil Central. Somam hoje quase 10.000 pessoas, habitando mais de 70 aldeias nas oito áreas que constituem seu território atual, na região compreendida pela Serra do Roncador e pelos vales dos rios das Mortes, Culuene, Couto de Magalhães, Botovi e Garças, no leste mato-grossense.

Trata-se de um povo forçado a migrações constantes, sempre em busca de novos territórios onde pudessem refugiar-se e, neste percurso, em choque ou alianças circunstanciais com outros povos com quem se encontraram no trajeto que os trouxe até sua localização atual.

Tendo aceitado e experimentado o convívio cotidiano com os não-índios no século XIX (quando viveram ao lado de outros povos da região, em aldeamentos oficiais mantidos pelo governo da província de Goiás, controlados pelo Exército e pela Igreja), acabaram por rejeitar o contato e decidiram migrar, entre 1830 e 1860, em direção ao atual estado de Mato Grosso, onde viveram sem serem intensivamente assediados até a década de 30 deste século. A partir desta época, fecha-se o cerco e aumenta o interesse de particulares e do governo federal sobre suas terras. Até 1957, os índios foram forçados a aceitar o contato, sendo exauridos por epidemias, perseguições e massacres.

Por sua bravura e resistência, os Xavante obtiveram destaque junto à opinião pública na década de 1950 e na passagem da década de 1970 para a de 1980; representados por líderes como Celestino e Mario Juruna (ex-deputado federal), cristalizaram a imagem de índios conhecedores de seus direitos e dispostos a reivindicá-los às autoridades responsáveis pela garantia da sobrevivência dos povos indígenas no país.

Na literatura antropológica, são conhecidos principalmente por sua organização social de tipo dualista, ou seja, organizam sua percepção do mundo, da natureza, da sociedade e do próprio cosmos como estando permanentemente divididos em metades opostas e complementares. Trata-se, na verdade, da chave da elaboração cultural dos Xavante, construída e reconstruída através dos tempos e das variadas experiências históricas, mas sempre mantida como fundamento de sua maneira original de ser, pensar e viver.

Corpus

A escolha do tema deste capítulo se deu em razão de nosso interesse pelo assunto abordado em exercícios propostos pela professora Rosana Costa de Oliveira durante o curso de "Prática de Análise de Dados Linguísticos", organizado pela professora Bruna Franchetto. Tais exercícios eram compostos por orações afirmativas e negativas, nos tempos presente e passado, na língua Xavante.

A partir daí, decidimos realizar uma comparação entre as construções negativas em Xavante utilizadas nos tais exercícios e essas mesmas construções em Kuikuro. É imprescindível esclarecer que, para que a comparação pudesse ser realizada, as frases deveriam ter o mesmo valor semântico,[7] o mesmo valor temporal e ser do mesmo tipo. Dessa forma, frases de tempo futuro e do tipo interrogativa não foram objetos de estudo.

A gravação das frases em Kuikuro foi possível com a vinda do consultor Mutuá, graças ao intermédio da professora Bruna Franchetto. As transcrições ortográficas estão dispostas na Tabela 1, a seguir. É importante ressaltar que a análise feita no item quatro não pretende traçar regras absolutas no que tange à negação nas línguas em estudo, diante da limitação do *corpus* disponível.

Antes de procedermos a uma análise descritiva do fenômeno proposto, veja que a Tabela 1 corrobora com nossa tentativa de identificar padrões comuns entre as línguas Kuikuro e Xavante em termos tipológicos. A Tabela 2 apresenta uma ideia das características formais desses sistemas linguísticos depreendidas a partir do *corpus*:

TRANSCRIÇÃO ORTOGRÁFICA LÍNGUA KUIKURO	TRANSCRIÇÃO ORTOGRÁFICA LÍNGUA XAVANTE	TRADUÇÃO LÍNGUA PORTUGUESA
1- itão/ kusugü/ igi+nhun+dagü (mulher/pequena/cantar+VBLZ+CONT) **Ordem: SV (Intransitivo)**	1- Ba'ono/ te/ ti+nho're (menina/3ªPRES/3ª+cantar) **Ordem: SV (Intransitivo)**	1- A menina está cantando.
2- itão/ kusugü/ inhalü/ igi+nhu(n)+Ø+i (mulher/pequena/NEG/cantar+VBLZ+Ø+COP)	2- Ba'ono/ Ø/ Ø-tsore/ õ di (menina/Ø/ 3ª-cantar/NEG)	2- A menina não está cantando.
3- kangamuke/ inilu+Ø+Ø (criança/chorar+Ø+PNCT) **Ordem: SV (Intransitivo)**	3- Ai'uté/ te/ ti+wawa (criança/3ªPRES/3ª+chorar) **Ordem: SV (Intransitivo)**	3- A criança chora.
4- inhalü/ kangamuke/ inilu+Ø+Ø+i (NEG/criança/chorar+Ø+PNCT+COP)	4- Ai'uté/ Ø/ Ø-wawai/ õ di (criança/Ø/ 3ª- chorar/NEG)	4- A criança não chora.
5- u+nho+pe/ apüngun+Ø+Ø/leha (1ª+marido+ex/morrer+Ø+PNCT/COMPL) **Ordem: SV (Intransitivo)**	5- Imro/ ma/ Ø-dörö (marido/3ªPAST/3ª-morrer) **Ordem: SV (Intransitivo)**	5- O meu marido morreu.
6- inhalü/ u+nho+pe/ apüngu(n)+Ø+Ø+i (NEG/1ª+marido+ex/morrer+Ø+PNCT+COP)	6- Imro/ Ø/ Ø-dö'ö/ õ di (marido/Ø/ 3ª-morrer/NEG)	6- O meu marido não morreu.
7- et/ imbe+lü/ leha (2ªINT/chegar+Ø+PNCT/COMPL) **Ordem: SV (Intransitivo)**	7- Ma/ tô/ ai+wi (2ªPAST/PERF/2ª +chegar) **Ordem: SV (Intransitivo)**	7- Você chegou.
8- inhalü/ et/ imbe+lü+i (NEG/2ªINT/chegar+Ø+PNCT+COP)	8- Ø/Ø/ Ai+witsi/ õ di (Ø/Ø/ 2ª+chegar/NEG)	8- Você não chegou.
9- kanga/ enge+lü/ u-+heke (peixe/comer+Ø+PNCT/1ª+ERG) **Ordem: OVS (Transitivo)**	9- Uhödö/ wa/ ti+rẽ (anta/1ªPAST/1ª+comer) **Ordem: OSV (Transitivo)**	9- Eu comi peixe/anta.
10- inhalü/ kanga/ enge+lü+i/ u-+heke (NEG/peixe/comer+Ø+PNCT+COP/1ª+ERG)	10- Uhödö/ Ø/ Ø-terene/ õ di (anta/Ø/1ª-comer/NEG)	10- Eu não comi peixe/anta.
11- itoto/ (he)ke/ kuigiku/ ili+jü (homem/ERG/pererera/beber+Ø+PNCT) **Ordem: SOV (Transitivo)**	11- Aibö/ wede+pró+nho'u/ te/ Ø-höiré (homem/árvore+pó+líquido/3ªPRES/3ª-beber) **Ordem: SOV (Transitivo)**	11- O homem bebe perereba/café.
12- itoto/ (he)ke/ inhalü/ kuigiku/ ili+jü+i (homem/ERG/NEG/pererera/beber+Ø+PNCT+COP)	12- Aibö/ wede+pró+nho'u/ te/ te/ Ø-hötsi/ õ di (homem/árvore+pó+líquido/3ª/PRES/3ª-beber/NEG)	12- O homem não bebe perereba/café.
13- u/ hingankgu+ti+tagü (1ª/calor/VBLZ+CONT) **Ordem: SV (Estativo)**	13- Ii+wa'ro/ di (1ª+calor/ESTATIVO) **Ordem: SV (Estativo)**	13- Estou com calor.
14- inhalü /u /hingankgu+ti+lü+i (NEG/1ª/calor/VBLZ+PNCT+COP)	14- Ii+wa'ro/ õ di (1ª+calor/NEG)	14- Não estou com calor.

TABELA 1: ANÁLISE GERAL DAS FRASES EM KUIKURO E XAVANTE

	Kuikuro	Xavante
Caso	Ergativo-absolutivo	Cisão entre Ergativo-absolutivo e Nominativo-acusativo[8]
Ordem de Constituintes	SV, OVS e SOV	SV, OSV, SOV
Estrutura Morfológica	Sintética (Aglutinante)	Isolante
Sistemas T/A	Marcação de aspecto	Marcação de tempo

Tabela 2: Características formais do Kuikuro e do Xavante

Com relação aos sistemas de atribuição de caso (Franchetto, 1990: 14-8), o Kuikuro é uma língua com padrão de caso ergativo-absolutivo em que o sujeito de um verbo intransitivo e o objeto de um verbo transitivo são marcados da mesma maneira, ou seja, em Kuikuro, ambos não recebem marca. Já o sujeito de um verbo transitivo é marcado de forma diferente, pois é posposto pela forma *heke*.

Quanto à língua Xavante, houve uma certa dificuldade em tratar da questão da marcação do caso, pois durante a análise das transcrições, dependendo das orações analisadas, pensávamos no caso nominativo-acusativo ou no caso ergativo-absolutivo. No entanto, Oliveira (2007: 186) esclarece o assunto:

> A língua Xavante apresenta uma cisão entre as formas livres, que são os verbos auxiliares e os pronomes livres, e as formas presas, que são os prefixos de pessoa. O padrão ergativo se manifesta em orações negativas, em orações afirmativas ativas e com os morfemas presos, enquanto o padrão acusativo se manifesta com os pronomes livres e em orações afirmativas estativas.

No que diz respeito à estrutura morfológica, a língua Kuikuro é marcadamente aglutinante, com palavras complexas formadas pela justaposição de diferentes morfemas, com fronteiras reconhecíveis entre eles. No Xavante, na maioria dos casos, as palavras estão isoladas, sem justaposição de morfemas.

Quanto aos sistemas T/A, podemos dizer que, para expressar aspectos pontual e continuativo, a língua Kuikuro apresenta cinco classes morfológicas flexionais das quais três aparecem em nosso *corpus*: classe I (frases 1-2,

3-4 e 5-6), classe III (frases 7-8, 9-10 e 13-14) e classe IV (frase 11-12). Já o *corpus* da língua Xavante permite-nos supor que não há distinção entre os aspectos pontual e continuativo; o que se destaca é a marcação de tempo: *wa* (1ª pessoa/presente ou passado), *te* (2ª ou 3ª pessoas/presente) e *ma* (2ª ou 3ª pessoas/passado).

Análise

Uma análise atenta das orações declarativas transcritas permite-nos observar que as construções negativas em Kuikuro e Xavante são construídas de formas diferentes. Para formar a negação em orações transitivas ou intransitivas independentes na língua Kuikuro, ocorre a presença da partícula *inhalu* e a cópula *–i*, morfema obrigatório sufixado ao verbo. Já o Xavante possui a forma complexa única õ *di*, em que õ é um morfema de negação e *di* é um morfema estativo.

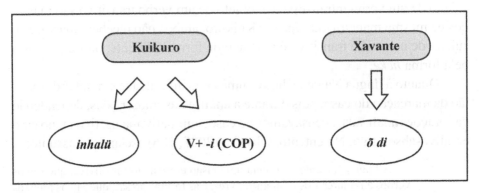

Esquema 1: Morfemas de negação do Kuikuro e do Xavante

Ao observamos a análise entre parênteses da transcrição ortográfica da língua Kuikuro na Tabela 1, percebemos que não ocorrem morfemas que indiquem aspecto continuativo em nenhuma oração negativa. Quando a oração afirmativa correspondente apresenta aspecto continuativo, como 1 (*-dagu*) e 13 (*-tagu*), apareceu Ø em 2 e *–lu* em 14, já que os verbos dessas orações pertencem às classes morfológicas flexionais I e III, respectivamente. Vale ressaltar que, nas orações afirmativas cujo aspecto era pontual, não houve qualquer alteração.

Outra observação que deve ser salientada é a de que a partícula *leha*, presente nas orações afirmativas, desapareceu nas orações negativas correspondentes. No entanto, não sabemos se essa subtração sempre acontece quando se trata da negação frasal.

Além das alterações apresentadas em Kuikuro até aqui, verificamos também que há variação na presença (1-2 e 13-14)/ausência (2 a 12) de verbalizadores. Essa variação, porém, é salientada por Franchetto e Santos (2003: 10), não tendo relação, portanto, com as orações negativas.

No que concerne à língua Xavante, a análise dos dados permite-nos dizer que o morfema *wa* não ocorre com a 1ª pessoa do singular em orações transitivas negativas. Já a 3ª pessoa do singular, possui o morfema marcador de pessoa *te* antecedido por outro morfema *te* nas orações transitivas negativas, em que o primeiro carrega somente o traço de pessoa e o segundo somente o traço de tempo.

A análise dos dados revelou também que, diferentemente das orações intransitivas afirmativas, os morfemas *wa*, *te*, *ma* não ocorrem em orações intransitivas negativas. Nota-se que a ausência do morfema *ma* na frase 8 implica a subtração do morfema de aspecto perfeito *to*, uma vez que este morfema deve vir acompanhado obrigatoriamente do morfema *ma*.

A oração estativa em Xavante analisada no *corpus* caracterizou-se pela ausência dos morfemas *wa*, *te*, *ma* tanto nas orações afirmativas quanto nas negativas. A diferença entre ambas as orações se dá pela presença do morfema negativo *õ* antes do morfema estativo *di*.

É digno de nota que, enquanto há a presença de um marcador de estado *di* na língua Xavante, não há uma marca específica na língua Kuikuro.

Além das alterações supracitadas em Xavante, constatamos também que há alterações na grafia dos verbos das orações 1 a 12. Todavia, não temos como avaliar se essas mudanças estão ou não relacionadas com a passagem de orações afirmativas para negativas.

Uma outra alteração diz respeito aos prefixos dos verbos nas orações transitivas e intransitivas. A variação apresentada, no entanto, faz parte das possibilidades dos morfemas que estão prefixados aos verbos dessas orações, não estando, portanto, relacionada às orações negativas (Oliveira, 2007: 108-31).

Quanto à posição dos morfemas livres negativos nas frases analisadas, independentemente da organização estrutural das sentenças na língua Kuikuro, o morfema de negação pode aparecer em posições diferenciadas: entre o sujeito e o verbo, antes do sujeito, antes do objeto ou entre o sujeito e o objeto. Nota-se, no entanto, que em todos os casos, o morfema negativo ocorre antes do verbo.

No Xavante, o *corpus* permitiu-nos perceber que a negação somente aparece depois do verbo, encerrando a oração, como podemos observar na Tabela 3 a seguir:

Frases	KUIKURO
2	S + NEG + V
4 / 6 / 8 / 14	NEG + S + V
10	NEG + O + V + S
12	S + NEG + O + V

Frases	XAVANTE
2 / 4 / 6 / 8 / 14	S + V + NEG
10	O + S + V + NEG
12	S + O + V+ NEG

Tabela 3: Posição sintática dos morfemas livres negativos

Para finalizar, a ordem dos constituintes parece não estar relacionada com o fato de as orações serem afirmativas ou negativas. Nem mesmo há variação na organização sintática entre as línguas Kuikuro e Xavante, com exceção das frases 9-10, que apresentam ordenação OVS e OSV, respectivamente.

Conclusão

As principais conclusões a que chegamos baseiam-se em observação, análise e descrição das formas que o fenômeno da negação pode assumir nas diferentes línguas em estudo.

Com base nos estudos de Dryer (2005), percebemos que a forma de negação da língua Xavante é prevista, enquanto no caso da língua Kuikuro há diferente configuração:

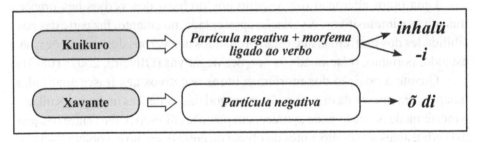

Esquema 2: Tipos de morfemas de negação

Constatamos que tanto na língua Kuikuro quanto na língua Xavante há uma sistematicidade clara que nos indica se se trata de frase afirmativa ou de frase negativa. Assim, com base em nosso *corpus*, podemos dizer que o fenômeno da negação frasal não é variável, já que morfemas de negação são os mesmos em todas as orações.

É digno de nota que as frases negativas, em ambas as línguas, sempre apresentam uma marca própria (*õ di*, *inhalu* e COP *-i*), enquanto no campo das frases afirmativas não há qualquer indicativo formal, recebendo marca Ø. A presença ou ausência de marca na frase é o que distinguirá uma da outra.

Tendo por base essas elucidações, confirmamos que há traços que distinguem formas afirmativas e negativas, podendo variar de língua para língua, o que contribui para a compreensão da variabilidade ordenada inerente ao sistema linguístico.

Notas

[1] "todas as formas de indicação da negação envolvem morfemas negativos" (tradução das autoras)

[2] "não há exemplos conhecidos de línguas em que a negação é realizada por uma mudança na ordem da palavra ou por entonação" (tradução das autoras)

[3] Cf. http://www.unb.br/il/lali/publicacoes/publ_001.html.

[4] Adaptado de http://www.guarulhos.sp.gov.br/images/upload/imagem/3_477_mapa_do_brasil.gif, acessado em 05/04/2007.

[5] Disponível em http://www.socioambiental.org.br/. Acesso em 05/04/2007.

[6] Disponível em http://www.mananciais.org.br. Acesso em 05/04/2007.

[7] Por razões culturais, houve a necessidade de pequenas alterações de adequação vocabular: "café" e "anta" no Xavante por "pererera" e "peixe" no Kuikuro.

Bibliografia

DURANTI, Alessandro. Ethnographic methods. In: *Linguistic Anthropology*. UK: Cambridge University Press, 1997.

FRANCHETTO Bruna. Kuikuro: uma língua ergativa no ramo meridional da família karib (Alto Xingu). In: *Ergatividade na Amazônia I*. Brasília: Unb, 2002.

_____. ; SANTOS, Mara. Natureza dos argumentos e mudança de valência a partir de uma classificação (semântica) dos "verbos" Kuikuro. In: *Ergatividade na Amazônia II*. Brasília: Unb, 2003.

_____. *Falar Kuikuro*: estudo etnolinguístico de um povo caribe do Alto Xingu. Rio de Janeiro: 1986. Tese de Doutorado – Museu Nacional, UFRJ.

_____. LEITE, Yonne; VIEIRA, Márcia. *A ergatividade nas línguas indígenas brasileiras*: um estudo morfossintático. Rio de Janeiro: UFRJ (ms.), 1990.

HALL, Joan. *Os sistemas fonológicos e gráficos xavante e português*. Cuiabá: Sociedade Internacional de Linguística, 1979.

176 Linguagem para formação em Letras, Educação e Fonoaudiologia

HECKENBERGER, M. J. *War and peace in the shadow of empire*: sociopolitical change in the Upper Xingu of southeastern Amazonia, ca. A. D. 1400-2000. Pennsylvania, 1996, Tese de Doutorado, Universidade de Pittsburgh.

_____. Estrutura, história e transformação: a cultura xinguana na longue durée, 1000-2000 d.C. In: FRANCHETTO, B.; HECKENBERGER, M. (org.). *Os povos do Alto Xingu* – história e cultura. Rio de Janeiro: UFRJ, 2001, pp. 21-62.

LANDIN, D. An outline of the syntactic structure of Karitiana sentences. *Série Linguística*. Brasília: SIL, 1984, n. 11, pp. 219-254.

MAIA, Marcus. *Manual de Linguística*: subsídios para a formação de professores indígenas na área de linguagem. Brasília: Ministério da Educação, Secretaria de Educação Continuada, Alfabetização e Diversidade. Laced/Museu Nacional, 2006.

OLIVEIRA, Rosana Costa de; SANTOS, Mara. *Morfologia*. (Apresentação em Power Point), 2007.

OLIVEIRA, Rosana Costa de. *Língua Xavante*. (Apresentação em Power Point), 2007.

_____. *Morfologia e Sintaxe da Língua Xavante*. Rio de Janeiro: UFRJ, 2007.

SANTOS, Mara. *Língua Kuikuro*. (Apresentação em Power Point), 2007.

Bibliografia eletrônica

DOCUMENTATION OF ENDANGERED LANGUAGES. Disponível em: <http://www.mpi.nl/DOBES/projects/kuikuro/Kuikuro_glossed_text_example.pdf> (acessado em 31/05/2007).

DRYER, Matthew S. Negative morphemes. In: *The World Atlas of Language Structures*, edited by Martin Haspelmath, Matthew S. Dryer, David Gil, and Bernard Comrie. Oxford University Press, 2005. Disponível em: <http://linguistics.buffalo.edu/people/faculty/dryer/dryer/dryer.htm> (acessado em 07/06/2007).

FRANCHETTO, Bruna. *Kuikuro*. 2004. Disponível em: <http://www.socioambiental.org.br/pib/epi/kuikuro/kuikuro.shtm/kuikuro.shtm> (acessado em 31/05/2007).

SILVA, Aracy Lopes da. *Xavante*. 2000. Disponível em: www.mananciais.org.br/pib/epi/**xavante/xavante**.shtm> (acessado em 31/05/2007).

Lista de Abreviações

1 first person

2 second person

3 third person

CMPL completive (aspect) (leha)

CONT continuous (aspect)

COP copula

ERG ergative

INT intransitive

NEG negation

PERF perfective

PNCT punctual (aspect)

PRES present (time)

VBLZ verbalizer

Limites entre normal e patológico

Sylvia Vianna

O professor de língua portuguesa, habilitado como tal pelo curso de graduação em Letras, é, como os professores das demais disciplinas dos ensinos Fundamental e Médio, alguém que trabalha diretamente com a linguagem oral e escrita dos alunos na execução de seu ofício profissional. Tal tarefa inclui as elaborações mentais e exposições orais das propostas metodológicas e de conteúdo programático, passa pela interação entre os alunos, quando não somente expressa mas oportuniza a expressão linguística de tantos quantos estejam sob a sua batuta nas situações informais de aprendizagem, até chegar aos momentos muito formais de avaliação que normalmente ocorrem pela modalidade escrita.

O profissional de Letras, em particular, envolve-se ainda mais intensa e comprometidamente com o universo linguístico por ser, em virtude de sua formação e dos objetivos da disciplina que leciona, um profissional em linguagem. A própria língua materna é o objeto dos estudos. Nesse caso específico, além de a linguagem estar obrigatoriamente inserida no contexto ensino-aprendizagem, ao processar-se através de seu uso, ela representa, de certa forma, o próprio objeto a ser estudado, à medida que o objetivo é o aluno adequar-se à utilização da linguagem nas situações de comunicação.

Magda Soares (1998) destaca a relevância da perspectiva linguística (a par com a perspectiva sociopolítica) para a análise do ensino de língua portuguesa, entendendo que é das ciências linguísticas que se recorta o conteúdo "língua portuguesa". Enfatiza também que essa perspectiva evidencia como os fatores internos, principalmente as concepções de linguagem que são subjacentes às propostas pedagógicas, informam e determinam o ensino da língua.

As referidas concepções de linguagem, longe de serem concebidas de forma estanque à perspectiva sociopolítica, são também decorrentes dela, acompanhando as suas transições nos distintos contextos temporais. Assim, as diferentes concepções linguísticas que refletem momentos sociopolíticos também têm ressonância na aplicabilidade do "ensino" da língua materna.

Associando esse enfoque à prática profissional do professor, pode-se entender que a estrutura de sua atuação deve estar diretamente condicionada ao modo como concebe linguagem e língua. Linguagem como expressão do pensamento, linguagem como meio de comunicação ou, por fim, linguagem como forma ou processo de interação que desenham formas particulares de se trabalhar com o ensino de língua materna e refletem formas peculiares na prática educativa.

As abordagens dos Parâmetros Curriculares Nacionais da Educação de Língua Portuguesa, que visam nortear a ação pedagógica do professor através da predominante concepção de linguagem como forma ou processo de interação, instiga o profissional de linguagem à reflexão sobre a concepção de natureza social e interativa da língua/linguagem e o consequente sentido do aprendizado na área. Destacam igualmente a transdisciplinaridade do assunto à medida que também é objeto de estudo de outras áreas de conhecimento.

O exposto até aqui resume uma pacata visão sobre a inserção incontestável do professor de língua portuguesa nos meandros complexos da linguagem humana, condição *sine qua non* para o êxito de suas propostas e atuação pedagógicas. Diante disso, neste capítulo propomos a reflexão sobre a abrangência dos estudos acerca da linguagem por parte do profissional de Letras, sendo inegável a necessidade de conhecimentos teóricos como base para a atuação docente em língua materna.

Questionando esta abrangência, que em diferentes proporções pode ser efetivamente útil para o alcance dos objetivos do ensino de língua portuguesa, consideraremos as possíveis contribuições de uma área transdisciplinar, a Fonoaudiologia. Vale perguntar sobre o valor e aplicabilidade real para o professor de português, além do conhecimento básico de teorias que tratam da linguagem em sua normalidade: é relevante conhecer os limites entre o normal e o patológico?

Já pontuamos de forma clara que o profissional da área de Letras, portanto um profissional em linguagem, precisa de qualificação básica na área, desde a sua formação acadêmica, através do estudo de disciplinas que envolvem a linguística e das diretrizes propostas pelos Parâmetros Curriculares Nacionais. Ele necessita de conhecimentos específicos sem os quais as propostas pedagógicas não teriam base de sustentação ou resultariam improdutivas. Assim, à primeira vista, parece redundante querer propor reflexões ou mesmo questionamentos que versem sobre a abrangência de tais estudos. Pode parecer sensato considerar dessa forma, desde que os estudos e conhecimentos adquiridos pelo professor (ou ainda professorando) se revertam efetivamente em favor do aperfeiçoamento das abordagens educativas junto a um aluno também melhor considerado enquanto usuário de sua língua materna.

Ocorre que o estudo da linguagem humana descortina um rico e vastíssimo manancial de informações que tem se somado e/ou se renovado paulatinamente e que, se buscado de forma sistemática, não poderá fugir da abordagem biológica. Eis que chegamos a um ponto em que as conclusões já não parecem tão óbvias, ou mesmo redundantes. Em primeira (e talvez em última!?) instância, o estudo biológico da linguagem não é alvo das perspectivas de estudo do professor de língua portuguesa. Tal abordagem parece ocorrer de forma mais comum nos cursos de graduação, de forma superficial, quando do estudo da fundamentação fisiológica da produção dos fonemas da língua e sua recepção auditiva para decodificação, além da teoria que defende as bases biológicas da linguagem.

Há pouco consideramos que pode parecer sensato concluir que uma abrangência maior de estudos em linguagem por parte do professor (ou professorando) aconteça levando-se em consideração que não se trata de simples acúmulo de informações, mas de reflexo positivo nas práticas pedagógicas e em uma visão mais bem fundamentada dos alunos usuários da língua materna. Tais alunos, em suas individualidades, manifestam suas diferenças pessoais no percurso para a construção de seus conhecimentos, no ritmo próprio em acompanhar e aplicar as propostas apresentadas pelo professor.

Essas diferenças são previstas e fazem parte do processo de aprendizagem em grupo. Ocorre que, detendo-nos nessas diferenças individuais, encontramos alunos com dificuldades que também podem ser consideradas naturais e superadas com certa facilidade através da utilização de estratégias pedagógicas. Mas dentre as dificuldades há aquelas que fogem à aplicação de recursos pedagógicos, porque também fogem ao conhecimento prévio do professor sobre o que são as patologias da linguagem. É o imprevisível nesse percurso de um docente capacitado e qualificado em linguagem.

Letras e sua interface com a Fonoaudiologia

Aqui abrimos um parênteses para buscar a visão transdisciplinar. Através da Fonoaudiologia, focalizarei, em linhas gerais, algumas patologias da linguagem dentre as quais aquelas que muitas vezes habitam as salas de aula tornando o desempenho de alguns alunos algo um pouco mais que peculiar.

A Fonoaudiologia tem como objeto de estudo a linguagem humana num sentido bastante abrangente, pois sua atuação ocorre em pesquisa, prevenção, avaliação e tratamento de distúrbios da linguagem, considerando ainda distúrbios mais específicos nas áreas de motricidade oral, voz e audição. Linguagem, motricidade oral, voz e audição são atualmente especialidades da Fonoaudiologia, cuja atuação se dá junto aos distúrbios, além do aperfeiçoamento de padrões de comunicação (casos em que não há patologia).

Vale lembrar que a Fonoaudiologia, na construção de seu percurso científico e profissional, foi buscar na Linguística os conhecimentos sobre linguagem, que atualmente lhe servem de forma mais adequada para a discussão teórica sobre a linguagem em seu estado de normalidade.

Este capítulo ressalta a interface da Fonoaudiologia e de Letras, e estimula a busca de conclusões sobre conhecimentos entre normal e patológico em linguagem por parte do professor de língua portuguesa, mormente quando de sua formação. Note-se que os diferentes distúrbios da linguagem guardam características muito próprias e se diferenciam sobremaneira uns dos outros de acordo com as diferentes condições em que são desencadeados.

Os aspectos biológico, cognitivo, psíquico e social, dos quais o ser humano se compõe, influem nos processos de aquisição, desenvolvimento e manifestações da linguagem. Mesmo com os antagonismos das teorias que procuram fundamentar e explicar tais processos em sua evolução dita normal, em se tratando de um olhar que contempla o patológico, as chamadas patologias da linguagem acontecem em decorrência de alterações ocorridas no âmbito dos aspectos citados (biológico, psíquico, cognitivo e social).

Contrariamente a uma perspectiva diagnóstica que, para algumas patologias (como o retardo de linguagem, por exemplo) elege-se um aspecto como o único responsável pelos problemas de linguagem, se concebemos o indivíduo como um ser total, como reflexo da totalidade biopsicossocial que o compõe. É minimamente coerente entender que a linguagem, seu principal instrumento de atuação no meio em que vive (e de interação com os que convive), pode sofrer influências diretas ou indiretas de toda a variedade de fatores que a envolve. Estas ideias não contradizem de forma alguma o fato incontestável de que, ao analisar casos particulares, pode-se concluir a predominância de um aspecto sobre outro, ou mesmo a possibilidade de prevalência de um aspecto, definindo a casuística de determinada patologia da linguagem.

As alterações podem ocorrer de forma múltipla em um ou mais aspectos, resultando assim em uma gama de possibilidades diagnósticas de distúrbios da linguagem. Assim, a impossibilidade ou as dificuldades de uma realização linguística íntegra, de acordo com a multiplicidade de possibilidades citada, poderão manifestar-se separada ou concomitantemente, ostensiva ou discretamente nas realizações de ordem fonética, fonológica, sintática, semântica e pragmática da língua.

Cabe ressaltar que, ao fazer referência a dificuldades ou a impossibilidades de realização linguística *íntegra*, vamos nos deter ao enfoque proposto de caracterizar, em linhas gerais, algumas patologias que se mostram incógnitas para o professor, fugindo ao que ele possa prever ou aos recursos que possa disponibilizar para minorar as dificuldades apresentadas pelos alunos. Não há aqui tendência alguma a um tipo de abordagem que eleja um padrão modelar e estereotipado de comportamento linguístico, dentro de regras extremamente rígidas e engessado em tabelas cronológicas em que a mínima diferença poderia ser enquadrada como problemática, deficitária, ou ainda, como na clássica conclusão, fora dos padrões de normalidade.

Ainda sobre essa questão (normal/patológico em linguagem), é importante lembrar Lier De-Vitto (2003), que considera que o sintoma não pode se homogeneizar na categoria "erro", não se ajustando também a categorias de exceções à regra ou à polaridade correto/incorreto. A autora vislumbra a *qualidade de uma fala*, questionando a relação do sintoma (ou linha divisória entre normal e patológico) unicamente com a cronologia do desenvolvimento ou com as variações individuais no ritmo do desenvolvimento propostas pela ciência. Tais considerações de De-Vitto desmembram-se em reflexões sobre a posição e função do falante/ouvinte, não restringindo a ele a escuta de uma "emissão de fala", mas supondo que essa escuta estranha a *fala falada por um falante* e sua importância no reconhecimento do sintoma. Indica, a partir de desdobramentos do assunto, a implicação da hipótese do inconsciente, introduzida por Freud.

As patologias

A linguagem humana se sustenta em bases advindas de um bom psiquismo do indivíduo, nas relações interpessoais, em ambiente social estimulador e em numerosos fatores cognitivos para que se desenvolva harmonicamente. Da mesma forma, o desenvolvimento biológico do indivíduo, e nele o da sua atividade motora, abrange o sistema nervoso central e periférico, os ouvidos e os órgãos fonoarticulatórios.

É possível que, de forma intuitiva, os professores de língua portuguesa consigam "identificar" as patologias genericamente apresentadas a seguir.

Dislalia

Não é incomum que o professor de língua portuguesa perceba em sua prática junto aos alunos (em conversa informal ou em situações como leituras e exposições orais) que há aqueles que omitem certos fonemas da língua, trocam fonemas por outros ou produzem o som de maneira distorcida.

Não nos referimos a fatos de concordância (ex: *os menino* – omissão do fonema /s/) ou de reproduções socioculturais (ex.: *flamengo* por *framengo* – troca do l por r; *pobrema* por *problema* – omissão do /r/ e troca do /l/ por /r/).

O professor muitas vezes se depara com certas ocorrências como, por exemplo, ouvir o aluno dizer o r brando (como em areia) articulado de forma distorcida com característica sonora semelhante do G (quase como "agueia"); trocar o r brando por /l/, como faz o personagem infantil Cebolinha; dizer *mánica* em vez de *máquina;* ou ainda, trocar os fonemas homorgânicos, como por exemplo, *pato* por *bato*, *faca* por *vaca* e *teto* por *dedo*.

Embora o leigo possa associar tais fenômenos como pertinentes apenas à criança, tais patologias poderão perseverar até a fase adulta, mesmo havendo ausência de lesão cerebral e boa relação pensamento/linguagem e compreensão.

Solange Issler (1996: 18) assim conceitua a dislalia: "o padrão articulatório da criança desviado foneticamente do padrão normalmente aceito pela comunidade linguística adulta daquela língua, persistindo além da idade esperada numa linguagem em aquisição".

Segundo a autora, o signo articulado, na sua dimensão fonético-fisiológica ou fonológico-linguística constitui o aspecto da linguagem simbólica que não vai bem. Se persistirem além da idade de aquisição dita normal, por volta dos oito anos, as dificuldades passam a ser linguístico-fonológicas, sofrendo também os níveis sintático e semântico. É o caso dos alunos de Ensino Fundamental (2° segmento) e Ensino Médio.

Issler (1996) classifica as dislalias distinguindo-as em fonética e fonológica. A primeira é de caráter articulatório, fisiológico, uma desordem do significante. A segunda é de caráter cognitivo-linguístico, dos processos para estabelecer um sistema de sons fonêmicos e na forma adequada de utilizá-los dentro de um contexto. Desordem do significado e do significante.

A partir dessa classificação, novamente nos remetemos aos alunos que demonstram uma dificuldade para chegar à organização fonêmica, à medida que parecem desconhecer a posição correta dos fonemas e não perceber as realidades distintivas entre eles.

Distúrbios do aprendizado de leitura e escrita

Há diferentes modelos diagnósticos sobre distúrbios do aprendizado de leitura e escrita. A própria concepção de distúrbio vem sendo amplamente discutida por alguns teóricos.

Esses diferentes modelos diagnósticos e diferentes concepções de distúrbio e de "erro" decorrem de distintas teorias sobre os processos de aprendizagem de leitura e escrita. Contemplam prioritariamente determinados aspectos como: integridade anatomofuncional, condições cognitivas, estímulos, inserção social, interação linguística.

Embora o professor de língua portuguesa atue junto a alunos que venceram as etapas formais de alfabetização em suas trajetórias escolares, lida diretamente com aqueles que vivenciaram as dificuldades de um quadro específico, diagnosticado ou não como distúrbio. Ocorre que muitas vezes as manifestações de alterações no aprendizado da leitura e escrita perseveram, tenham sido profissionalmente tratadas ou não.

Relacionaremos algumas características dessas manifestações que, certamente, estão presentes no cotidiano escolar e chamam a atenção, em especial, do professor de português. De acordo com Tedesco (1997: 93), tais manifestações ocorrem por desvios de forma e desvios de conteúdo.

Os desvios de forma abrangem as trocas de grafemas na representação de fonemas auditivamente semelhantes (f/v, t/d/, q – c/g, s/z, p/b, ch – x/j); omissão de grafemas, sendo os mais frequentemente omitidos os que representam os arquifonemas /R/, /L/, /N/, /S/.

A autora defende que o domínio das regras ortográficas que definem a representação gráfica de fonemas a que podem corresponder vários grafemas, como em x'ch / s'ss'c'ch'xc'sc / s'z x / c'qu, ocorre por habilidade perceptual-visual. Sendo assim, confusões mais frequentes com esses grafemas podem representar déficits de percepção visual. É a chamada disortografia. Da mesma forma acontece com as inversões e reversões de letras com grafemas de traçados semelhantes (p/d, d/p, n/u).

Ainda como desvio de forma, há a disgrafia, que se caracteriza por letras com traçados irregulares e má organização da escrita na página, de forma que a inteligibilidade da escrita esteja comprometida.

Alterações no ritmo da leitura – como leitura lenta ou mesmo silabada e sem respeito aos sinais de pontuação –, também podem fazer parte dos sintomas de dificuldades específicas de aprendizagem de leitura e escrita.

Os desvios no conteúdo são as dificuldades de compreensão e elaboração gráfica.

Importa ressaltar também a visão de Leite (2000: 13) que é permeada pela perspectiva interacionista em aquisição de linguagem: "[...] ao meu ver é condição necessária entender a escrita como uma questão de linguagem". A autora assim se posiciona em oposição ao que considera remissão dos distúrbios de leitura e escrita a problemas de aprendizagem que postulam que esses seriam decorrentes de processos motores, perceptuais ou cognitivos. Sendo assim, a autora demonstra oposição à remissão dos distúrbios de leitura e escrita aos problemas de aprendizagem considerados decorrentes de processos motores, perceptuais ou cognitivos.

Leite (2000: 62) também questiona as trocas de natureza auditiva aqui citadas na concepção de Tedesco (1997). Destaca a autora que a própria designação "de natureza auditiva" já expressa uma concepção sobre a relação oralidade–escrita, numa visão da escrita como transcrição da oralidade (e não a relação criança–escrita) remetendo como causa das trocas a relação da criança com a fala.

Dislexia

Distúrbios de aprendizagem de leitura e escrita são classificações genéricas e de terminologia ampla na qual a dislexia pode ser incluída. O termo dislexia, de certa forma, vem sendo popularizado entre professores, porém, o que há por trás da simples etimologia (*dis* – distúrbio / *lexia* – leitura, linguagem) ainda não ganhou essa popularidade em suas acepções reais.

Uma conceituação simplista e, em alguns casos, até mesmo cômoda para a escola, demonstra uma vulgarização inapropriada e enganosa da dislexia. Trata-se de uma perspectiva em que o erro (qualquer erro) não é entendido como possivelmente natural, como parte do percurso de aprendizagem.

Segundo Freire (1997: 937), sobre a ocorrência do erro: "[...] sua ocorrência não desloca a criança de seu papel de aprendiz nem a reduz ao que a escola chama de dificuldade de aprendizagem. O estranhamento do outro diante do erro não pode nem deve ter como efeito à patologização da criança".

Uma hipótese diagnosticada de forma apressada ou ingênua por parte da escola, resultando em um encaminhamento para o profissional especializado, algumas vezes pode estar refletindo, como considera Freire (1997: 927), o desejo de "livrar-se da responsabilidade pela alfabetização dessa criança".

As teorias explicativas da dislexia são muito numerosas, pois a patologia ainda não se mostra com contornos totalmente definidos e pode ser investigada sob diferentes enfoques.

Em uma abordagem neuropsicológica, Vallet (1990 : 5) destaca que as destrezas perceptivo-linguísticas fundamentais, como as habilidades básicas de integração auditivo-visual e ordenação, são aquelas que se mostram bastante deficientes na pessoa disléxica.

No conjunto de sintomas descritos, independentemente da abordagem do autor, é frequente a alusão direta a dificuldades com a linguagem escrita e a habilidades diretamente relacionadas a ela. Trata-se da disgrafia e disortografia já citadas.

Surdez

A surdez por si só não é uma patologia da linguagem, e sim uma privação sensorial auditiva que pode ocorrer em diferentes graus e tipos, comprometendo os processos de aquisição e desenvolvimento da linguagem.

Não há consenso entre autores e profissionais sobre a opção pelo uso das terminologias surdez ou deficiência auditiva. Para alguns, é mais adequado o uso da primeira, pois entendem que o indivíduo não é um deficiente, podendo ser alguém bastante eficiente em muitas áreas. Para outros, usar o termo deficiente auditivo (ou deficiência auditiva) indica a carência real no que se refere à privação auditiva. Ao mesmo tempo, entendem que a expressão surdez transmite a ideia generalizada de falta total de qualquer resíduo auditivo, não deixando explícito o fato da existência de diferentes tipos e graus de perdas auditivas.

Apesar de a Lei de Diretrizes e Bases da Educação (LDB) prever a inclusão de alunos especiais em escolas comuns, ainda é reduzido o número de alunos especiais matriculados nas escolas regulares públicas e privadas, destacadamente nestas últimas. São várias as dificuldades encontradas pelas instituições de ensino para colocar em prática a inclusão plena do aluno especial, de forma que possam realmente atendê-lo, promovendo a sua educação em igualdade de condições com os alunos ditos normais. No caso dos alunos portadores de deficiência auditiva, essa questão se dá prioritariamente no que diz respeito ao aspecto linguístico, tendo em vista que o principal canal de recepção da linguagem está afetado, comprometendo o processo de aquisição linguística oral-auditiva. Quando se trata de uma perda severa congênita ou ocorrida nos primeiros anos de vida, os resíduos auditivos são pouquíssimos e quase nada funcionais e, desse modo, a situação da escola sem qualificação especializada torna-se muito dificultosa.

A questão primordial é: Como propiciar o letramento das crianças surdas? E, tratando-se de adolescentes: Como prosseguir com esse processo em aulas de língua portuguesa, tendo em vista que sua língua materna é a Língua Brasileira de Sinais?

Potencialmente, os surdos têm as mesmas capacidades e habilidades para o aprendizado, levando-se em conta, é claro, a particularidade da deficiência auditiva e o contato com a língua oral de forma diferenciada da dos ouvintes. O aprendizado de leitura e escrita, por exemplo, ocorre de forma distinta da dos ouvintes, devendo os métodos serem adequados, adaptados.

Crianças e adolescentes surdos que passam a compor as turmas do ensino regular normalmente causam bastante estranheza ao professor desqualificado para trabalhar em um contexto especial como este. Por falta de opção, então, o professor atua intuitivamente. Caberia ao professor ter sua concepção de surdez e de surdo e saber sobre a linha a que a criança portadora de surdez foi e/ou está sendo submetida como apoio ao desenvolvimento da linguagem.

Harrison, Lodi e Moura, (1997: 360) propõem que a criança surda trabalhada numa linha oralista terá como primeira opção uma escola comum (onde estudam crianças ouvintes). Já a criança exposta aos sinais terá como primeira opção a escola especial. Segue-se uma pequena descrição das linhas mais discutidas na atualidade.

A abordagem oralista propõe que toda criança surda deve ter oportunidade de se comunicar através da fala sem se misturar com as crianças que se comunicam por língua de sinais. Há diferentes métodos oralistas, através dos quais o aprendizado da língua escrita está totalmente baseado na oralidade. Dentre os fundamentos dessa abordagem, está a inserção em escola normal com colaboração dos professores. A criança devidamente protetizada (com uso de aparelho de amplificação sonora individual) buscará também fazer leitura orofacial.

O bimodalismo prevê a utilização concomitante de sinais pertencentes à Língua de Sinais (e não a língua de sinais) e à língua oral. Sendo assim, a estrutura de língua apresentada é a de língua oral. Nessa vertente, recomenda-se também o uso de aparelho de amplificação sonora, leitura orofacial, uso da fala, de sinais e do alfabeto digital. Esta concepção prioriza o oralismo, respeitando as possíveis dificuldades de algumas crianças e permitindo o uso de sinais. Assim, a aprendizagem de leitura e escrita poderá também se dar por meio da utilização dos sinais, sendo que tais sinais não são a Língua de Sinais que constitui uma língua particular (com estrutura gramatical própria e independente) na proposta em descrição, para representar a língua oral.

O bilinguismo é uma proposta educacional que prevê o aprendizado da Língua de Sinais e da língua oral. As pesquisas que comprovaram que as línguas de sinais possuem as mesmas propriedades universais das línguas orais e que diferem dessas apenas na utilização visuo-espacial para o desenvolvimento dos níveis linguísticos, podendo ser também consideradas como línguas naturais, elegem como primeira língua para o surdo a língua de sinais. O aprendizado da língua falada e também escrita ocorre com base na primeira. Harrison, Lodi e Moura (1997: 396) entendem que "a única escolha educacional coerente dentro desta postura é a da escola especial". Quando os pais são bem orientados sobre as linhas de trabalho às quais seus filhos estão submetidos, têm mais chances de optar de forma consciente pela escola de confiança.

As três propostas cujas noções básicas foram aqui brevemente relatadas possuem suas fundamentações, teorias e peculiaridades metodológicas e devem ser de conhecimento dos professores, em formação ou não, que desejam estar preparados para iniciar uma prática pedagógica com alunos deficientes auditivos. Mesmo assim, com a proposta inclusiva da LDB, que é bem mais abrangente que a simples inserção de alunos com surdez em sala de crianças ouvintes, o professor de língua (e todos os outros) deparam-se com estes alunos, muitas vezes sem qualquer noção sobre as linhas de trabalho existentes.

Disartria

A disartria é um distúrbio da expressão verbal que atinge os órgãos da fala, manifestado por uma desordem neuromuscular, com fraqueza e incoordenação dos movimentos articulatórios. Também compreende disfunções da respiração, fonação, ressonância e prosódia. Tal alteração se dá em decorrência de lesão cerebral. Trata-se de problemas neurogênicos com paralisias e paresias em grupos de músculos em função de lesão cerebral de ordem diversa.

As características da fala, nos casos de disartria, variam de acordo com a síndrome neurológica decorrente da lesão (não só a linguagem encontra-se afetada, havendo um conjunto de sinais e sintomas característicos) e do sistema afetado. Não cabe aqui enumerar os tipos de disartrias, abordando as características próprias de cada uma. É oportuno relacionar algumas das condições de fala encontradas nesses casos, ressaltando-se que podem ocorrer de forma associada ou isolada e reiterando-se que cada quadro particular guarda suas próprias características.

A velocidade da fala é geralmente diminuída por causa de problemas de tônus (pode haver hipo ou hipertonicidade). Há incompetência articulatória constante com erros consistentes, podendo haver imprecisão consonantal e até mesmo distorção vocálica com aspecto articulatório penoso. É comum o excesso prosódico, podendo haver, em determinados casos, uma insuficiência prosódica. A voz pode aparecer rouca em muitos casos, tanto quanto a hipernasalidade.

A presença de crianças e adolescentes com disartria vem acontecendo paulatinamente nas escolas regulares em razão da necessidade atual de inclusão, como foi discutido no tópico sobre surdez. A aprendizagem da leitura poderá ocorrer sem maiores dificuldades e, dependendo do grau de dificuldade por problemas de tônus e movimentos involuntários, a escrita poderá estar (ou não) amplamente comprometida.

Gagueira

Aparentemente, a mais popular das patologias da linguagem, a gagueira, segundo Meira, citado em Goldfeld (1998: 52) significa

> interrupção na fluência da expressão verbal que é caracterizada por repetições ou prolongamentos involuntários, audíveis ou silenciosos na emissão de pequenos elementos da fala denominados por sons, sílabas e palavras. Essas

interrupções usualmente ocorrem com frequência ou têm caráter marcante e não são prontamente controladas.

Há diversas teorias que tentam explicar a causa da gagueira. Algumas delas postulam, por exemplo, dominância cerebral, psiconeurose, *feedback* auditivo retardado. Há os que defendem a multicausalidade. Tem-se verificado que as propostas não são válidas para todos os portadores de gagueira.

Na infância, todas as crianças passam por períodos de disfluências e, segundo Jakubovicz (1997: 5), nesses períodos há inseguranças quanto ao modo de falar. Segundo a autora, há um traço de personalidade específico que torna a falta de confiança quanto ao ato de falar permanente, ocasionando ansiedade e medo: a causa da gagueira é a própria gagueira "já que sem gaguejar a trajetória do indivíduo seria outra".

Entre jovens estudantes esse estado de disfluência atípica normalmente se torna um estereótipo e o termo gagueira não raro ganha um valor pejorativo. A esse tempo, a gagueira já é crônica e a pessoa torna-se sensível às reações do interlocutor.

Fica claro e é defendido por muitos autores que há desajustes de ordem emocional e que a forma de encarar o outro ouvinte é decisiva. Há a chamada disfluência típica que ainda não é considerada gagueira. Constitui-se de hesitações que evoluem num "continuum" de comportamento de fala disfluente, culminando de forma patológica com movimentos corporais associados e tremor de lábios ou mandíbula ou tensão vocal. A leitura em voz alta pode não estar prejudicada tanto quanto a fala espontânea e o canto é absolutamente livre de problemas.

Afasia

As demais patologias descritas neste capítulo, sejam as específicas da área da Linguagem ou da motricidade oral em Fonoaudiologia, acometem crianças, adolescentes e adultos em fase escolar, revelando ao professor de língua portuguesa e também de língua estrangeira maneiras singulares, algumas vezes estranhas e inesperadas de processar e manifestar a linguagem. Essas descrições visam cumprir a proposta inicial de promover uma reflexão sobre se esses conhecimentos, mais ou menos pormenorizados do que aqui estão, são de valia na vida profissional do professor de língua portuguesa.

190 Linguagem para formação em Letras, Educação e Fonoaudiologia

A afasia é uma patologia que, tanto quanto as outras, requer tratamento fonoaudiológico, porém o indivíduo por ela acometido não deverá estar exposto a meios pedagógicos formais para o aprendizado da língua. As desordens linguísticas advindas dos quadros de lesão cerebral podem chegar a inviabilizar a inserção do falante no contexto escolar, pelo menos num primeiro momento.

Mesmo não sendo possível ao professor encontrar em seu grupo de alunos um indivíduo com afasia, julgamos conveniente mencioná-la (sem maiores considerações), por ser clássica patologia da linguagem. Lesão cerebral central proveniente de traumatismos, acidente vascular cerebral, por exemplo, acometendo área cerebral responsável pela linguagem, ocasiona perda da linguagem simbólica já adquirida, seja na compreensão, formulação ou expressão. De acordo com a localização e extensão da lesão dá-se a classificação da afasia.

Abstemo-nos de relatar as classificações da afasia, optando por expor aleatoriamente alguns dos possíveis sintomas, a fim de que o leitor, principalmente se tratar-se de professor de língua portuguesa, possa perceber os aspectos linguísticos possivelmente afetados. Algumas formas comuns podem ser: fala não-fluente, agramatismo, jargão (fonético ou semântico), neologismo, circuncolóquio, anomia, justaposições, elisões, alterações de compreensão de expressão oral e escrita.

Conclusão

Foram expostas aqui algumas das principais patologias da linguagem, caracterizadas em seus aspectos básicos a fim de promover um questionamento sem intenção de oferecer respostas prontas. Importante destacar que nesse contexto, em que se busca valorizar a interface de duas subáreas de conhecimento em linguagem – Letras e Fonoaudiologia –, não se concebe supremacia de uma sobre a outra. Aqui há a oportunidade de suscitar reflexões sobre a possível contribuição de conhecimentos de limites entre normal e patológico para o professor de língua portuguesa, admitindo-se que contributos da prática pedagógica do professor de língua portuguesa podem acrescentar algo à prática clínica fonoaudiológica junto ao aluno/paciente.

A opção pelo caráter breve de descrição das patologias não oportunizou enfoque mais amplo e apropriado que pudesse considerar todos os aspectos que envolvem o ser que vivencia cada uma das patologias. O paciente/aluno inserido em diferentes contextos, usuário da língua/linguagem que tem seus "padrões de normalidade" ou de "patologia", ainda assim é ser único, portanto, único em seu comportamento linguístico.

Ainda que se opte por considerar alguns conhecimentos sobre o patológico como úteis ao trabalho do professor de língua portuguesa, é conveniente tomar o devido cuidado para que não se extrapolem os limites que levam ao que poderíamos chamar de "patologização". Tal fenômeno pode ocorrer imprevidentemente até mesmo com o próprio profissional de Fonoaudiologia. Identificar precipitadamente características patológicas, nas dificuldades inerentes ao aprendizado da língua, é conduta, no mínimo, inadequada, da mesma forma como tomar para si a responsabilidade do diagnóstico em linguagem. A indicação de orientação aos pais para fins de avaliação fonoaudiológica é o que deve ser feito quando há suspeita de uma patologia. E ainda que se opte por considerar que os conhecimentos sobre o patológico não têm utilidade na prática docente em língua portuguesa, importa não perder de vista, tanto professores como fonoaudiólogos, no âmbito da transdisciplinaridade, as influências mútuas: há que se considerar que, em pequenas proporções, as áreas de atuação em linguagem estabelecem relação estreita entre si.

Bibliografia

ARANTES, L. *Diagnóstico e clínica de linguagem*. Tese de Doutorado. São Paulo, 2001. LAEL, PUC-SP, 2001.

BRASIL.Secretaria de Educação Fundamental. Parâmetros Curriculares Nacionais: *Língua Portuguesa*. Brasília: 1997.

CURY, C.R.J. *Legislação Educacional Brasileira*. Rio de Janeiro: DP&A, 2002.

FREIRE, R.M. A metáfora da Dislexia. In: LOPES FILHO, O. (org.). *Tratado de Fonoaudiologia*. São Paulo: Roca, 1997.

GOLDFELD, M. (org.). *Fundamentos em Fonoaudiologia. Linguagem*. Rio de Janeiro: Guanabara Koogan, 1998.

HARRISON, K. M. P.; LODI, A. C. B.; MOURA, M. C. Escolas e escolhas: processo educacional dos surdos. In: LOPES FILHO, O. (org.). *Tratado de Fonoaudiologia*. São Paulo: Roca, 1997.

ISSLER, S. *Articulação e Linguagem*: avaliação e diagnóstico fonoaudiológico. São Paulo: Lovise, 1996.

JAKUBOVICZ, R. *A gagueira*: teoria e tratamento de adultos e crianças. Rio de Janeiro: Revinter, 1997.

LEITE, L. *Sobre o efeito sintomático e as produções escritas das crianças*. Dissertação de Mestrado. São Paulo, 2000. LAEL, PUC-SP.

LIER DE-VITO M. F. (org.). *Fonoaudiologia:* no sentido da linguagem. São Paulo: Cortez, 1994.

_____. *Sobre o sintoma:* déficit de linguagem, efeito da fala no outro, ou ainda...? Letras de hoje, v. 36, n. 3. Porto Alegre: EDIPUCRS, 2000.

PEÑA-CASANOVA J. (org.). *Manual de Fonoaudiologia*. Porto Alegre: Artes Médicas, 1997.

192 Linguagem para formação em Letras, Educação e Fonoaudiologia

SOARES, M. Concepções de linguagem e o ensino da língua portuguesa. In: BASTOS, N. B. *Língua Portuguesa, história, perspectivas, ensino*. São Paulo: EDUC, 1998.

SPINA-DE-CARVALHO, D. C. *Clínica de linguagem:* algumas considerações sobre interpretação. São Paulo, 2003. Dissertação de mestrado. LAEL, PUC-SP.

TEDESCO, M. R. M. Diagnóstico e terapia dos distúrbios do aprendizado da leitura e escrita. In: LOPES FILHO, O. *Tratado de Fonoaudiologia*. São Paulo: Roca, 1997.

VALLET, R. E. *Dislexia:* uma abordagem neuropsicológica para a educação de crianças com graves desordens de leitura. São Paulo: Manole, 1990.

Distúrbios fonoarticulatórios na Síndrome de Down

Cynthia Gomes da Silva

A Linguística, como ciência que investiga os fenômenos da linguagem, tem buscado fazer interface com áreas afins, tais como a Fonoaudiologia, a Psicologia e a Sociologia, entre outras, abrindo assim um leque de possibilidades para a investigação de questões pertinentes ao sistema de comunicação humano.

Dentre os campos de atuação da Linguística, os distúrbios de linguagem têm chamado a atenção de um número cada vez maior de profissionais, como professores e fonoaudiólogos, que se empenham em desvendar a natureza de tais distúrbios e suas implicações pedagógicas. Não raro, verifica-se a necessidade de intervenção clínica, ou melhor dizendo, de terapias de linguagem para se tentar minorar um problema, seja no nível fonológico, sintático ou discursivo. O enfoque que se tem dado à interface Linguística/Fonoaudiologia nos permite fazer um recorte dos processos fonético-fonológicos de uma determinada população, a fim de investigarmos regularidades e variações, bem como diagnosticar possíveis desvios do padrão articulatório.

Pesquisas relativas às **patologias da linguagem** e suas implicações no processo de **letramento** trazem à tona questões relevantes, sobretudo para professores de língua materna. O desafio de alfabetizar pessoas com algum distúrbio linguístico é muito frequente. Considerando o espectro de patologias da linguagem que podem ocorrer no universo da sala de aula, o presente trabalho propõe-se a enfocar os aspectos fonoarticulatórios de portadores de Síndrome de Down (SD), uma vez que o comprometimento do aparelho fonador associado à imaturidade neurológica característica da síndrome podem incorrer, num primeiro momento, em retardo de linguagem e desvio do padrão articulatório e, mais adiante, afetar a apropriação da lecto-escrita.

Ressalta-se aqui a importância de se investigar a relação oralidade-escrita de alunos que têm sua capacidade linguística comprometida por fatores de ordem anatômica e neurológica. A necessidade de se desenvolver diretrizes pedagógicas que possam atenuar os distúrbios de linguagem dessa população é uma das razões pelas quais devemos nos lançar nessa área de investigação.

Sabe-se que a **hipotonia orofacial** generalizada em portadores da SD interfere na adequada movimentação dos órgãos fonoarticulatórios dificultando a articulação dos sons. Em outras palavras, a ausência de um movimento harmonioso dos órgãos articuladores limita a expressão de todos os **contrastes** do sistema fonológico da língua (cf. Crystal, 1993). Os desvios do padrão articulatório de caráter **estrutural** (relativo à anatomia do aparelho fonador) quando associados ao funcionamento deficiente do Sistema Nervoso Central (SNC), caso da Síndrome de Down, podem comprometer gravemente a articulação dos sons. Assim, uma série de transtornos motores da fala nos indivíduos em questão resulta também de danos no SNC. O **retardo mental**, por exemplo, característico da síndrome, dificulta a memorização dos sons.

O estudo ora proposto é uma tentativa de investigar uma desordem de caráter **cognitivo-linguístico,** conforme menciona Issler citada por Vianna (2005), isto é, a dificuldade de estabelecer um sistema de sons fonêmicos e a forma adequada de utilizá-los. À luz da teoria dos **traços distintivos** (Chomsky e Halle, 1968) aliada à uma modesta revisão da literatura clínica vamos elencar traços que revelem a ocorrência de desvios fonológicos em portadores de SD. A perspectiva norteadora deste trabalho pode ser assim definida:

- Que alterações fonológicas são mais recorrentes nos nossos sujeitos de pesquisa?
- Em que contextos linguísticos os desvios do padrão articulatório são mais predominantes?
- Diferentes graus de imaturidade neurológica determinam diferentes graus de transtornos articulatórios?
- O desvio do padrão articulatório compromete o código ortográfico?

Nossa proposta é preencher algumas lacunas nessa área de estudo, explorando questões relevantes para o letramento de alunos com necessidades especiais, questões estas que ainda estão por merecer um tratamento mais abrangente e sistemático.

A fim de coletar dados que respondessem às perguntas citadas, utilizamos a gravação de fala espontânea e leitura de texto de dois alunos em estágio de alfabetização numa escola especializada. A escolha dos segmentos foi feita em função dos itens considerados mais importantes para a análise, levando-se em consideração a teoria proposta. Numa segunda fase de nossa pesquisa solicitamos que um dos alunos produzisse um texto, a fim de verificar se existiam alterações no código ortográfico decorrentes de desvio fonológico.

É importante ressaltar que a relação cognição-linguagem numa população dita atípica envolve uma gama de variantes físicas e intelectuais que devem ser avaliadas. Portanto, faremos uma breve abordagem sobre a Síndrome de Down, tecendo considerações sobre a linguagem para, posteriormente, enfocarmos o aspecto fonoarticulatório sob a perspectiva teórica da Linguística.

Este capítulo explora um assunto ainda pouco investigado, qual seja o nível fonológico da língua no âmbito da educação especial. O tema nos possibilitará entender como os transtornos articulatórios de etiologia orgânica migram para a lecto-escrita.

Panorama clínico e linguístico da Síndrome de Down

A Síndrome de Down (SD) é uma alteração cromossômica de origem acidental que se caracteriza pela existência de um cromossomo excedente nas células do portador. Enquanto indivíduos considerados normais têm 46 cromossomos em cada célula, agrupados em 23 pares, o portador de SD apresenta 47, estando o cromossomo extra localizado no par 21; daí a SD ser também conhecida como trissomia do par 21 (Pueschel, 1990).

O excesso de material genético resultante da anomalia cromossômica está vinculado a vários distúrbios, entre eles, a hipotonia (flacidez) muscular, malformações congênitas e, principalmente, o retardo mental que, paralelamente à linguagem, constitui nosso foco de análise.

Estudos vinculam o comprometimento intelectual na SD à redução do número e volume das células neurais. Acredita-se que alguns genes do cromossomo extra interfiram no desenvolvimento normal do Sistema Nervoso Central (SNC) e nas funções químicas do cérebro (Pueschel, 1990). No entanto, o amadurecimento intelectual desses indivíduos passa pelas mesmas etapas que o de pessoas ditas normais, havendo apenas uma defasagem da idade mental para o portador de SD em relação a seu par considerado normal de mesma idade cronológica.

Antunha (1983) declara que a deficiência mental envolve uma ampla gama de fatores não apenas de natureza biológica, mas também psicológica e social. Segundo o autor, a combinação das condições supracitadas é que determina o desenvolvimento integral do portador de deficiência mental, incluindo aí sua capacidade cognitiva e seu desempenho linguístico. Apesar de não termos o propósito de enfocar variáveis psicossociais no presente estudo, é fundamental entendermos que elas podem favorecer ou limitar a capacidade linguística e intelectual do portador de SD. Considerar tais variáveis é de grande valia no sentido de estabelecer metas ou diretrizes pedagógicas que possam atenuar as dificuldades de apropriação da língua impostas pela genética.

Com relação às peculiaridades linguísticas da síndrome em questão, sabe-se que o comprometimento do aparelho fonador associado ao funcionamento deficiente do Sistema Nervoso Central (SNC) retardam a aquisição de linguagem. Segundo Scliar-Cabral (2003: 25-7), dentre as várias funções para as quais o SNC é programado, sobressai a capacidade de operar com signos, principalmente os signos verbais orais. A autora supracitada declara que a criança **normal** nasce programada para operar com signos verbais, no devido tempo, em virtude de como o SNC está estruturado e funciona. Acrescenta ainda que os circuitos que ligam os diversos centros do SNC não nascem prontos, mas passam por um processo conhecido por **mielinização**, para que se estabeleçam as ligações de modo adequado e no momento certo. Esses circuitos desempenham um papel fundamental no desenvolvimento da linguagem oral e escrita. Porém, os aspectos físico-químicos do SNC de portadores de SD não se enquadram nas médias gerais, uma vez que se verificam alterações em sua estrutura hipocampal (área responsável pela aprendizagem e memória) e mielinização neural lenta (Souza, 1997). Portanto, sendo deficiente o funcionamento do SNC na Síndrome de Down, a linguagem é passível de sofrer algum tipo de dano. Para Crystal (1993), não é a estrutura anatômica anormal do aparelho fonador a principal responsável pelos distúrbios articulatórios. O autor afirma que um fator mais importante é a falta de coordenação fisiológica que pode ou não estar imputada a causas neurológicas; acrescenta ainda que uma série de transtornos motores da fala surge como resultado de um dano no SNC e se manifesta por dificuldades neuromusculares.

Para se articular bem um som, o **articulador ativo** deve mover-se na direção do **articulador passivo** a uma velocidade adequada, mantendo a forma conveniente, fazendo o contato superficial adequado e realizando a pressão exata (Silva, 2002). Trata-se, portanto, de um **movimento harmonioso** dos articuladores. Assim, se qualquer uma dessas variáveis não for bem controlada, o resultado será, inevitavelmente, o desvio do padrão articulatório. Por ausência dessa harmonia é que portadores de SD apresentam limitação para expressar todos os **contrastes** do sistema fonológico da língua. Há casos, por exemplo, em que todos os contrastes fonológicos que poderiam ocorrer numa determinada zona de articulação fundem-se, resultando por vezes em fala ininteligível.

A fala se desenvolve muito lentamente na SD. Fischer (1987) sublinha que há um atraso significativo na compreensão e produção da linguagem, e ressalta que a tendência é que se encontre um nível de compreensão melhor que o de expressão. Daí a necessidade da **estimulação precoce** da fala. A estimulação verbal ativa as células cerebrais, o que implica o desenvolvimento do pensamento e da memória. Por sua vez, o aumento da capacidade cognitiva pode levar a um progresso considerável da linguagem, a começar pelo nível fonético-fonológico.

Alguns trabalhos, como o de Lefèvre (1981), por exemplo, fornecem modelos de estimulação verbal considerados cruciais para ativar a linguagem do portador de retardo mental. A autora propõe que os primeiros contatos entre mãe e filho sejam, de fato, uma **relação social**. Nesse estágio incipiente de comunicação definido pela autora como "jogo verbal", a mãe deve imitar a **vocalização** da criança, reproduzindo os sons que ela já sabe emitir. Por outro lado, a criança tende a articular novos fonemas imitando a mãe. Scliar-Cabral (2003), por sua vez, declara que o simples fato de a criança ouvir narrativas ativa positivamente seus esquemas mentais favorecendo o desenvolvimento da linguagem. A relevância dos processos interacionais como propulsores do desenvolvimento linguístico (desde o nível fonológico até o pragmático) tem aberto espaço para um número superlativo de pesquisas. Marcuschi (2001: 18), por exemplo, defende que "a fala é adquirida em contextos informais do dia a dia e nas relações sociais dialógicas que se instauram desde o momento em que a mãe dá seu primeiro sorriso ao bebê. Mais do que uma disposição biogenética, o aprendizado e o uso de uma língua natural é uma forma de inserção social e de socialização." Pode-se afirmar, portanto, que o comprometimento articulatório trata-se prioritariamente de uma condição orgânica. Porém, não se pode ignorar que as variáveis psicossociais como a interação social (ou ausência de) podem influenciar positiva ou negativamente o desenvolvimento do nível fonológico da linguagem.

198 Linguagem para formação em Letras, Educação e Fonoaudiologia

Dados de pesquisas como a de Lefèvre (1981) e Crystal (1993) revelam que o quadro evolutivo da fala na SD é heterogêneo, uma vez que num grupo com desenvolvimento cognitivo equivalente é possível encontrar um desempenho linguístico variável, seja no nível fonológico, sintático ou discursivo. De acordo com esses estudos, há indivíduos que falam de modo mais articulado e com mais fluência do que outros, assim como ocorre com pessoas ditas normais. Segundo o trabalho de Lefèvre (1981), o portador de SD começa a falar aos 2 anos de idade com um vocabulário muito reduzido e palavras mal articuladas. Aos 5 anos de idade observa-se o emprego de verbos e a formação de frases com uma média de três palavras. Dos 7 aos 12 anos verifica-se a construção de frases mais complexas, embora com muitas **dislalias** de troca e supressão. Vianna (em Mollica, 2005: 109) cita Issler (1996) que define a dislalia como "o padrão articulatório da criança desviado foneticamente do padrão normalmente aceito pela comunidade linguística adulta daquela língua, persistindo além da idade esperada numa linguagem em aquisição".

Com efeito, as dislalias ocorrem com frequência na SD, estando diretamente relacionadas com o comprometimento dos órgãos fonoarticulatórios (desvio de caráter estrutural). A hipotonia muscular, por exemplo, gera um desequilíbrio de forças entre os músculos orofaciais, projetando a língua para fora; a respiração bucal incorreta provoca alterações no palato dificultando a articulação dos sons. Uma das principais características desse quadro é a perda da capacidade para **discriminar** sons (Crystal, 1993). Em função de sua capacidade cognitiva deficitária, portadores de SD apresentam problemas para internalizar regras que governam a **combinação** de sons, podendo haver troca ou supressão de um fonema (ou grupo de fonemas) na enunciação de um único vocábulo. Assim, uma de nossas hipóteses prevê que a não discriminação/articulação de certos sons pode afetar o processo de letramento. Com base nessas premissas delimitamos nosso objeto de estudo a partir da seguinte indagação: que alterações fonológicas ocorrem na fala de indivíduos mentalmente retardados e com a fisiologia do aparelho fonador comprometida? Esta questão, por sua vez, nos possibilitará investigar se os transtornos articulatórios de etiologia orgânica migram para a escrita, da mesma forma que variações fonológicas de natureza sociolinguística podem resultar em incorreções ortográficas (Mollica, 2003).

Tendo feito uma breve abordagem dos aspectos linguísticos da SD, passaremos a seguir à fundamentação teórica de nosso trabalho.

Fundamentação teórica: a teoria dos traços distintivos e os processos fonológicos

Nossa opção pela teoria dos **traços distintivos** (Chomsky e Halle, 1968) se explica pelos seguintes motivos: em primeiro lugar, a visão do **valor opositivo** dos segmentos fonêmicos é de extrema importância para a análise da fala de uma população com **desvio fonológico**. Estamos considerando que, em função de anormalidades fisiológicas no mecanismo da fala associadas a um distúrbio neurológico, o portador da SD poderá **não** fazer a distinção de um ou mais traços distintivos. Se tomarmos a enunciação de duas palavras que formam **pares mínimos** (diferem em apenas um traço distintivo), por exemplo, podemos levantar a hipótese de que o portador de SD não discrimine nem articule um traço (por exemplo, + vozeado) em oposição a outro (– vozeado), pois, como dissemos anteriormente, alguns contrastes fonológicos podem fundir-se numa determinada zona de articulação. A **neutralização** desses traços distintivos, por sua vez, pode resultar em **homonímias**.

A segunda razão pela qual escolhemos utilizar tal modelo teórico é que o mesmo nos fornece subsídios para investigar os **processos fonológicos** da fala dos indivíduos em questão. Quando o contexto línguístico motiva a ocorrência de um processo fonológico na fala de pessoas ditas normais (sem anormalidades anatômicas ou neurológicas) pode-se esperar que esse mesmo processo ocorra na fala de portadores de SD? Por outro lado, podemos levantar a hipótese de que os processos fonológicos ocorram não por motivação do contexto linguístico, mas em decorrência de distúrbios no aparelho fonador.

Em sua obra *The Sound Pattern of English*, Chomsky e Halle (1968) propõem um modelo de análise fonológica que investiga propriedades, parâmetros e processos linguísticos universais. Tal modelo, oriundo da Gramática Gerativa Transformacional, apresenta a fonologia como parte independente de outros sistemas da gramática, como a sintaxe, por exemplo. Rompendo com o modelo estruturalista de análise fonológica, a fonologia gerativa clássica desconsidera a primazia do fonema para sublinhar a **função opositiva** dos traços, isto é, a presença ou ausência de determinadas propriedades dos fonemas. Assim, o valor opositivo dos segmentos fonêmicos decorre do contraste entre seus traços distintivos. De acordo com Callou e Leite (1995: 58)

> o argumento principal apresentado pelos precursores da fonologia gerativa em favor dessas modificações é que as condições de biunivocidade, determi-

nação local, invariância e linearidade, levavam à atomização dos fenômenos fonológicos, mascarando as generalizações depreensíveis de um sistema linguístico, generalizações que seriam psicologicamente válidas e representativas da gramática internalizada pelo falante da língua.

O foco de análise do modelo gerativo volta-se para **regras abstratas** que explicam a estrutura fonológica das sentenças (modelo de análise de caráter explanatório e não apenas descritivo), bem como processos ou alterações fonológicas motivadas pelo contexto linguístico, que afetam a representação subjacente da cadeia fonética. No caso da SD, supõe-se que neutralizações ou trocas sistemáticas de um som por outro, por exemplo, podem advir de dificuldades articulatórias. Stampe (1973: 6) defende que "apesar de a substituição fonológica ser uma operação mental, ela é claramente motivada pelo caráter físico da fala – suas propriedades neurofisiológicas, morfológicas, mecânicas e acústicas". Ainda segundo o autor, um processo fonológico é uma operação mental que se aplica à fala para substituir, no lugar de uma classe de sons ou de uma sequência de sons que apresentam uma dificuldade específica comum para a capacidade de fala do indivíduo, uma classe alternativa idêntica, porém desprovida da propriedade difícil. Assim, os processos fonológicos classificam-se em:

- assimilatórios: traços de um fonema afetam traços de um fonema vizinho ou próximo;
- estruturação silábica: afetam os segmentos da sílaba;
- mudança de classe: afetam traços de classe principal dos segmentos;
- neutralização: em determinados contextos linguísticos, perde-se o valor opositivo de determinados segmentos fonêmicos.

Segundo a perspectiva gerativa, as regras abstratas anteriormente citadas transformam uma sequência fonêmica subjacente, resultando numa representação fonética ou, melhor dizendo, na forma fonética de fato enunciada. Concebe-se nesse modelo de análise que os fonemas constituem-se de traços cujas características fonológicas se definem em termos binários ou, como citamos anteriormente, valores opositivos: (+) ou (–). Considera-se, portanto, o componente fonológico de cada fonema como uma **sequência linear** desses feixes de traços.

Conceitos basilares da perspectiva teórica de Chomsky e Halle (1968) têm origem nos trabalhos de Jakobson, Fant e Halle (1952) e também Jakobson e Halle (1956), porém com algumas alterações relativas ao sistema de traços, sendo estes orientados articulatoriamente. Os traços distintivos de Chomsky e Halle (1968) são os que se seguem:

- silábicos: [+ silábicos] vogais, líquidas silábicas e nasais silábicas; todos os outros segmentos são considerados [– silábicos];
- consonantal/não consonantal: baixa *versus* alta energia total;
- tenso/relaxado: mais alto *versus* mais baixo total de energia;
- vozeado/desvozeado: presença *versus* ausência de vibração periódica de baixa frequência;
- nasal/oral: maior *versus* menor espraiamento da energia sobre as regiões frequenciais;
- contínuo/descontínuo: silêncio precedido por espraiamento de energia na região de alta frequência do espectro *versus* ausência de transição abrupta entre silêncio e som;
- estridente/suave: maior intensidade de ruído *versus* menor intensidade de ruído;
- sonorante: [+ sonorante] vogais, líquidas, glides e nasais; consoantes não nasais obstruintes são [– sonorante];
- alto: segmentos fonêmicos resultantes do levantamento do corpo da língua acima do nível da posição neutra;
- posterior: segmentos produzidos pela retração do corpo da língua em relação à posição neutra;
- baixo: sons produzidos pelo abaixamento do corpo da língua em relação à posição neutra;
- anterior: sons resultantes a partir da obstrução da parte frontal da região alveo-palatal;
- coronal: sons produzidos com a lâmina da língua levantada em relação à posição neutra da língua;
- arredondado: segmentos resultantes do estreitamento do orifício dos lábios.

Os traços distintivos nos parecem cruciais para a análise dos aspectos fonoarticulatórios dos sujeitos em questão, uma vez que a partir da presença ou ausência de um aspecto pode-se traçar o perfil fonológico de um aluno com necessidades especiais. Uma vez traçado esse perfil é possível minorar o quadro de desvio fonológico através de terapias fonoaudiológicas. Utilizam-se vários modelos terapêuticos como o de **contrastes de pares mínimos**, a fim de fazer o indivíduo distinguir pares de sílabas ou palavras. Esse modelo objetiva primordialmente reduzir as homonímias. Segundo fonoaudiólogos, a **consciência fonológica** é também uma técnica que tem se mostrado bastante eficiente no tratamento dos distúrbios fonoarticulatórios e, consequentemente, na apropriação da lecto-escrita. Nesse modelo estimulam-se formas de aprendizado que compensem as dificuldades de linguagem, utilizando-se a memória visual como apoio à memória auditiva, através da apresentação de elementos concretos como fotos, figuras, dentre outros, que representem palavras ou frases. A consciência fonológica quando associada ao conhecimento das regras de correspondência entre fonemas e grafemas leva o indivíduo à aquisição da escrita mais facilmente, uma vez que possibilita a generalização e memorização da relação som-letra.

Passaremos, a seguir, à análise de dados a partir da perspectiva teórica ora comentada.

Análise de dados: aspectos articulatórios e prosódicos

Este item evidencia os traços da fala de dois sujeitos portadores de SD a partir da gravação de conversas espontâneas. Os segmentos foram selecionados com o intuito de destacar as alterações fonológicas que se mostraram mais pertinentes para esta pesquisa.

Dois alunos da escola **Colibri** (especializada em portadores de SD), um de sexo feminino e outro de sexo masculino, foram selecionados para esta pesquisa. Ambos estão em fase de alfabetização, estudam na mesma sala de aula e têm, aproximadamente, a mesma idade (26 e 28 anos, respectivamente).

Percebe-se que, apesar de os alunos teoricamente receberem o mesmo atendimento fonoaudiológico (a escola conta com esse tipo de serviço), seus graus de desvio do padrão articulatório, como era de se esperar, divergem.

Numa de nossas entrevistas, pedimos que nos contassem sobre suas atividades cotidianas na escola. No segmento a seguir chamaremos nossos sujeitos de pesquisa de **S1** (sexo feminino) e **S2** (sexo masculino):

P: ...então... me diz como é o dia de vocês aqui na escola.

S2: É...bom, na verdade eu ... eu adoro dançar.

P: É mesmo?

S1: tam[ ]ém

P: Você também?

S2: Aqui eu danço sozinho, né? Aliás, primeiro é com o grupo e depois eu me solto, danço, me esboldo...

P: Hum... você se *esbalda*, né? (P corrige S2)

S2: Me esboldo, eu adoro me esboldar, adoro uma farra, uma bangunça...

P: Hum...

S2: É comigo mesmo, é minha cara...

P: É mesmo, é? Com essa cara de santinho... (risos)

S2: Adoro falar besteira...então aqui é livre... um espaço livre...

P: Certo, vocês têm liberdade...

S2: É a gente temos muitas liberdades... aqui a gente se solta...

P: Ok, quer falar um pouquinho? (referindo-se a S1)

S1: Eu quero.

S2: Mas sem falar besteira...(risos)

S1: Eu sei, eu sei...calma ...eu gosto [ ] dançar, eu gosto [ ] minha prima, a "R"...

P: A "R" é sua prima? (também aluna da escola)

S1: É minha prima...eu sento [ ]a (**na**) mesa [z]unto (**junto**) [ ]ela (**dela**). Eu faço capoeira, física e dança.

P: Sei...

S1: Eu gosto [ ] estudar...

P: O que você gosta de estudar?

S1: Gosto [ ] (de) Pupuguês (**português**), [ ] (de) amática (**matemática**)...

S2: Como é que é?! Amática?! É matemática!

P: É isso aí...

S2: Fala certo, não fala besteira.

S1: Ah, meu vesário (**aniversário**) oito [z]unho (**junho**). Ele (referindo-se a S2) [z]unto (**junto**) [ ]umigo (**comigo**)

P: Então, vocês fazem aniversário no mesmo dia?

S2: É... no dia oito de junho, cai numa quinta-feira.

P: Já comemoraram juntos alguma vez?

S2: Já.

P: Na casa de quem?

S1: Aqui mesmo.

S2: Vou fa[s]er 29 anos.

P: Tá ficando velho... (risos)

204 Linguagem para formação em Letras, Educação e Fonoaudiologia

Os dados de S2 (sexo masculino) indicam um sistema fonológico completo, com diversos fonemas adquiridos em diferentes posições. Verificamos no trecho transcrito três aspectos dignos de nota. Num primeiro momento, observa-se a troca de fonemas na enunciação do verbo **esbaldar-se** (eu me esboldo). Nesse caso, em particular, acreditamos tratar-se de **dislalia**. S2 consegue discriminar os traços distintivos dos fonemas vocálicos /a/ e /o/, já que em vários segmentos de sua fala verifica-se a articulação do fonema vocálico /a/. Esse fato pode estar associado não a um transtorno de caráter estrutural (relativo ao mecanismo deficiente do aparelho fonador), mas **funcional** (sem causas orgânicas demonstráveis). Outro aspecto notório é a **nasalização** do fonema /a/ em **bagunça** (bangunça). Esse fato parece indicar um processo fonológico de assimilação em decorrência da proximidade da estrutura silábica (**gun**) articulada em seguida. Uma questão que se faz importante levantar nesse ponto é que falantes ditos normais (não apresentando distúrbios de linguagem) também podem fazer esse tipo de assimilação. Variações linguísticas de natureza sociocultural caracterizam bem esse fenômeno em exemplos como "mendigo"/"mendingo". Assim, também o portador de SD está sujeito a se apropriar das variações linguísticas inerentes ao seu grupo social. Mollica (2005: 22) declara que "a depender do estrato social, do seu nível de escolarização, de seu grau de letramento e de outras variáveis similares, os falantes apresentam variações nos empregos linguísticos". Portanto, variações de natureza sociocultural não devem ser confundidas com distúrbios de linguagem. Dados como esse devem ser controlados, a fim de se averiguar o fenômeno com maior acuidade.

Finalmente, temos a ocorrência de não discriminação de par mínimo entre os sons /s/ e /z/. Apesar de possuirmos apenas um exemplo de alteração de **fonemas homorgânicos**, esse fato pode ser um indicador de que o aluno apresenta problemas para fazer o vozeamento de sons produzidos na região **alveolar** (ex.: da fricativa /z/). No entanto, é interessante observar que S2 faz o vozeamento (na região **palatal**) do primeiro fonema da palavra **junho** que ocorre em **onset** assim como /z/ em **fa/z/er**. Como já discutido, este fato pode estar vinculado à não discriminação de certos traços distintivos numa determinada zona de articulação, ou seja, valores opositivos de segmentos fonêmicos fundem-se nesse ponto. No entanto, como mencionamos no parágrafo anterior seria necessário um maior controle desse tipo de alteração, a fim de reunirmos dados mais consistentes sobre tal fenômeno.

Com relação à S1 (sexo feminino), fica clara a dificuldade da aluna para articular e até mesmo organizar **grupos de fonemas**. Esse fato, segundo

Crystal (1993) caracteriza sério transtorno de articulação. A supressão ("[ ] **amática**", "gosto muito [ ]**ela**") e troca de fonemas ("eu sento /**z**/unto [ ] ela") ocorre com frequência. É interessante observar que a aluna apresenta em seu repertório fonológico o fonema linguodental oclusivo sonoro /d/. Porém, observa-se a supressão de tal fonema nos segmentos "**gosto** [ ] **estudar**", "**gosto** [ ] **pupuguês**" e assim por diante, retratando um desvio fonológico que gera alterações no nível sintático da linguagem (linguagem telegráfica). A supressão do fonema velar surdo /k/ em **comigo** ("[ ]umigo") é também um dado curioso já que a aluna dispõe desse som, como se percebe na enunciação de **matemática** ("[ ]amáti/k/a"). Esse fato pode estar relacionado a reduções de fonemas em agrupamentos sonoros, fenômeno recorrente na linguagem de portadores de SD. Outro dado importante é que, pela enunciação de "**pu-puguês**", nota-se que a fala de S1 é o que se pode considerar infantilizada (apesar da sua idade). Como citamos anteriormente, alguns estudos como o de Stampe (1973) justificam esse processo fonológico, muito comum em crianças, como uma tentativa do indivíduo de substituir uma sequência de sons que julga difícil por uma sequência alternativa desprovida de propriedade difícil. A fala de S1 apresenta também traços de **hipernasalidade**, característico da fisiologia comprometida de seu aparelho fonador. Tendo notado a maior dificuldade de S1 para articular e organizar grupos de sons (em relação a S2) solicitamos a leitura de um trecho de "A formiga", de Vinícius de Moraes, o qual estava sendo trabalhado em sala de aula, para melhor avaliarmos seu sistema fonológico:

S1: As coi-sas de-vem ser bem gran-des é... pra for-mi-ga pe-que-ni-ni (...)

P: pe-que-ni-na

S1: pe-que-ni-na. A -ro-sa- um lin-do - pa-lá-cio - e - o- es-pi-nho u-ma es-pa-da fi-na.- A go-ta -de-(...) a - go-ta - de - á-gua...

P: a gota d'água

S1: água- um -man-so la-go (...) o pin-go - de - chu -va - um... mar (...) on-de- um -pau-si-nho- boi-an-do -é -na-vi-o (...) a - na-ve-gar. O bi-co de - pão - o /**g**/or- /**g**/o-va-do

P: cor-co-va-do

S1: (...) co-va-do. (...) o - gri- lo- ri- no**n**- ce - ron- te. Uns - grãos - de - sal- der-ra-ma-dos (...) o-ve-lhi-nhas - pe-lo- mon- te.

De acordo com Mollica (2005), o processo de leitura e escrita é gradual e contínuo e implica o aprendizado de inúmeras estratégias cognitivas numa língua em particular. Já para Scliar-Cabral (2003) a leitura é a espinha dorsal para a integração numa sociedade letrada. Finalmente, para Mills Costa, citado por Werneck (1993) alunos com SD compreendem melhor o uso da linguagem falada através de exercícios de leitura. Segundo a autora, a prática dessa atividade deve ser utilizada como estratégia para desenvolver a linguagem oral, pois portadores de SD tendem a usar as palavras que veem impressas mais rapidamente do que as palavras que apenas ouviram.

Com base nesses postulados podemos levantar uma questão relevante para esse estudo. Em se tratando de alunos especiais e com incapacidade para articular determinado som (ou grupos de sons), uma das hipóteses que norteiam esta pesquisa é que o portador de SD pode **decodificar** determinados **grafemas** a partir de **fonemas** não correspondentes. Assim, teríamos um processo análogo ao que ocorre com pessoas ditas normais que decodificam palavras de acordo com as variáveis sociolinguísticas assimiladas como, por exemplo, "bicicleta/bicicreta" (alteração de fonema) ou ainda "problema/p/ /oblema" (não decodificação de fonema ou grupo de fonemas, conforme o caso).Os dados coletados neste capítulo serão analisados à luz das discussões de Scliar-Cabral (2003).

Inicialmente, focando os aspectos prosódicos, nota-se uma **leitura silabada** e **monocórdia** (ausência de curvas de entonação); em nenhum momento a aluna leva em conta as marcas de pontuação. Esse aspecto parece ser recorrente em indivíduos com SD, já que verificamos a transferência desse fenômeno da oralidade para a produção textual. Num outro momento da nossa pesquisa, pedimos que S2 produzisse um texto. Ele o escreveu sem grafar uma única vez os sinais de pontuação, o que indica que a fala silabada e monocórdia é refletida na escrita. Estudos recentes postulam que a velocidade da fala é diminuída por problemas de tônus, conforme Vianna em Mollica (2005: 114). No caso da SD, pode-se afirmar que a hipotonia muscular contribui para agravar esse fenômeno. Há evidência também de ruptura do sândi-externo nas passagens **mar** (...) **onde** e **derramados** (...) **ovelhinhas** (pausas silenciosas). No último caso, por exemplo, seria previsível que a fricativa alveolar surda /s/ na palavra **derramados** assimilasse o traço de vozeamento do fonema vocálico /o/ de **ovelhinhas**, já que o contexto propicia tal processo fonológico (/s/ para /z/ quando /s/ ocorre entre duas vogais).

Com relação à análise dos traços distintivos observa-se em S1 fenômeno semelhante ao ocorrido na fala de S2, só que na direção contrária (vozeamento ao invés de ensurdecimento). Há mudança do valor do traço de sonoridade em pares homorgânicos em **corcovado** (gorgovado). Novamente podemos levantar a hipótese de que numa determinada zona de articulação alguns contrastes fonológicos podem fundir-se em decorrência de anormalidades no mecanismo da fala. Nesse caso, a aluna não discriminou um traço (– vozeado) que diferencia pares mínimos (oclusivas velares /k/ e /g/). Finalmente, verificamos também em S1 um processo fonológico de assimilação em **rinoceronte** (rinonceronte), em decorrência da proximidade de uma sílaba nasalisada. Como esse fenômeno se destacou também na fala de S2 ("**ban**gunça") acreditamos haver uma tendência à **nasalização** na linguagem oral de portadores de SD.

Os aspectos fonológicos retratados neste estudo são uma pequena amostra do universo de alterações passíveis de ocorrer na fala de portadores de SD. É claro que alterações fonológicas acontecem fora do âmbito da educação especial. A questão que se coloca aqui é que essas alterações de caráter estrutural, mais do que funcional, são agravadas por questões neurológicas diretamente relacionadas à dificuldade de discriminação, memorização e organização de sons.

Nossos dados retratam que as alterações fonológicas dos nossos sujeitos de pesquisa ocorrem basicamente no nível **morfossintático**. É notório que S2 (sexo masculino) tem uma melhor performance em termos articulatórios que S1 (sexo feminino). Esse fato muito provavelmente se deve aos seguintes fatores:

- menor comprometimento dos articuladores;
- maior capacidade cognitiva;
- maior frequência de terapia fonoaudiológica;
- maior estimulação verbal (interação social).

O quadro de desvio fonoarticulatório constitui prioritariamente uma condição orgânica (não descartando as variáveis psicossociais). Considerando, então, que S1 e S2 recebem o mesmo atendimento fonoaudiológico, podemos postular que diferentes níveis de imaturidade neurológica aliados a um maior ou menor comprometimento do aparelho fonador determinam diferentes graus de transtornos articulatórios, como mostram nossos dados.

Passaremos agora a um breve comentário sobre as implicações dos distúrbios fonológicos no desenvolvimento da escrita.

O código ortográfico

Para Vygotsky (1991) a escrita caracteriza-se por uma dupla operação simbólica: primeiramente vem representar a fala e gradualmente desliga-se da mesma, possibilitando sua utilização como simbolismo direto. Segundo Ferreiro e Teberosky (1989) a escrita é um sistema de representação da linguagem e sua aprendizagem um processo durante o qual crianças (ou adultos) irão se defrontar com dificuldades relativas à compreensão desse sistema. A difícil tarefa de **codificar** caracteriza-se por **conflitos cognitivos**, já que a criança se depara com dificuldades conceituais como, por exemplo, diferenciar o desenho da escrita para, então, atingir a fonetização (Ferreiro, 1987). Zorzi (2003) declara que a criança passa para a fase silábica de escrita (Ferreiro, 1987) quando assimila as características sonoras da palavra. Todos esses estudos nos conduzem a uma tese: a aquisição do código ortográfico é um processo extremamente complexo e envolve todas as áreas cerebrais. Enfatizamos que se essa complexidade intelectual associada a conflitos cognitivos (em crianças em fase de alfabetização) é um aspecto característico de alunos ditos normais, o quadro tende a se agravar em portadores de SD por questões relativas à imaturidade neurológica, bem como às anomalias fisiológicas decorrentes da síndrome (por exemplo, a visão e o desenvolvimento motor deficientes). Dentre os aspectos mais salientes na escrita de portadores de SD destacamos alguns, apontados também por Mollica (2003):

- confusão entre letras que representam o mesmo som;
- mesma letra representando mais de um som;
- inversão de letras;
- influência da fala na escrita;
- junção/separação de palavras;
- generalização de regras;
- omissão de letras;
- troca de letras.

O último item mencionado (troca de letras) se encontra diretamente relacionado à confusão na **discriminação auditiva** dos fonemas homorgânicos, quadro este característico da SD. Infecções recorrentes no canal auditivo podem dificultar a discriminação de sons. No entanto, a troca de letras pode estar associada também a problemas de visão, como mencionado anteriormente.

Com base nesses dados podemos prever que a não discriminação de certos sons pode afetar o processo de **codificação**, ou seja, alterações na correlação **fonema/grafema**.

Para a análise do código ortográfico pedimos a um dos nossos sujeitos de pesquisa (S2) que fizesse um desenho e escrevesse algo sobre o mesmo. O aluno desenha uma abóbora, associando-a à carruagem de uma princesa. A partir dessa analogia escreve seu texto (ver redação em anexo).

Alguns estudos, como o de Scliar-Cabral (2003), discutem que problemas da relação fonema/grafema surgem geralmente nas séries iniciais. A noção de **segmentação**, por exemplo, constitui uma das principais dificuldades da escrita, pois a criança percebe sua fala como um contínuo e, por isso, escreve uma porção de grafemas sem espaço entre os mesmos, ou seja, não faz com clareza a distinção entre o processamento oral e a separação das palavras por espaço em branco. Contrariando essa expectativa, nosso sujeito de pesquisa parece não apresentar problemas para segmentar palavras (exceto no segmento "**pravocê**"). No entanto, nossos dados mostram ausência total do uso de marcas de pontuação, traço este que, em geral, reflete o processo de leitura (em exercícios de leitura o aluno não leva em conta as marcas de pontuação, produzindo uma leitura silabada e monocórdia, assim como ocorreu com a leitura feita por S1).

Dentre os aspectos avaliados nesse estudo, há também indícios de **disortografia**, como se nota pela representação gráfica do fonema /s/ (representado pela letra **s** em vez de **c**) em **sinderela**, ou seja, há confusão entre letras que representam o mesmo som. O aluno comete ainda desvios de forma ao fazer troca de grafemas na representação de fonemas auditivamente semelhantes (facer/ fazer), isto é, não percebe a distinção do traço fonético num par mínimo e sua respectiva codificação grafêmica. Esse fenômeno é um indicador de distúrbios de ordenação dos esquemas motores das letras e seus valores funcionais. Aos aspectos mencionados soma-se o fato de o aluno não ter assimilado a regra pela qual deve escolher uma letra em função de seu **contexto fonológico**, aspecto que pode ser observado pela grafia das palavras "comtando" (contando) e "comtin u **i**" (continue). No caso desses exemplos pode-se observar uma alteração gráfica de fonemas auditivamente semelhantes, ou seja, o linguodental /n/ pelo bilabial /m/. Assim, os dois sons fundem-se num só grafema (**m**). Finalmente, podemos notar que o aluno não internalizou em seu **léxico mental** a grafia de certas palavras como "olhar" ("holhar") e "homenagem" ("**ao** menage**n**"). Esses últimos exemplos têm relação com o anterior "comtin u **i**", no sentido de que ambos apresentam evidência de separação indevida de grafemas, bem como a confusão de letras que representam o mesmo som (**m** em "comtin u **i**" e **n** em "**ao** menage**n**"). É notória também a influência da fala na escrita, como se observa pelo uso do grafema **i** e não **e** no segmento "... **i** no seu sorriso..." ou ainda em "...**du** que tudo...". Um aspecto também interessante é que o aluno nasalisa o fonema **i** através do grafema **n** em "**linda**", mas não o faz em "príncipe" ("**pricipe**"). Esse fato sugere, num primeiro momento, que o aluno consegue nasalisar e reproduzir esse tipo de som graficamente. Portanto, a omissão do grafema nasalisador em "**pricipe**" pode estar associada ao déficit de atenção característico dessa população.

Sabe-se que distúrbios da escrita, assim como os de leitura, estão associados a diversos fatores, desde os orgânicos até os de ordem psicossocial. As alterações ocorridas devem-se não somente aos aspectos relativos ao comprometimento anátomo-funcional do aparelho fonador, que se reflete no código ortográfico, ou à motricidade e percepção visual, mas também às condições intelectuais e sociais do indivíduo. Os dados coletados tornam evidentes que o processo de aquisição do código ortográfico mostra-se mais lento, uma vez que se trata de um adulto de 28 anos de idade ainda em fase de alfabetização. Assim, nossa hipótese é de que os conflitos cognitivos naturais dessa fase são agravados pelo retardo mental. Na realidade, numa mesma classe de alfabetização encontramos alunos de diferentes faixas etárias, fato que sugere que alguns deles conseguem atingir um **teto cognitivo** mais alto. De acordo com o relato da professora da turma, há alunos mais jovens que os nossos sujeitos de pesquisa que, no entanto, falam, leem e escrevem melhor que S1 e S2. Enfim, em se tratando de deficiência mental, jamais teremos um quadro homogêneo da linguagem oral e escrita. No entanto, as dificuldades de aquisição do código ortográfico podem ser minoradas com a inserção de recursos pedagógicos adequados a cada tipo de problema, levando-se em conta as características individuais. Para tanto, é imprescindível a atuação de uma **equipe interdisciplinar** (professor, fonoaudiólogo, psicólogo etc.) para o diagnóstico e tratamento dos distúrbios mais frequentes (alguns deles aqui relacionados).

Conclusão

Procuramos concatenar neste capítulo breves considerações sobre o aspecto fonoarticulatório e o letramento de portadores de Síndrome de Down.

Pensar na possibilidade de alfabetização de indivíduos com deficiência mental não é utopia. A apropriação da lecto-escrita é algo de concreto nas salas de aula para alunos especiais, ainda que os mesmos apresentem distúrbios de linguagem de caráter estrutural e/ou funcional, como é o caso em questão. Não se pode, contudo, ignorar a íntima relação entre a linguagem e as funções mentais superiores. A literatura ressalta que, quando estimulado verbalmente, seja em interações verbais cotidianas ou em terapias fonoaudiológicas, o portador de SD atinge um teto cognitivo mais alto. Por outro lado, o melhor desempenho das estruturas cognitivas leva a um avanço considerável da linguagem. À medida que se estabelece um balanço dos aspectos linguísticos e intelectuais da síndrome, pode-se postular que, apesar das limitações impostas pela genética, essa população tem condições de falar, ler e escrever, ainda que o faça com um grau maior de dificuldade em relação às pessoas ditas normais.

Já que o desenvolvimento cognitivo e linguístico (desde o nível fonético-fonológico até o pragmático-discursivo) é mais lento nesses indivíduos, seu processo de letramento obedecerá um ritmo particular, geralmente com uma defasagem da idade mental do portador de SD em relação ao seu par considerado normal de mesma idade cronológica. Há que se considerar que os desvios do padrão articulatório e suas implicações na lecto-escrita se encontram associados à maturação nervosa e, portanto, variam de acordo com o grau de comprometimento biopsíquico de cada um. Portanto, nos parece razoável compartilhar do pensamento de Lier De-Vitto, citado por Vianna (2005) que defende que as considerações sobre o normal e o patológico em linguagem não estão vinculadas à categoria "erro" ou "correto"/ "incorreto", mas à cronologia do desenvolvimento. Esse aspecto é notório em nossos exemplos, pois apresentamos dois estudos de caso em que ambos os alunos, com 26 e 28 anos, encontram-se em processo de alfabetização. Em suma, a gama de distúrbios de ordem fisiológica (problemas do aparelho fonador, por exemplo) e neurológica (variações nos níveis de QI, por exemplo) não constituem um impedimento para que alunos especiais operem com os signos verbais, desde que as dificuldades de linguagem e de aprendizagem sejam monitoradas por uma equipe multidisciplinar que desenvolva terapias fonoaudiológicas sistemáticas e até apoio psicopedagógico intensivo.

Por fim, o enfoque deste capítulo resume-se nas palavras de Ferreiro (2003):

> Considero a alfabetização não um estado, mas um processo. Ele tem início bem cedo e não termina nunca. Nós não somos igualmente alfabetizados para qualquer situação de uso da língua escrita. Temos mais facilidade para ler determinados textos e evitamos outros. O conceito também muda de acordo com as épocas, as culturas e a chegada da tecnologia.

Bibliografia

ANTUNHA, E. L. Diagnóstico psicopedagógico da deficiência mental. In: KRYNSKI, S. *Os novos rumos da deficiência mental*. São Paulo: Sarvier, 1983.

CALLOU, D.; LEITE, Y. *Iniciação à fonética e à fonologia*. 5. ed. Rio de Janeiro: Jorge Zahar, 1995.

CHOMSKY, N.; HALLE, M. *The sound pattern of English*. New York: Harper & Row, 1968.

CRYSTAL, D. *Patologia del lenguage*. Salamanca: Gráficas Ortega, 1993.

FERNANDES, F. R. *Uma breve reflexão sobre o sistema de traços distintivos*. Disponível em: <http://www.unicamp. br/iel/site/alunos/publicacoes/linguistica.htm>, acesso em 2007.

FERREIRO, E. *Reflexões sobre alfabetização*. São Paulo: Cortez, 1987.

FERREIRO, E.; TEBEROSKY, A. *Psicogênese da língua escrita*. Porto Alegre: Artes Médicas, 1989.

FISCHER, M. *Mother-child interaction in preverbal children with Down's Syndrome*. JSHD, 52, 1987, pp. 179-90.

LEFÈVRE, B. H. *Mongolismo-estudo psicológico e terapêutico multiprofissional da Síndrome de Down*. São Paulo: Sarvier, 1981.

MARCUSCHI, L. A. *Da fala para a escrita*: atividades de recontextualização. São Paulo: Cortez, 2001.

MOLLICA, M. C. *Da linguagem coloquial à escrita padrão*. Rio de Janeiro: Letras, 2003.

_____. (org.) *Formação em letras e pesquisa em linguagem*. Rio de Janeiro: Navona, 2005.

PUESCHEL, S.M. *A parent's guide to Down Syndrome – toward a brighter future*. Baltimore, Maryland: Paul H. Brooks, 1990.

SCLIAR-CABRAL, L. *Guia prático de alfabetização*. São Paulo: Contexto, 2003.

SOUZA, C. B.A. *Correlacionando aspectos físico-químicos do sistema nervoso central com o funcionamento cognitivo deficitário*. Anais do II Congresso Brasileiro sobre Síndrome de Down. Centro de Convenções Ulisses Guimarães. Brasília, 1997.

STAMPE, D. *A dissertation on natural phonology*. Chicago, 1973. Tese de Doutorado. Universidade de Chicago.

SILVA, T. C. *Exercícios de fonética e fonologia*. São Paulo:Contexto, 2002.

VIANNA, S. Limites entre o normal e o patológico em linguagem-reflexões para o professor de língua portuguesa. In: MOLLICA, M. C. (org.). *Formação em letras e pesquisa em linguagem*. Rio de Janeiro: Navona, 2005.

VYGOTSKY, L. *A formação social da mente*. São Paulo: Martins Fontes, 1991.

WERNECK, C. *Muito prazer, eu existo*. Rio de Janeiro: WVA, 1993.

ZORZI, J. L. *Aprendizagem e distúrbios da linguagem escrita*: Questões clínicas e educacionais. Porto Alegre: Artmed, 2003.

A Educação de Jovens e Adultos

Maria Cecilia Mollica
Marisa Leal
Fernando Loureiro

Formação inicial e continuada de alfabetizadores em EJA

Neste capítulo, faremos uma reflexão sobre as contribuições da Linguística no processo de formação de professores alfabetizadores em Educação de Jovens e Adultos (EJA), considerando a experiência de quatro anos desenvolvida nos cursos de formação inicial e continuada do Programa de Alfabetização da UFRJ para Jovens e Adultos de Espaços Populares.

A formação inicial do Programa busca proporcionar ao candidato a alfabetizador, vindo de diversos cursos de graduação da UFRJ, a fundamentação teórica necessária para se lidar com a realidade de uma sala de aula de EJA, em que se apresentam todas as dimensões envolvidas no processo de letramento, como afirmam Mollica e Leal (2006a: 53):

> O esforço de um projeto como o EJA reside no investimento de inserção do indivíduo na cultura letrada integralmente, expandindo o máximo possível suas potencialidades de falante e ouvinte, bem como suas habilidades matemáticas, através das práticas sociais de letramento. O desafio situa-se em promover a transferência entre o letramento social e o letramento escolar e, nesta medida, "institucionalizar" o indivíduo, normalmente à margem da sociedade organizada.

Nessa perspectiva, a seleção dos alfabetizadores pelo Programa leva em consideração, além do perfil acadêmico e social do aluno, uma avaliação de aula prática em que o candidato deve demonstrar o conhecimento de conceitos fundamentais sobre a linguagem introduzidos durante a formação inicial. Serve

214 Linguagem para formação em Letras, Educação e Fonoaudiologia

de exemplo a compreensão pelo aluno da forma pela qual a pesquisa linguística tem condições de oferecer aportes ao alfabetizador que lida com o conceito de analfabeto funcional, tal como se acha discutido em Scliar-Cabral (2006). O resultado deste trabalho tem proporcionado material interessante para se proceder a uma reflexão sobre as contribuições da Linguística na formação de alfabetizadores em EJA.

Subsídios linguísticos para formação de alfabetizadores em EJA

Ao pensarmos nos subsídios linguísticos para a formação de alfabetizadores em EJA, não podemos deixar de registrar a necessidade da existência de conceitos fundamentais de fonética e fonologia, utilizados em estudos sobre o *continuum* fala/escrita, como fone, fonema e grafema, que devem ser bem trabalhados na formação inicial. Isto porque nem sempre o candidato a alfabetizador domina os conteúdos necessários, importantes e indispensáveis para a realidade da sala de aula de EJA, especialmente nos estágios iniciais.

Uma referência bibliográfica relevante para o entendimento do processo de letramento é o estudo de Bortoni-Ricardo (2006), que traça uma excelente distinção entre o erro na língua oral e na língua escrita, defendendo a premissa segundo a qual o alfabetizador em formação inicial precisa dominar minimamente essas noções. Nesse contexto, uma questão importante se apresenta para o alfabetizador: a compreensão de que as variáveis que caracterizam a influência da fala na escrita, no processo de alfabetização, estão relacionadas ao grau de formalidade do discurso. Essas variáveis atuam de forma significativa quando o indivíduo estabelece parâmetros para o falar e escrever "certo" e "errado". Em Mollica (2000: 15), verificamos o quanto essa discussão é importante para o entendimento do *continuum* fala/escrita:

> As marcas linguísticas sujeitas à variação dependem da ação das variáveis estruturais, sociais e outras que tais, empregadas com maior ou menor probabilidade: uma taxa alta de um dado conjunto de marcas configura então um padrão linguístico. Admite-se que exista pelo menos uma variedade (norma ou padrão) popular e uma variedade (norma ou padrão) *standard*. Entende-se por padrão culto um certo conjunto de marcas linguísticas em acordo ou desacordo com os cânones da tradição gramatical: a variedade não-*standard* é própria da modalidade oral, utilizada em contexto informal, de discurso

espontâneo não planejado. Ela se diferencia da denominada variedade culta ou norma culta, que se compõe de empregos típicos de discurso planejado, utilizada predominantemente na escrita e comprometida com a tradição literária.

A partir de conceitos fundamentais da Linguística, o alfabetizador em formação inicial vai adquirindo progressivamente o instrumental teórico necessário para o maior entendimento de problemas comumente encontrados em classes de EJA, como os que envolvem processos fonológicos variáveis em itens lexicais. Mollica (2003: 21) mostra que tais processos se intensificam com o progressivo aumento do grau de complexidade dos padrões silábicos /V/, CV/, CVC/, quando o aprendiz apresenta domínio maior do idioma e fluência discursiva.

Para melhor compreender alguns processos fonológicos variáveis, o alfabetizador em formação inicial precisa saber, por exemplo, conceitos como travamento e destravamento silábico. Por travamento silábico, entende-se um processo fonológico por meio do qual as sílabas livres, formadas por vogal (V) ou por consoante e vogal (CV), apresentam outro segmento final que as tornam mais complexas configuracionalmente. O destravamento silábico ou o cancelamento de um segmento final reflete, em geral, a influência de fenômenos variáveis previsíveis na fala. Tal fenômeno ocorre em vários itens lexicais presentes no discurso dos alfabetizandos por meio do apagamento de segmentos como semivogal (couve/cove), como o traço de nasalização (garagem/garagi), como o cancelamento da sibilante (mesmo/memo) e da vibrante pós-vocálica (falar/fala).

De acordo com Mollica (2003: 23), durante o processo de alfabetização, é importante observar também os itens e os contextos dos processos fonológicos variáveis que se apresentam mais claramente. Essas informações servem de base para a análise do perfil sociolinguístico dos alfabetizandos, conjuntamente com os dados sobre a profissão e a inserção no mercado de trabalho dos alunos.

Na língua escrita, quase todos os processos fonológicos variáveis vão aparecer refletidos, mas não simultaneamente, em todo o vocabulário possivelmente afetado. Fatores de ordem social influenciam também na quantidade de tais registros, especialmente os referentes ao perfil sociolinguístico do falante aprendiz de escrita.

Ainda de acordo com Mollica (2003: 27), observa-se que, em certos casos, há um perfeito isomorfismo quando os índices de registro dos segmentos travadores se equivalem às realizações na fala, a exemplo das unidades vocabulares maiores que costumam ter os segmentos finais cancelados.

216 Linguagem para formação em Letras, Educação e Fonoaudiologia

No entanto, a variação do segmento lateral, rediscutida em Tasca (2006), ilustra a ausência de isomorfismo, em casos como "pouca/polca" e "viu/funil", nos quais os alunos tendem a confundir a grafia das palavras, principalmente porque a pronúncia usual, no Brasil, fica reduzida à semivogal /w/. Essa mesma situação é comum ainda em ditongos decrescentes na relação fala *versus* grafia, como bem analisa Hora e Silva (2006).

Desta feita, dados de pesquisas em Sociolinguística Variacionista, publicados em teses e dissertações, assim como em revistas e em Anais de Congressos, constituem bases importantes para o alfabetizador quanto à discussão sobre o isomorfismo língua coloquial/produção textual de alfabetizandos.

Entendemos, portanto, que os tópicos em Linguística, aqui discutidos, são de grande relevância para a formação do alfabetizador, pois fornecem instrumentos para se trabalhar nas aulas iniciais a serem conduzidas com os alfabetizandos de diferentes classes de EJA, como veremos a seguir na análise sobre a formulação de atividades pedagógicas.

Formulação de atividades pedagógicas em EJA

No curso de formação inicial, oferecido no Programa de Alfabetização da UFRJ para Jovens e Adultos em Espaços Populares, foram elaboradas oficinas de produção de material pedagógico, utilizando-se alguns dos subsídios linguísticos aqui mencionados, com a finalidade de preparar os candidatos para uma avaliação quanto à possibilidade de tornarem-se membros do corpo de alfabetizadores do referido Programa.

Através da análise de entrevistas com os candidatos, foi possível observar os casos mais comuns que registram a influência da fala na produção textual dos alunos: aférese (está/tá); epêntese (voar/avoar); assimilação (falando/falano); monotongação (caixa/caxa, feijão/fejão); desnasalização (homem/homi); rotacismo (flamengo/framengo, chiclete/chicrete); cancelamento de sibilante e vibrante final (ônibus/onibu, fazer/faze). Assim, analisamos, com os alunos, dados de fala coloquial, reproduzidos na escrita dos alunos, em consequência da falta de domínio da relação entre letra e som. Servem de exemplos os casos a seguir:

- Quantos dias existem na semana? *ceti dias*
- Quantos dias existem em uma quinzena? *quize dias*
- Quantos meses existem em um ano? *doze meize*

Essas são formas verificadas em textos dos alfabetizandos como respostas a questões lançadas para fins de verificação das principais dificuldades que os iniciantes de escrita apresentam. Massini-Cagliari e Cagliari (1999: 121) mostram de forma bem clara a importância de se trabalhar com este material na formação do alfabetizador:

Uma questão que desde sempre tem preocupado os professores e estudiosos de alfabetização diz respeito a como lidar com os chamados "erros" de ortografia. Uma das possíveis maneiras de se lidar com eles é considerá-los como uma escrita fonética, manifestação de um desejo de transcrever a fala tal qual ela se realiza. Uma outra maneira de "ver" tais "erros" é considerá-los não uma mera transcrição dos sons da fala, mas o resultado de uma reflexão produtiva (e construtiva) a respeito de fatos do próprio sistema com o qual se está começando a lidar.

Segundo os autores, o professor deve ser o mediador do processo de aprendizagem da escrita. O alfabetizador deve, portanto, levar em conta as diferentes variedades, *vernacular* e *standard*, de modo a conhecer as situações-limite sem estimular preconceitos linguísticos.

Retomando a discussão sobre a influência da extensão do vocábulo em processos fonológicos variáveis, motivamos os alunos a criar exercícios com nomes de profissões, a título de desenvolver atividades pedagógicas voltadas especialmente para os fenômenos de monotongação e de cancelamento de /R/ (Mollica, 2003: 62). A seguir, oferecemos propostas de alguns exercícios criados pelos alunos com base na atividade lúdica das conhecidas palavras cruzadas:

Palavra trissílaba com 7 letras: COPEIRA

CO		RA	

Palavra polissílaba com 10 letras: MARCENEIRO

M	A		C		N	E		R	

Propostas semelhantes exigem do alfabetizando o conhecimento da noção de letras e sílabas e da formação de palavras. O *Primeiro Caderno de*

Propostas Pedagógicas (Mollica e Leal, 2006b: 57), elaborado com base em experiências do Programa de Alfabetização da UFRJ, exibem atividades que exploram também o *continuum* linguagem coloquial/escrita padrão, apresentando exercícios como:

No meu aniversário, minha mãe me deu um telefone _____ (celular/celula).

No referido Caderno, uma figura de parte do Metrô do Rio de Janeiro é utilizada para estimular tanto as habilidades de leitura e escrita quanto as habilidade em matemática. Os alunos foram, então, motivados a formular atividades pedagógicas que considerassem a transferência entre o letramento escolar e o social, apresentando novos modelos de questões:

Observem-se algumas propostas:

1) Veja o mapa das estações do Metrô Rio. Agora, responda:

• Existe integração com a SuperVia na Estação Maracanã? _____.

• Que estações ficam em Copacabana? _____ e _____.

As sugestões são apenas para que os alunos possam desenvolver outras semelhantes com seu professor, desde que o Português e a Matemática estejam presentes simultaneamente. A partir dessas experiências, Mollica (2003: 139) apresenta diretrizes para uma pedagogia inovadora:

Para efetivar-se o processo de transferência dos resultados da pesquisa básica para a prática pedagógica, as ações apontam para as seguintes direções: (a) a qualificação de professores, dentro de uma filosofia de formação continuada; (b) o empreendimento de informar saber novo; (c) a constituição de nova metalinguagem para o exercício de construções ajustadas ao padrão culto na fala e na escrita; (d) a confecção de material didático como alternativa do que já existe nos compêndios e na própria prática que se implementa há muito.

Scliar-Cabral (2006) ressalta igualmente a importância de se investir na formação contínua do alfabetizador, reafirmando a necessidade de se trabalhar, na formação inicial, os elementos a serem desenvolvidos ao longo da trajetória em EJA.

A Educação de Jovens e Adultos 219

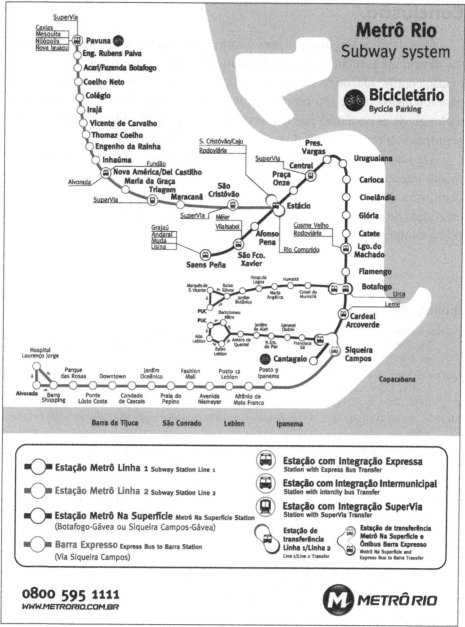

Figura 1: Mapa com as estações do Metrô Rio.

Conclusão

Os subsídios linguísticos para a formação inicial dos alfabetizadores em EJA devem apresentar as noções fundamentais a serem aprofundadas na formação continuada, de modo que possam formar o referencial do alfabetizador para a construção de seu próprio material pedagógico. Espera-se então que, ao longo da experiência nas classes de EJA, os alfabetizadores realizem, por si próprios, a transferência de parâmetros entre letramento escolar e social.

De fato, a distinção entre eventos e práticas escolares e sociais de letramento interessa em especial à formação dos alfabetizadores. Mollica (2007) demonstra como a escola é o principal agente de letramento e se acha assim entendida no imaginário coletivo, ainda que a atividade profissional também possa cumprir papel importante de inclusão social.

Bibliografia

BORTONI-RICARDO, S. M. O estatuto do erro na língua oral e na língua escrita. In: GORSKY, E. C.; COELHO, I. *Sociolinguística e ensino*: contribuições para o professor de língua. Florianópolis: Editora UFSC, 2006, pp. 268-76.

DA HORA, D.; SILVA, R. Monotongação de ditongos orais decrescentes: fala *versus* grafia. In: GORSKY, E. C.; COELHO, I. *Sociolinguística e ensino*: contribuições para o professor de língua. Florianópolis: Editora UFSC, 2006, pp. 209-26.

MASSINI-CAGLIARI, G.; CAGLIARI, L. *Diante das letras:* a escrita na alfabetização. São Paulo: Mercado de Letras, 1999.

MOLLICA, M. C. *Influência da fala na alfabetização*. Rio de janeiro: Tempo Brasileiro, 2000.

_____. *Da linguagem coloquial à escrita padrão*. Rio de janeiro: 7 Letras, 2003.

_____. *Fala, letramento e inclusão social*. São Paulo: Contexto, 2007.

MOLLICA, M. C.; LEAL, M. Português e Matemática: parceria indispensável em política educacional. In: DA HORA, D. et al (org.). *Linguística*: práticas pedagógicas. Santa Maria: Editora Pallotti, 2006a, pp. 33-54.

_____. *Letramento e alfabetização:* primeiro caderno de propostas pedagógicas. Rio de Janeiro: Faculdade de Letras/UFRJ, 2006b.

SCLIAR-CABRAL, L. *Revendo a categoria analfabeto funcional*. In: GORSKY, E. C.; COELHO, I. *Sociolinguística e ensino*: contribuições para o professor de língua. Florianópolis: Editora UFSC, 2006, pp. 57-68.

TASCA, M. A presença do segmento lateral na escrita das séries iniciais. In: GORSKY, E. C.; COELHO, I. *Sociolinguística e ensino*: contribuições para o professor de língua. Florianópolis: Editora UFSC, 2006, pp. 185-207.

Os autores

Maria Cecilia Mollica (Organizadora)

É professora titular de Linguística da UFRJ e pesquisadora do CNPq. Doutora em Linguística pela UFRJ, com experiência em Teoria e Análise Linguística, Sociolinguística e Educação. Autora de vários livros e artigos na área.

Ana Lúcia Villaça

Doutora em Linguística pela UFRJ. Áreas de interesse: Aquisição de L2, Análise do Discurso, a Sociolinguística Interacional como área de interface da Antropologia, Sociologia e Psicologia.

Celina Frade

Doutora em Linguística pela UFRJ. Professora do Instituto Multidisciplinar da UFRJ. Atua principalmente na área de inglês jurídico, com participação em grupos de pesquisa. Tem vários artigos publicados no Brasil e no exterior.

Cristina Góes Monteiro

Doutora em Linguística pela UFRJ. É professora do Departamento de Letras da PUC-Rio. Atua na linha de pesquisa sobre Discurso, Interação e Cultura em Contextos Espontâneos, Profissionais e Pedagógicos.

Cynthia Gomes da Silva

Doutoranda do Programa de Pós-graduação em Linguística da UFRJ e bolsista do CNPq. Professora assistente da UniverCidade. Atuou como professora auxiliar na UFMS. Áreas de interesse: fonética e fonologia, distúrbios articulatórios e apropriação da lectoescrita.

Ernani Garrão Neto

Doutor em Linguística pela UFRJ. Tem pós-doutorado pela Universidade Nova de Lisboa. Atua como professor de Língua Portuguesa no Colégio Militar do Rio de Janeiro e na Universidade Estácio de Sá. Desenvolve projeto de pesquisa luso-brasileiro na área de aquisição L2.

Fernando Loureiro

Doutor em Linguística pela UFRJ e colaborador do Programa de Alfabetização da UFRJ para Jovens e Adultos de Espaços Populares (Pró-Reitoria de Extensão/PR-5). Atualmente, desenvolve pesquisas na área de alfabetização e letramento.

Iara Madeira da Silva

Licenciada em Letras pela UFRJ. Professora de Ensino Médio na rede privada de ensino no Rio de Janeiro. Áreas de interesse: Sociolinguística e Dialetologia.

Lana Rodrigues Rego

Doutora em Linguística pela UFRJ e professora de Língua Portuguesa e de Linguística no curso de Letras da Universidade Estácio de Sá. Atualmente, exerce a função de coordenadora local e atua na Diretoria de Educação a Distância da instituição.

Lílian Ferrari

Doutora em Linguística pela UFRJ, com pós-doutorado na University of California, Berkeley. É professora associada do Departamento de Linguística da Faculdade de Letras da UFRJ e pesquisadora do CNPq. Tem experiência nas áreas de Sociolinguística e Linguística Cognitiva.

Luiz Antônio Marcuschi

É professor titular de Linguística da UFPE. Doutor em Letras pela Universitat Erlangen-Nurnberg (Friedrich-Alexander), com pós-doutorado pela Universitat Freiburg (Albert- Ludwigs). Atua principalmente nos seguintes temas: Filosofia da Linguagem, Metodologia, Epistemologia, Lógica e Teoria Textual.

Marcia Dias Lima

Doutora em Linguística pela UFRJ. É professora da Universidade Estácio de Sá, atuando, principalmente, no curso de Letras, em disciplinas relacionadas às áreas de Linguística e de Língua Portuguesa.

Maria da Conceição de Paiva

Doutora em Linguística pela UFRJ, professora colaboradora do Programa de Pós-graduação em Linguística da UFRJ e pesquisadora do CNPq. Desde a sua tese de doutoramento, vem trabalhando com fenômenos ligados à articulação de orações.

Maria Luiza Braga

É professora titular de Linguística da UFRJ e pesquisadora do CNPq. Doutora em Linguística pela University of Pennsylvania, tem pós-doutorado em Linguística pela Universidade de Amsterdam. Áreas de interesse: gramaticalização, categorias cognitivas e orações de tempo.

Mariana Martins

Mestre pelo programa de pós-graduação em Linguística da UFRJ. Professora da rede pública de ensino do estado do Rio de Janeiro. Áreas de interesse: Sociolinguística, Educação e Contato Dialetal.

Marisa Leal

Doutora em Matemática pela UFRJ. É professora da UFRJ, com experiência na área de Matemática, atuando principalmente nos seguintes temas: letramento, alfabetização de jovens e adultos, alfabetização e educação matemática.

Nataniel dos Santos Gomes

Doutor em Linguística pela UFRJ, professor de graduação e de pós-graduação, coordenador do curso de Letras da Universidade Estácio de Sá. Editor e colunista de vários periódicos.

Simone Correia Tostes

Doutora em Linguística pela UFRJ e professora de Inglês do Centro de Estudos de Pessoal. Realiza pesquisas sobre questões de aquisição/aprendizagem de Inglês como língua estrangeira nas modalidades presencial e a distância.

Sylvia Vianna

Mestre em Linguística pela UFRJ. Fonoaudióloga com pós-graduação em voz falada pela Universidade Estácio de Sá e em educação especial pela UNIG. Atua como fonoaudióloga clínica.

Stella Maris Bortoni-Ricardo

Professora titular de Linguística aposentada da UnB. Atua na Faculdade de Educação da UnB e como bolsista do CNPq, na área de letramento e formação de professores. Suas publicações mais recentes podem ser acessadas em www.stellabortoni.com.br.

Viviane dos Ramos Soares

Mestre em Linguística pela UFRJ. Tem experiência na área de Sociolinguística e Sociolinguística Aplicada.